L'esprit de la nouvelle Sorbonne; la crise de la culture classique, la crise du français – Primary Source Edition

Agathon, pseud

AGATHON

—

L'Esprit

de la

Nouvelle Sorbonne

LA CRISE DE LA CULTURE CLASSIQUE

LA CRISE DU FRANÇAIS

PARIS

MERCVRE DE FRANCE

XXVI, RVE DE CONDÉ, XXVI

—

MCMXI

L'ESPRIT
LA NOUVELLE SORBONNE

AGATHON

—

L'Esprit

de la

Nouvelle Sorbonne

LA CRISE DE LA CULTURE CLASSIQUE

LA CRISE DU FRANÇAIS

PARIS

MERCVRE DE FRANCE

XXVI, RVE DE CONDÉ, XXVI

MCMXI

JUSTIFICATION DU TIRAGE :

152

A

MM. MAURICE COLRAT et GEORGES GAULIS

QUI ACCUEILLIRENT DANS L'*Opinion* CETTE CAMPAGNE
LEUR DÉVOUÉ COLLABORATEUR,

AGATHON.

PRÉFACE

—

Je rassemble ici les articles parus dans *l'Opinion*, du 23 juillet au 31 décembre 1910, et qui ont suscité dans toute la presse un beau mouvement de discussion. Nos grands universitaires se sont sentis touchés ; et c'est aux critiques d'Agathon que M. le doyen Croiset voulut bien répondre, dans le discours qu'il prononça, le 3 novembre dernier, à la séance de réouverture de la Faculté des Lettres. Aussi ai-je pris le parti de conserver l'ordre et le plan que j'avais choisi pour ces études, sans dissimuler ce qu'elles avaient de polémique. Cela était possible ; un dessein précis les inspirait ; elles étaient dès longtemps méditées. Mais la forme un peu hâtive a été remaniée ; et j'ai nourri le texte de documents et d'arguments nouveaux. Le lecteur, enfin, trouvera ici une conclusion inédite où sont discutés quelques arguments essentiels fournis en réponse par nos adversaires et où nous avons proposé quelques solutions positives.

On était préparé pour accueillir ces idées. Depuis plusieurs années, s'affirme une répugnance croissante des esprits à subir plus longtemps la contrainte que leur imposent tels maîtres de l'enseignement supérieur, éblouis par la science germanique. C'est un redressement, un sursaut instinctif de l'esprit français.

D'abord, ce furent quelques protestations isolées. Aux deux extrémités de l'horizon politique, des socialistes, anciens élèves de l'École normale, et de jeunes néo-monarchistes défendirent notre culture classique contre les empiètements de la philologie. Puis, les professeurs de l'enseignement secondaire, que leur esprit critique préservait de l'excès des méthodes nouvelles, commencèrent de se plaindre, mais dans le privé surtout et de façon secrète. Humiliés par les réformes successives que la Sorbonne a

préparées depuis dix ans, ils unirent leur cause
à celle de la culture classique. N'était-ce point,
d'ailleurs, leur existence même qu'on menaçait?
Culture classique, enseignement secondaire sont
liés indissolublement.

Aujourd'hui la rumeur s'étend ; et la polémique éclate sur tous les points. La pauvreté des
résultats n'a pas laissé d'inquiéter ceux-là mêmes
qui adoptèrent avec enthousiasme ces doctrines
modernes. Les Facultés des Lettres, en province
et à Paris, sont atteintes d'un malaise qu'il est
inutile de nier. Bien qu'il cache au public ses
dissentiments intimes, notre haut enseignement
est divisé : entre ses membres, on sent un désaccord et comme une hostilité grave. Et pour nous
en convaincre, il n'est que de constater avec
quelle véhémence des journaux tels que *le
Temps* et *les Débats*, soutenus par toute la
clientèle universitaire, ont pris décidément parti
contre les réformateurs triomphants de la Sorbonne nouvelle.

Il est un fait plus significatif encore. Cette

réaction que nous sentons s'organiser partout, il faut savoir que ce sont les étudiants eux-mêmes qui l'animent. Une partie sans cesse grandissante des élèves de la Faculté des Lettres se plaint de l'enseignement qu'elle reçoit. Elle est rebutée par le labeur médiocre à quoi on la soumet. Et peut-être la Sorbonne ne se rend-elle pas compte que ce qui a provoqué ce mouvement de désaffection, c'est une réforme dont elle se félicite imprudemment, c'est l'annexion de l'Ecole normale supérieure. Par cette fusion, disons mieux, par cette confiscation, elle s'est assuré, en effet, la direction de l'élite de la jeunesse intellectuelle ; élite qui, bien qu'exilée de l'Ecole, tient à honneur de marquer ses différences et d'affirmer sa supériorité. Or, ce sont justement ces normaliens, les meilleurs, qui semblent s'être lassés le plus vite de sa méthode autoritaire. Ils critiquent et jugent leurs maîtres. S'ils se soumettent, c'est qu'il faut réussir aux concours ; mais, l'agrégation passée, ils reprennent leur indépendance et deviennent souvent des rebelles.

Ces doctrines font cependant des partisans, mais parmi les esprits plus médiocres, soumis et disciplinés d'instinct. Ceux-ci ne refusent point aux maîtres impérieux qui les enseignent une admiration passive qui ne sied guère à de jeunes intelligences françaises.

On a dit qu'Agathon était un vieillard aigri, quelque professeur mécontent et obscur de l'enseignement supérieur... Comment eût-il choisi pour masque le nom d'un jeune et téméraire disciple de Socrate ? — Non, Agathon parle au nom de cette jeunesse ardente d'aujourd'hui, à laquelle il est mêlé lui-même, où se trouvent ses compagnons d'études. Il ne croit pas qu'un tel aveu diminue la portée de ses critiques : il n'est point honteux de son âge. Peut-être en a-t-il aussi tout le parti-pris ; c'est qu'il ressent avec vivacité ce qu'il exprime et porte son regard sur l'avenir, où la jeunesse a des droits...

Ici comme en beaucoup d'autres domaines,

c'est l'imitation de l'Allemagne qui nous a obsédés. Ah! le puissant moyen d'expansion intellectuelle qu'une victoire! Nul ne songeait à mettre en doute que, le sort des armes leur ayant été favorable, c'étaient les procédés de culture, l'enseignement, le génie même des Allemands qui avaient eu raison des nôtres. Et la philologie germanique fut considérée comme un agent de force nationale. Par un sentiment, d'ailleurs tout français, de sincérité intellectuelle, — sentiment qui fut ici imprudemment porté à l'extrême — nous en vînmes, la première aversion surmontée, à tenir pour admirable l'entière civilisation de nos vainqueurs. Qu'il y eût un lien logique, intelligible, entre notre système d'études classiques et la capitulation de Metz, comme aussi bien entre la méthode des Universités allemandes et l'envahissement de Paris, c'est ce que tout le monde admit, sans que nul ait jamais pu d'ailleurs formuler ce lien avec la moindre précision. Découragés, nous confondîme la puissance intellectuelle avec la puissance militaire.

Le culte de la science germanique, il est vrai, avait déjà ses fidèles, parmi nous, avant la guerre de 1870. Dès 1848, quelques travailleurs suivaient passionnément les recherches d'histoire et de philologie qui faisaient la gloire de nos voisins. Tel, par exemple, le jeune Renan qui, cherchant une foi nouvelle, au sortir du séminaire, adressait à la philologie, « science suprême », cette longue invocation en cinq cents pages qu'est *l'Avenir de la Science*. Pendant toute sa vie, cette bible juvénile resta le fond permanent de ses idées. Elles charmèrent et conquirent nos maîtres et nous en retrouvons indiscutablement la trace dans les doctrines qu'ils nous imposent.

Mais sans l'examen de conscience provoqué chez nous par la défaite, nous n'eussions pas abdiqué d'un cœur aussi léger notre culture traditionnelle, ni entrepris de copier nos vainqueurs. On résolut de substituer un régime nouveau d'enseignement à l'ancien régime condamné en vertu d'une mystérieuse sentence, acceptée, consentie même par la victime. « Dès lors, explique M. Seignobos, l'Université allemande a passé pour le type idéal d'école supérieure (1). » Et M. Seignobos ne se demande point si ce type convient à toutes les nations ; sans doute le conçoit-il comme un type universel.

Pendant les premières années de la République, on prépara les réformes largement et humainement bienfaisantes de l'enseignement primaire ; on ne songea qu'ensuite à l'enseignement supérieur.

L'Ecole pratique des Hautes Etudes, créée par Duruy, sorte de séminaire à l'allemande, consacrée à la pure érudition, paraît avoir servi de modèle à nos réformateurs (2). Cette institution a produit des savants excellents. Mais la Sorbonne, qui a pour rôle de former des professeurs, des éducateurs de la jeunesse, et non des éru-

(1) Seignobos, le Régime de l'enseignement supérieur des lettres (1904).

(2) Lucien, dans un intéressant article de la *Revue politique et parlementaire* prétend que c'est l'Ecole des Chartes qui a imposé son esprit à la Nouvelle Sorbonne. Au reste, ses méthodes sont aussi celles de l'Ecole des Hautes-Etudes. (Cf. aux *Annexes*, pp 256 et suiv.)

dits, pouvait-elle, sans danger, donner à son
enseignement les caractères d'une école spéciale
de recherches philologiques? Dans la hâte où l'on
fut d'abandonner tout le passé, on rejeta la
rhétorique, la philosophie, l'histoire générale,
pour contraindre les étudiants à poursuivre, dès
leur entrée à la faculté, des tâches menues et spéciales d'érudition. Bon gré, mal gré, ces méthodes
s'imposèrent et renouvelèrent les programmes
de l'Université. Et dès 1904, M. Seignobos a
pu écrire : « La Faculté des Lettres a été trans-
formée plus profondément qu'aucune autre.
*Elle est devenue semblable à la Faculté de phi-
losophie allemande.* Elle a moins de professeurs,
moins d'étudiants ; mais, dans des dimensions
plus petites, *elle a les mêmes caractères.* »

La transformation est encore plus complète
aujourd'hui. On a rayé d'un trait, à la licence littéraire, toute épreuve de culture générale. Les
nouveaux programmes sont envahis par les spécialités. L'Ecole Normale a été, pour ainsi dire,
détruite par la Sorbonne, sa rivale conquérante.

Demain, les portes de nos facultés seront ouvertes directement à des esprits de formation spéciale, aux élèves diplômés de l'enseignement primaire. Il est temps enfin de demander : Ne fait-on pas fausse route?

Nous trouverons, au cours de ces pages, les arguments invoqués communément par les adversaires de la culture classique : adaptation de l'enseignement aux besoins pratiques et utilitaires de notre époque; — éducation de l'esprit par les sciences, « véritables humanités modernes »; — développement démocratique de notre société, incompatible avec la culture littéraire et philosophique. — Et à tous ces arguments, on peut répondre en détail.

Mais une question domine tout ce débat; question essentielle, encore qu'elle semble la plus lointaine : « Est-ce qu'un tel enseignement *est conforme aux qualités propres de notre race?* Ne risque-t-il point de dégoûter les meilleurs esprits de notre jeunesse? » — Le génie d'une race, c'est un mot vague peut-être, mais qu'on entend pourtant avec assez de précision. Il y a, dans toute nation, une réserve, un capital de forces intellectuelles, que l'instruction supérieure a pour rôle d'entretenir et d'accroître. Notre génie français, fait d'ordre, de clarté et de goût, *a été acquis à la longue* et par certains procédés de culture éprouvés(1). Y pouvons-nous renoncer aujourd'hui sans abandonner le meilleur de nous-mêmes, sans compromettre ce qui a longtemps assuré et assure encore la primauté de notre intelligence? L'expérience répond : non; elle nous montre nettement que le niveau des concours baisse de façon sensible depuis quelques années, et que l'abus de l'érudition, des commentaires, des gloses et des spécialités porte déjà ses fruits.

Il ne faut pas chercher ailleurs la véritable cause du malaise de nos étudiants, du malaise de l'Université elle-même. Elle est dans ce désaccord intime des tempéraments et des méthodes qu'on leur impose.

(1) Cf. pp. 172 et sqq.

« Campagne réactionnaire », ont murmuré quelques boudeurs (1). Terrible argument ! Il est malaisé d'avoir prise sur lui : ce n'est point un argument logique, mais sentimental, et quasiment mystique.

Il s'est formé autour de certains mots, *culture classique, génie de la race,* une atmosphère suspecte à quelques esprits étroits. Est-il besoin de dire que nous nous sommes placés à un point de vue purement intellectuel ? Nous défendons la culture de l'intelligence contre la culture de la mémoire, l'effort spirituel contre le labeur matériel. Nous ignorerions encore les opinions politiques de ceux que nous combattons, si quel-

(1) A vrai dire, c'est en Sorbonne surtout que se cachaient ces boudeurs. M. Aulard nous décocha ses flèches dans *le Siècle.* M. Bouglé, qui enseigne également à la Sorbonne, écrivit en propres termes dans *la Dépêche : «* Tout cela *sent à plein nez* la campagne politique... C'est la *peur bourgeoise qui remonte* aujourd'hui et... s'en prend aux Facultés après s'en être pris à l'Ecole primaire, puis au Lycée ». Car c'est ainsi qu'on s'exprime à la Faculté des lettres en 1910; le procédé et le jargon de la lutte électorale ont envahi le sanctuaire de la science désintéressée et de la haute culture.

ques-uns ne les avaient maladroitement mêlées à leurs raisons, sans, pour cela, les fortifier. Si pourtant notre combat doit servir les intérêts d'un parti, n'est-ce pas de la démocratie qui, plus que tout autre, a besoin d'une élite directrice, dégagée des pures considérations utilitaires ?

CHAPITRE PREMIER

LA SORBONNE
CONTRE LA CULTURE CLASSIQUE

A. — LES NOUVELLES MÉTHODES D'ENSEIGNEMENT LITTÉRAIRE

Une révolution véritable a transformé, depuis peu, les études littéraires de notre enseignement supérieur. Révolution discrète, que le public ignore, menée dans un dessein volontaire par un petit groupe d'esprits impatients de domination. Un si grand changement ne remonte guère à plus de dix années ; mais il est si complet que nul de nos aînés ne reconnaîtrait aujourd'hui l'ancienne Sorbonne. On n'en saurait douter, l'atmosphère de cette illustre maison est changée.

Bien que l'on ait conservé les anciennes dénominations des chaires, tout ce qui faisait autrefois l'objet des études à la Faculté des lettres, la philosophie, l'histoire, la littérature, les humanités enfin, tout cela a été complètement bouleversé. Dans ces cours renommés, véritables conservatoires de la haute culture française, où l'on avait coutume de trouver des idées générales précises, du goût littéraire, de la finesse, de la mesure, de sobres synthèses, on n'entend plus parler aujourd'hui que de méthode scientifique et de bibliographie. L'explication personnelle des auteurs, l'analyse des idées ont fait place au commentaire philologique, à l'étude des sources, à l'exégèse, à la chronologie, et à la filiation des textes. On est frappé, dès l'abord, par je ne sais quel aspect contraint et discipliné des études, semblable à celui qui caractérise les *séminaires* germaniques. Le labeur patient, la recherche minutieuse et savante ont peu à peu absorbé toute la substance de l'enseignement. On ne sait en quels lieux, si ce n'est en certains cours sournoisement décriés, se maintient encore le sens de la culture classique. Le désappointement est grand pour tous les jeunes gens qui

viennent à la Sorbonne chercher autre chose
qu'une ingrate érudition.

Il ne faut pas longtemps non plus pour s'aper-
cevoir qu'à l'organisation libérale d'il y a vingt
ans s'est substituée une hiérarchie pesante et
autoritaire. Il est quelques personnalités — trois
ou quatre au plus — que l'on révère et que l'on
craint. Elles gouvernent, administrent la philosophie, l'histoire et les lettres. On se croirait
revenu aux plus beaux jours du règne de
M. Cousin. Quelques volontés particulières, asso-
ciées, unies dans une sorte de mysticisme d'inspiration positiviste, ont fini par imposer de force
à la Sorbonne, aux Facultés provinciales, et à
une bonne partie du corps enseignant un esprit
nouveau.

S'agit-il simplement des choses de l'école ?
Non pas. Une telle réforme, raisonnée, réfléchie,
n'intéresse rien de moins que l'avenir des qualités essentielles de notre race : le public ne
saurait plus longtemps y rester étranger. Les
résultats qu'elle a déjà produits, nous verrons
tout à l'heure quels ils sont ; aux lecteurs ensuite
d'établir là-dessus leur jugement.

Le principe de cette transformation considérable, son trait essentiel, c'est l'obsession de la triomphante méthode des sciences physiques. Une impérieuse analogie, tout extérieure, a conduit quelques esprits à user, pour les sciences littéraires et humaines, des instruments et des procédés de découverte réservés jusqu'ici aux sciences de la matière. De là le calque minutieux et puéril des études littéraires sur les études scientifiques, la recherche de l'impersonnel, l'élimination systématique, et d'ailleurs en vain poursuivie, de toute originalité, de toute marque individuelle dans le labeur des étudiants.

Que vaut cette assimilation et comment la défendre ? Frédéric Rauh s'élevait contre ceux qui confondent *l'esprit scientifique* et la *méthode* de certaines sciences particulières. C'est ainsi, disait-il, que « les sciences du monde extérieur sont devenues le seul type de la science, alors que l'unité des sciences physiques et des sciences morales n'est qu'un postulat ». Remarque profonde et neuve, qui s'accorde avec la plus récente idéologie (1).

La pénurie même des outils de précision objective dont disposent les sciences morales n'aurait-elle pas dû prévenir nos réformateurs contre la fausseté d'une telle confusion? Pour atteindre la vérité ou s'approcher d'elle, le physicien, dans son laboratoire, a l'observation, l'expérimentation, des instruments d'épreuve et de mesure ; mais le philosophe, mais le sociologue? Eh bien, nous dit-on, ne possèdent-ils point les documents du passé, les monuments figurés et tout ce qui sert à l'histoire? C'est donc la méthode historique qui dirigera leurs spéculations ; elle seule pourra donner à leur enseignement cette certitude que nos esprits modernes entendent retrouver partout (2).

(1) Au moment même où, « par un extraordinaire mouvement parallèle, toutes les sciences et tous les savants.. en viennent aux souplesses, aux intuitions d'art, ce sont justement les littéraires qui s'en veulent priver ». (Ch Péguy.) Les outils que le savant emploie sont des moyens d'approximation de la réalité ; ce sont des procédés qu'il accepte, faute de mieux, pour entrer en contact, lui *esprit*, avec la *matière*. Le lettré, au contraire, jouit de ce privilège *d'être du même ordre que la matière de sa recherche*. Et, par une singulière aberration, le voilà qui s'en va chez l'étranger.se renseigner sur ce qui se passe chez lui !

(2) Cf Renan · « L'histoire est la forme nécessaire de tout ce

Cette opinion a triomphé si absolument à la Faculté des lettres que tout le travail d'un étudiant n'est plus guère aujourd'hui que besogne d'historien. Toute méditation personnelle, toute intuition sont proscrites comme suspectes et dangereuses. L'histoire, cette privilégiée, s'est, par des empiètements successifs, subordonné toutes les études littéraires. Que dis-je l'histoire ? une certaine histoire qui n'est qu'érudition étroite, exégèse, philologie épilogueuse, annotante et glossatrice. Tyrannique, elle a fini par supprimer tout ce qu'elle ne pouvait asservir. La philosophie, lorsqu'elle n'est point psycho-physiologie ou sociologie, n'est plus qu'un simple exposé de doctrines, une revue historique des systèmes. Et c'est une affirmation ordinaire, à la Faculté des lettres, que « la philosophie comme telle aura bientôt vécu ». On prend soin d'écarter toute discussion de qualité philosophique. A un jeune étudiant qui proposait à son professeur un mémoire sur quelque point de l'éthique de Spino-

qui est dans le devenir. La science des langues, c'est l'histoire des langues, la science des littératures et des religions, c'est l'histoire des littératures et des religions. La science de l'esprit humain, c'est l'histoire de l'esprit humain. » (*Avenir de la science*.)

za : « Soit, lui fut-il répondu, mais, surtout, *pas d'interprétation.* » — La sociologie, sous l'impulsion de M. Durkheim, se borne à une collection de matériaux, à une accumulation d'observations patientes, où les mœurs des sauvages, des Botocudos et des Iroquois tiennent la plus grande place. La morale, plus doctement appelée *Science des mœurs*, n'est plus qu'une dépendance de la sociologie historique.

Les lettres pures, enfin, qu'on pourrait croire à l'abri des usurpations de l'histoire, ont été, au contraire, le plus complètement envahies et subjuguées par elle. Elles passaient jadis pour les éducatrices du goût et de l'intelligence. Elles ne sont plus aujourd'hui que de simples pourvoyeuses de documents. Elles se sont perdues, à vrai dire, dans les minuties de recherches auxiliaires, comme la critique des textes, l'établissement de bibliographies, la comparaison des éditions successives, l'étude des variantes ou des leçons, la stylistique, la recherche des filiations ou des influences, etc..., recherches dont l'utilité, en soi, ne peut être mise en doute, mais à condition que de servantes elles ne veuillent passer maîtresses et ne prétendent régner là où elles doivent obéir.

Le promoteur de la nouvelle méthode littéraire, M. Gustave Lanson, expose sa doctrine avec clarté et franchise : « *Toute explication du contenu d'un texte*, dit-il, *doit prendre la forme d'une explication historique.* » Il faut se garder, avant toutes choses, de l'interprétation personnelle. Elle n'a en effet que la valeur d'une « réaction particulière », d'une opinion, et l'opinion n'est point matière de science. Aussi « la tâche propre et principale de l'histoire littéraire est de ne point juger les œuvres par rapport à nous, selon notre idéal et nos goûts », mais de les replacer exactement dans leur milieu. Travail de caractère scientifique, qui exige l'emploi de toutes sortes de documents et de matériaux « par lesquels s'éclairent la personnalité véritable et le rôle historique d'un livre et *qui ont pour effet de le détacher de nous, de le retirer de notre vie intérieure* où la simple lecture l'a souvent mené (1) ». Et ailleurs, il nous résume la devise de l'école nouvelle en ces quatre aphorismes lapidaires : « Distinguer *savoir* de *sentir*, ce qu'on peut savoir de ce qu'on doit sentir, *ne pas sentir où l'on peut savoir*, ne pas croire qu'on sait quand on sent. »

Traduisons. Qu'est-ce désormais que *lire un texte ?* Ce n'est point, comme vous le croyez peut-être, en pénétrer le sens, en apprécier le contenu avec le désir d'y trouver un profit, un accroissement de vie intérieure, un excitant spirituel, quelques idées neuves qui soient pour notre méditation un point de départ.. C'est bien autre chose. C'est se borner strictement à une description extérieure, et pour ainsi dire matérielle, de ses éléments ; analyser son vocabulaire et sa syntaxe avec la sécheresse d'un inventaire ; c'est, en somme, reléguer de parti-pris au second plan tout ce qui donne aux ouvrages de l'esprit *leur véritable raison d'être*, je veux dire leur vertu agissante, non seulement passée mais actuelle,

(1) Gustave Lanson, *l'Histoire littéraire et la sociologie* (*Revue de métaphysique et de morale*, 1904).

3.

sur les sensibilités et les intelligences (1).

D'une telle conception, Renan est sans doute responsable qui inscrivit dans *l'Avenir de la Science* cette prophétie étonnante : « L'histoire littéraire est destinée à remplacer en grande partie la lecture directe des œuvres de l'esprit humain. » Je sais bien que cette attitude, on peut l'expliquer par une nécessaire réaction contre le bavardage de la vieille rhétorique. Car, quoi qu'en dise M. Alfred Croiset, notre

(1) M. Gustave Lanson a senti nos critiques, et, par une volte-face assez curieuse, il les a intégrées dans sa propre doctrine. Dans une étude parue le 10 octobre et intitulée *la Méthode de l'histoire littéraire (Revue du mois)*, l'éminent professeur nous répond, et, bien qu'il feigne de nous ignorer, il nous vise en réalité à chaque page et presque à chaque ligne de cette apologie *pro domo*. M. Lanson nous accorde aujourd'hui qu'en appliquant à l'histoire littéraire les méthodes des sciences de la nature, « on espérait lui donner la solidité de la connaissance scientifique, exclure l'arbitraire des impressions de goût et l'*a priori* des jugements dogmatiques », mais que *l'expérience a condamné ces tentatives*. Il reconnaît que « l'histoire littéraire, pour avoir quelque chose de scientifique, doit commencer par *s'interdire toute parodie des autres sciences*, quelles qu'elles soient ». Bien plus, il affirme que l'élimination de l'élément subjectif, c'est-à-dire de l'impression personnelle et de la méditation, *n'est ni désirable ni possible* et que *l'impressionnisme est à la base de ce travail*. Enfin, dit-il, il faut *que sentir devienne un moyen légitime de savoir.* » Qu'on rapproche cette dernière formule, tout à fait imprévue chez lui, des aphorismes cités plus haut et qui résumaient l'idéal de l'école nouvelle, vers 1904, on s'assurera

idéal .n'est point « la Sorbonne de 1811, la
Faculté des Lettres de Fontanes, mélange de
rhétorique supérieure et d'athénée, où la liberté
de la recherche était prudemment surveillée, où
le beau langage semblait un utile dérivatif à la
hardiesse des idées ». Nous n'avons point le dessein de défendre ici cette littérature insipide,
cette phraséologie plus ou moins brillante sur
des idées vagues dont s'accommodaient nos
anciennes études littéraires. Sous le prétexte de
définir et de commenter la beauté des œuvres,
la grande majorité des élèves se contentait de
répéter des jugements tout faits, de recopier du

qu'en peu d'années M. Gustave Lanson a dû abandonner bien
des illusions Si le *sentiment* est désormais un moyen de science
que deviennent donc les maximes anciennes et leur belle apparence rigide et infaillible? M. Lanson nous ferait-il une concession ? Peut-être, mais le ton vif de l article n'est point d'un
homme qui retracte. Ne soyons point trop exigeants . réjouissons-
nous seulement de retrouver à nouveau, apres une éclipse, le
lettré fin et délicat de l'avant-propos de *l'Histoire de la littérature française*. Nous n'aurions rien à ajouter, si de telles prémisses n'étaient désormais en desaccord absolu avec tout l'enseignement de la Sorbonne. *Eliminer le sentir*, voilà l'idéal qu'en
1904 M. Lanson proposait à ses disciples. Il leur déclare
aujourd'hui que c'est tenter l'impossible et qu au reste cela n'est
point désirable. Nous demandons alors qu'on nous explique la
suppression de la dissertation française et son remplacement par
un commentaire philologique?

Villemain, du Nisard, du Sainte-Beuve, du
Taine ou du Brunetière. On conçoit qu'à ce
bavardage, à ces lieux-communs faciles, à cette
étude fantaisiste des textes, à cette critique de
deuxième ou troisième main, on ait voulu substituer une discipline précise, une méthode
exacte; et il est naturel que celle-ci ait suscité
de la confiance, de l'enthousiasme et même un
renouveau d'activité parmi les étudiants. Mais,
dans cette hâte, on commit l'imprudence de
rejeter tout l'ancien système en bloc, sans retenir ce qu'il avait de profitable, d'accommodé
à notre tempérament. Pour avoir voulu réagir
avec trop de force contre un ennemi qui en 1901
était déjà bien affaibli, on perdit de vue cette
vérité que l'étude de la littérature est avant tout
une *étude littéraire*, et que, selon l'expression
d'un philologue éminent,« les œuvres d'art relèvent d'abord de l'art, et non de la grammaire
ou de la lexicologie (1) ».

Nos professeurs, plaçant leur méthode sous
l'égide de la science, semblaient en leur domaine
continuer l'œuvre du siècle, et cela suffisait. Et

(1) B. Bouvier, recteur de la Faculté des lettres de Genève.

s'ils proclamaient que « les véritables humanités modernes, ce sont les sciences, au sens large du mot » (1), nul n'y trouvait à redire.

Rien ne révèle mieux les ambitions scientifiques de la Nouvelle Sorbonne que son *tourment de la méthode*. La méthode! c'est là le mot favori de nos maîtres. Il a de l'accent et de la saveur pour des âmes autoritaires. Les premiers ouvrages que doivent lire les étudiants, ceux qu'ils consultent quotidiennement, sont des manuels de méthodologie pure. Les élèves d'histoire possèdent *l'Introduction aux études historiques* de MM. Seignobos et Langlois, ouvrage à la fois élémentaire et pesant, imité ouvertement du *Lehrbuch* de l'Allemand Bernheim, et où sont expliqués dans un style extraordinaire tous les procédés qui servent à la vérification des textes. Cette science, dite *heuristique*, est à l'histoire ce qu'un formulaire d'antisepsie est à la médecine. Les « philoso-

(1) Gustave Lanson.

phes » sont initiés aux sciences sociales par le petit livre métaphysique, impérieux et déconcertant de M. Durkheim, *les Règles de la méthode sociologique*, où sont déterminées, par avance, toutes les conditions de la sociologie future, d'après cet étonnant axiome fondamental : le fait social est quelque chose de distinct des individus, qui se passe tout à fait en dehors d'eux et au-dessus d'eux. — Enfin les cours et les articles de M. Lanson fournissent aux étudiants de lettres les procédés rigoureux et fixes du travail littéraire.

Que cette obsession est donc significative ! On ne sait pas encore quels résultats l'histoire littéraire, la sociologie, nous permettent d'atteindre, et quand il faudrait nous dire : « Cherchez, proposez des idées à notre discussion ; peu à peu des vérités pourront être dégagées », on proclame du haut de la chaire : « Vous ferez cela, et pas autre chose ; vous travaillerez de cette manière et pas autrement ; *tout ce que vous obtiendrez par d'autres procédés*, ce ne sera pas de la science. » Avec de la ténacité et de l'intransigeance, une parole froide et nette, on groupe autour de soi quelques disciples, travailleurs, patients, prêts à subir la première influence un peu impérieuse : l'école est fondée.

La méthode scientifique ! Chacun en veut tâter et il n'est lettré qui, pour se faire un peu savant, n'emprunte à la science des épithètes et quelques termes dont l'austérité donne le change. Mais la méthode ne vaut que ce que vaut l'ouvrier. Elle ne remplace ni l'intelligence, ni le don. Elle apporte, il est vrai, de l'assurance aux travailleurs ordinaires. Et c'est là la raison succès. Car la Sorbonne travaille pour la son de masse. Chez elle, le travail intellectuel est assimilé au travail manuel et les sciences et les lettres ne diffèrent point de l'industrie.

La superstition scientifique s'affirme encore de façon plaisante jusque dans les détails extérieurs. — Il y a, en Sorbonne, une petite salle où les étudiants se réunissent pour lire et commenter Montaigne, Corneille, Voltaire, les auteurs du programme. Jadis un tel local s'appelait une *étude*. Mais un nom si modeste ne

saurait convenir à la dignité des travaux qu'on
y mène. Cela se nomme aujourd'hui : *Laboratoire de philologie française.* Si, par hasard,
vous prenez garde à ce qui se passe dans cette
chambre austère et demandez là-dessus quelque
éclaircissement : « C'est là, vous dira-t-on, un
atelier de manipulations scientifiques... sur les
textes français. » Sachez bien que l'Université maintenant recrute des *équipes de travailleurs* qu'elle occupe à des *travaux pratiques*
et dont la tâche est d'apporter leur *pierre à
l'édifice de la science.* Mais entrebâillez la porte
et écoutez cette voix qui conseille : « Il convient,
Messieurs, de nettoyer vos instruments avant
de vous en servir ». Vous seriez-vous égaré
chez des chimistes ? Non pas; c'est M. Seignobos, professeur d'histoire, qui critique Fustel
de Coulanges, en recommandant à ses étudiants
de n'utiliser que des textes sûrs (1).

(1) Si M Seignobos, ancien élève de Fustel de Coulanges,
n'est pas tendre pour son maître, c'est qu'en Allemagne on ne
fait aucun cas de *la Cité antique*, et M. Seignobos, lui, fait grand
cas de l'opinion des Allemands. Aussi écrit-il sans précautions
« Un bon tiers de *la Cité antique* est rempli par des récits légen-
daires ou des fabrications de la basse époque sur les révolutions
des cités grecques et les troubles intérieurs de Rome. » M Pierre

Il y a autre chose, dans ce vocabulaire, qu'une manie assez ridicule. Comparez la prétention de ces épithètes scientifiques à la simplicité des faits qu'elles recouvrent. Peut-être vous demanderez-vous alors s'il n'y a point là-dessous quelque arrière-pensée de duperie, quelque illusion savamment ménagée, quelque trompe-l'œil scientifique habilement disposé.

L'enseignement qui se pare de ces qualificatifs techniques se réduit, en effet, le plus souvent, à un pur formalisme. Pendant trois années, un professeur de littérature, à la Sorbonne, s'est borné à lire, devant ses étudiants, une *bibliographie d'histoire littéraire* des grands siècles qu'il était chargé d'étudier. Ainsi tout ce qu'un élève pouvait connaître d'un Molière, d'un Racine, d'un Rousseau, c'était une liste critique des éditions, des sources et des commentaires· On ne lui donnait pas une nourriture, mais une liste de nourritures. Et le voilà bien avancé !

Leguay, à qui nous empruntons cette citation, ajoute · « Nous ne doutons point que quelque jeune universitaire, en province, ne travaille à faire, sur Fustel de Coulanges, un livre parallèle au *Taine. historien de la Revolution française*, de M Aulard » (*Mercure de France*, 1ᵉʳ novembre 1910.)

4

La littérature, cependant, est-ce un enseignement ou un catalogue ? Nul ne dira assez les
ravages de cette *passion bibliographique* parmi
la nouvelle génération des étudiants. Elle a
anéanti la littérature elle-même au détriment
de la substance profonde des œuvres, de leur
vie sentie vivante.

Une manie non moins exigeante, c'est la
manie des fiches. Toute recherche commence
par une collection de fiches et c'est au nombre
de vos fiches que l'on vous apprécie en Sorbonne.
Celui-là est un grand savant digne de votre
considération, qui par devers lui détient des
milliers de ces petits cartons diversement colo-
rés, poussière de connaissance infinitésimale...
Heureux qui, avec Fulgence Tapir, dont Anatole France nous a conté la destinée cruelle,
peut déclarer : « Je possède tout l'art, vous
m'entendez, sur fiches classées alphabétique-
ment et par ordre de matière ! » (*L'Ile des
Pingouins.*) Fasse le ciel qu'il ne périsse point
comme ce héros, sous une trombe de fiches roses,
vertes et blanches, et qu'il n'y demeure enseveli
pour l'éternité !

A l'établissement de leurs fiches, les professeurs n'hésitent point à faire concourir l'activité de leurs élèves. La patience remplace l'ingéniosité et l'assemblage des matériaux vaut plus que l'interprétation. Pour le diplôme d'études supérieures, dont la préparation occupe toute une année, le candidat emploie plus de six mois à mettre en fiches la bibliographie du sujet. Soumettre des intelligences toutes neuves à un labeur aussi essentiellement passif, n'est-ce pas risquer d'étouffer à jamais leur individualité et cette faculté d'enthousiasme que devrait entretenir chez eux le contact direct des chefs-d'œuvre (1) ?

A cause de ses mérites mêmes et de la vaste érudition dont elle témoigne, choisissons comme

(1) M. Henri Berr, dans *la Revue de synthèse historique*, bien qu'il soit partisan des méthodes nouvelles, invite leurs plus ardents defenseurs à un examen de conscience, et reconnaît la vérité de beaucoup de nos critiques « Il est aise de railler les « fiches », dit-il, mais il est imprudent de s'en passer. Prenons garde, cependant, qu'on voie se renouveler dans le domaine des lettres les excès qui se sont produits, par exemple, dans les études médiévales : publication de documents sans interêt réel, superstition de l'inedit, *culte de la fiche,*— bref, disproportion

type de ce genre d'études la fameuse édition des *Lettres philosophiques de Voltaire*, publiée en 1909 par M. Gustave Lanson. Des éditions critiques de cette espèce ne sont pas communes et vraiment celle-là réalise l'idéal du genre. Dans l'introduction, bourrée de signes conventionnels, de petites lettres, de renvois à des *mss.* et à d'innombrables éditions chiffrées, l'auteur se défend d'avoir tenté aucun commentaire *explicatif*, aucune interprétation personnelle : « J'ai voulu, dit-il, présenter *un commentaire de sources et rien de plus... L'idéal eût été d'arriver à découvrir, pour chaque phrase, le fait, le texte ou le propos qui avait mis en branle l'intelligence ou l'imagination de Voltaire.* » Qu'un tel dessein nécessite des recherches infinies, on le conçoit aisément ; et c'est sans ironie qu'un commentateur enthousiaste de ce commentaire de sources a pu s'écrier : « Une édi-

---

de l'effort et de l'appareil au résultat, oubli même du résultat à atteindre qui est, semble-t-il, la connaissance approfondie de la vie passée, de l'évolution humaine, non l'entassement de matériaux inutilisés et parfois inutilisables.» Et il souhaite fort justement un retour de l'esprit de synthèse, compromis par les excès de la philologie.

tion qui se proposerait d'épuiser tous les commentaires précis et possibles réclamerait une vie d'homme et vingt volumes de notes pour un volume de texte (1). »

Le lecteur ne saisit-il pas tout ce qu'offre d'hypothétique et d'aléatoire cette recherche que l'on nous présente comme empreinte d'une rigueur vraiment scientifique ? Le grand problème étant celui des *influences*, il faudra d'abord se renseigner, par tous les documents possibles, sur ce qu'était la *bibliothèque* de l'auteur à commenter (ou ce qu'elle devait être); — faire ensuite le dépouillement des livres qu'elle contenait (ou a dû contenir), dénombrer en chacun d'eux les idées ou fragments d'idées qui offrent quelques similitudes avec tels ou tels passages de l'œuvre étudiée. Ce n'est pas tout. Un écrivain ne puise pas seulement dans les livres, il puise dans la vie. Il faudra donc étudier avec précision les événements contemporains, l'actualité de son temps, suivre les gazettes qu'il a lues ou qu'il a pu lire. Il sera

(1) Daniel Mornet, *Revue d'histoire littéraire de la France* (1909-1910).

nécessaire, en outre, ayant préalablement fixé les dates exactes entre lesquelles fut conçu d'abord, puis écrit le livre, de déterminer toutes les personnes, amis, familiers, ou visiteurs de passage, avec qui l'auteur fut en relations durant cette période, d'analyser la vie, les aventures, le caractère et les opinions de chacun d'eux, et ce que l'auteur a pu connaître de cette vie, de ces opinions et de ces aventures par leurs confidences possibles... D'où l'étude des amitiés, des relations, et des *conversations*. Ce sont là les *sources orales*. Nous marchons d'incertitudes en incertitudes, de difficultés en difficultés...

Ce n'est pas tout encore. Les livres ou les personnages qui ont agi sur notre écrivain ayant pu servir d'*intermédiaires*, il est indispensable pour être vraiment éclairé sur les origines, de remonter les filières, et de recommencer le même travail de recherches pour chacun d'eux. On établira de la sorte, laborieusement, que telle idée, sans doute empruntée par Corneille à tel obscur anecdotier de 1640, le fut peut-être par celui-ci à un autre, et ainsi de suite. Ou bien que tel fait, que Voltaire tenait vraisemblablement de lord Bolingbroke, celui-ci le tenait vraisemblablement à son tour de quelqu'un de son entourage... Et ainsi jusqu'à l'infini. C'est la chaîne éternelle.

Or, quelles *certitudes* rencontrons-nous en tout cet obscur et terrible fatras érudit? Quelles certitudes, et quels enseignements efficaces ? On conçoit que la vraisemblance, faible à l'origine, devient nulle petit à petit. Si nous abordons « les sources orales », je ne veux connaître d'autre *preuve scientifique* que le phonographe... Et puis, et surtout, à supposer même que l'on ait réussi, après un effort prodigieux, à mettre en lumière deux ou trois filiations d'idées certaines, cela est-il vraiment indispensable à savoir? Est-ce que le fait essentiel, le seul qui nous touche, la naissance de l'idée, nous sera *expliquée?* Non, l'idée gardera toujours son caractère imprévisible, même si l'on fixe sa date précise d'apparition. Je crains bien que le labeur considérable fourni par une telle école n'ait point de mesure avec le but atteint.

Qu'on s'arrête quelques instants à contem-

pler cette image singulière qui clôt et résume
l'introduction (p. 33) du livre de M. Gustave

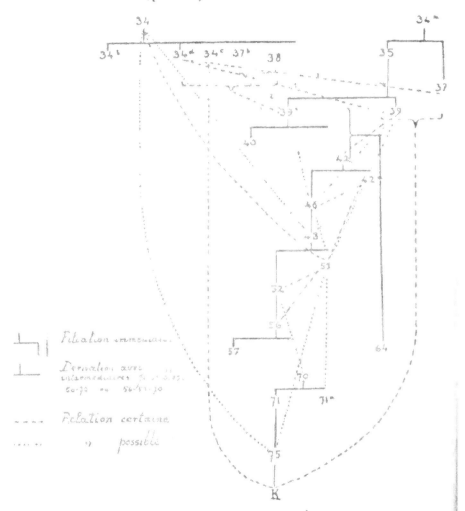

Lanson. On dirait tout d'abord d'un ornement
badin, d'une fantaisie décorative, où un artiste
inspiré s'amuserait d'un lacis de traits emmêlés,

de pointillés, de courbes, de lignes et de chiffres. Ou bien encore d'une de ces épures d'architecte, de ces planches de haute géométrie descriptive, de ces tracés de cosmographie qui remplissent d'admiration les yeux naïfs du profane... La réalité est bien plus simple. Ce qu'on a voulu représenter ici, c'est « la filiation des impressions » des *Lettres philosophiques* de Voltaire, c'est-à-dire les différences qui existent entre les textes de ses éditions successives. Et vraiment, à considérer l'image d'un peu loin, n'y a-t-il point quelque symbolisme dans cette sorte d'échafaudage pour construction imaginaire, où s'exprime la fantaisie d'un architecte de rêve?...

Comment s'étonner qu'un aspect si merveilleux ait provoqué chez quelques disciples ravis une émotion quasi-mystique? L'un des plus notoires, M. Rudler, qui écrivit un volume de 500 pages sur *la Jeunesse de Benjamin Constant* (parviendra-t-il jamais jusqu'à l'âge mûr de son auteur?), nous confie la volupté qu'il trouva en lisant l'édition lansonienne. C'est le zèle de la science qui enflamme l'honnête professeur et le fait parler en termes brûlants : « Un livre

4.

comme celui-là, dit-il, exige des procédés de
lecture particuliers. A vrai dire, il exige deux
lectures : l'une *cursive, du texte même*, où l'on
s'offrira le plaisir facile des épicuriens du bon
vieux temps [c'est de la lecture des *Lettres philosophiques* elles-mêmes qu'il s'agit] et l'autre,
quand on se sera assimilé le commentaire. *La
seconde dépassera la première de toute la peine
qu'on aura prise et au delà. Elle sera riche,
complexe, nuancée ; elle donnera seule la volupté
de comprendre, absolument, de planer.* » (*Revue universitaire*, 15 décembre 1909.)

Passons sur la poésie profonde qui, dans une
âme vraiment douée, peut jaillir d'un simple
commentaire de sources ; ce sont là des plaisirs
que les habiles seuls peuvent se donner. Pour
moi, je retiens cet aveu ; la lecture des textes
eux-mêmes n'offre plus désormais qu'un sens
superflu ; ce sont les gloses qu'ils suscitent qui
leur communiquent leur prix véritable. On nous
le dit avec franchise: avant M. Lanson, les *Lettres philosophiques* de Voltaire n'avaient qu'un
intérêt accessoire. Seuls des lettrés pouvaient
être assez vains pour s'y plaire.

En face de ces empiétements des recherches secondes sur l'enseignement des lettres, comment ne pas songer à cette phrase de Walckenaer, où s'exprime le contentement stérile, la résignation intellectuelle de l'étroite érudition : « *On ne peut pas tout savoir, mais on peut savoir où tout se trouve.* »

B. — LES PROGRAMMES NOUVEAUX

Ces doctrines nouvelles, qui, pour aller dans le monde, se donnent un air de sciences, vinrent en un temps où des circonstances extérieures, politiques même, avaient mis notre traditionnel enseignement littéraire dans une sorte de suspicion. De nombreux esprits s'habituaient à considérer la culture classique comme favorable à des préjugés réactionnaires. On ne prenait point garde qu'elle était, au contraire, essentiellement fondée sur la connaissance de l'histoire et de la littérature anciennes, tout imprégnées d'esprit civique et laïque..... Nos théoriciens recueillirent donc un succès un peu trouble. Favorisés par les pouvoirs, ils gagnèrent bien vite une

influence prépondérante et leurs idées se tradui-
sirent en des réformes pratiques. Deux d'entre
elles sont caractéristiques de l'esprit nouveau :
la réforme de la licence ès lettres et l'institution
du diplôme d'études supérieures.

La plus regrettable est, sans nul doute, la
transformation de la licence ès-lettres, accomplie
en 1907. Alors furent supprimées les épreuves
communes, le thème latin ou la dissertation
latine, et la dissertation française, qu'autrefois
l'on imposait à tous les candidats aux quatre
licences littéraires. Ces épreuves étaient précisément celles qui maintenaient la culture générale.
On les a remplacées par des épreuves spéciales.

Cela n'alla point sans soulever d'ardentes
discussions. Lorsque cette réforme fut présentée
au Conseil de l'Instruction publique, les membres
des facultés de province protestèrent vivement
contre le principe d'une licence littéraire sans latin
et sans dissertation française (1) ; mais ce projet,

(1) La licence et même l'agrégation ès-lettres *sans latin ni grec*
ont été demandées par des maîtres de la Sorbonne. Au reste, il
y avait là une nécessité logique, puisque les nouveaux programmes du baccalauréat permettent à un bachelier de la section D
(sciences-langues) qui ignore le latin de s'inscrire aux cours de

emprunté à M. Seignobos, patronné par M. Lavisse
fut soutenu par la majorité de la Sorbonne. Nous
ne pouvons décrire les discussions passionnées
et interminables qui s'élevèrent alors (1) ; après
d'ardentes querelles, les « provinciaux » à qui
se joignirent les représentants de l'enseignement
secondaire parvinrent à sauver une épreuve de
culture ; par une voix de majorité, l'on conserva
la version latine. Mais, en revanche, *on sacrifia,
dans tous les cas, la dissertation française* (2).

Même à la licence ès-lettres pures, l'ancienne
composition française céda la place à une
épreuve que le programme qualifie de composition française *sur un texte*, et qui ne doit être
que le commentaire historique ou philologique
d'une œuvre ou, plus exactement, d'une page
d'une œuvre inscrite au programme. La circulaire ministérielle du 31 octobre 1907 le spéci-

licence, à la Faculté des Lettres. Ce sont MM. Lanson et Brunot
qui soutinrent cette réforme : elle n'a pas encore été adoptée. Il
est suggestif de remarquer que c'est à M. Emile Combes que
nous devons la première idée d'une *agrégation* littéraire sans
grec ni latin.

(1) Cf. *l'Enseignement secondaire*, 1907.

(2) Sauf à la licence de langues vivantes, où l'on a conservé
les épreuves de latin et de français.

fie avec netteté : « Ce qu'on veut éviter, c'est
le type ancien de composition française de caractère trop général : développement d'une pensée
morale, d'une maxime philosophique, d'un jugement littéraire, etc... »

Il n'y a plus, à la licence ès-lettres, une
seule épreuve où les jeunes gens puissent témoigner des qualités originales de leur esprit, de la
maturité de leur jugement et de ce qu'autrefois
l'on appelait le tour de la pensée. Les épreuves
impersonnelles, en quelque sorte, ont absorbé
tout l'examen.

C'est le triomphe des enseignements spéciaux.
Chaque étudiant de licence est confiné exclusivement dans la spécialité qu'il a dû choisir. Et c'est
bien là une suite logique de toutes les dernières
réformes : utiliser le savoir le plus tôt possible,
préparer dès l'abord les intelligences aux soucis d'une profession, les éloigner d'une culture
intellectuelle libérale et désintéressée. Le licencié
spécialisé de 1907 continue le bachelier spécialisé des programmes de 1902 (1) ; celui-ci n'a-t-

(1) Cf. plus loin : chap. III, *la Sorbonne contre l'enseignement
secondaire.*

il pas dû, en effet, dès sa douzième ou sa treizième année, choisir entre les quatre cycles,
latin-grec, latin-sciences, latin-langues, sciences-
langues ? La spécialisation n'est plus une nécessité de l'âge mûr ; elle est une tyrannie qu'on
subit dès l'enfance.

Dans ces nouvelles épreuves de licence, nous
retrouvons les dénominations pseudo-scientifiques. Il y a par exemple, à la licence d'histoire,
certaine *épreuve pratique* que la circulaire prend
soin de définir et qui n'est autre chose qu'une
« lecture et datation de texte ». Notons, d'autre
part, quelques-uns des sujets-types qu'on propose pour devoirs. En voici qui furent naguère
donnés comme *composition sur un texte*, à
la place de l'ancienne dissertation littéraire :
« Etudier le verbe ou l'adjectif dans telle page
de Montaigne (1). » — « Etudier le subjonc-

(1) Ce sujet de devoir a soulevé un beau tapage Seuls
MM. Emile Faguet et Remy de Gourmont, le premier dans la
Revue des Deux-Mondes (cf. Annexes, pp. 233 et suiv.), le second
dans le *Mercure de France* se déclarèrent satisfaits. « Le subjonctif, dit M. de Gourmont, c'est une des formes de verbe les
plus curieuses par ses caprices. On le voit persister et durer pour
des motifs purement esthétiques, semble-t-il ; tenace en certains
verbes, il est, en d'autres, fuyant et presque mort, surtout à son

tif dans le morceau suivant de Heine. » —
« Etudier l'auxiliaire de mode dans ce passage
de Lenau. » Comment une imagination personnelle trouverait-elle à se produire en de semblables sujets? Par contre, quel esprit médiocre
et consciencieux n'espérerait y réussir ?

Qu'est-ce qu'expliquer un texte, selon les procédés scientifiques? Un professeur de littérature
passe une leçon entière, ou peu s'en faut, à recher-

mode imparfait. . Une étude comparée du subjonctif dans la
langue de Montaigne et dans celle d'aujourd'hui, ce serait fort
intéressant On y verrait sans doute indiquée la marche lente mais
sûre du verbe français vers l'un té du verbe anglais . etc »
Nous sommes parfaitement d'accord avec M. de Gourmont,
comme avec M. Faguet, lorsqu'ils prétendent que de telles compositions ont un intérêt véritable M. Faguet a fort ingénieuse-
ment montré tout le prix de ces recherches, et nous savons ce
que, par ses travaux, *l'Esthétique de la langue française le Problème du style*, l'intelligence affinée de M Remy de Gourmont
a su tirer de ces études grammaticales. Mais, M de Gourmont
avez-vous jamais lu de tels travaux rédigés par des élèves de
Sorbonne et soupçonnez-vous la platitude, la sécheresse des énu-
mérations sur deux ou plusieurs colonnes qu'ils entraînent dans la
grande majorité des copies? Vous ne pourriez, sans raillerie,
consentir a une si complète passivité. Et puis, si ce sont la de
bons exercices spéciaux, exceptionnels, peuvent-ils vraiment
prétendre à *tenir lieu de la dissertation française* pour la
formation des intelligences ? C'est toute la question, puisque
ceux-là ont été substitués à celle-ci Or, si ces sujets gram-
maticaux ont leur utilité, *a côté* de la composition française, *à
sa place* ils ne sont que ridicules.

cher pourquoi, dans une édition de Baghâvat de Leconte de Lisle, on lit, à propos d'un lion, *ventre blanc*, et dans une autre *ventre jaune*. Là-dessus il épilogue savamment pendant une heure, puis conclut que le poète aurait dû écrire ventre *blanc* et *jaune*, car le lion a le ventre blanc strié de jaune. Voilà ce qu'on donne parfois sous le nom de *commentaire scientifique* (1). Et c'est le commentaire qui fait tout le cours ; on n'a qu'à le reproduire à l'examen. Pour ceux qui n'auraient

(1 M. Parigot, dans *la Revue hebdomadaire* (12 novembre 1910), trace le croquis suivant d'une explication de texte en Sorbonne :

« Le professeur étudie un lyrique ancien. Après une solide introduction sur l'état des manuscrits, la bibliographie, la date des œuvres, l'explication commence, philologique, grammaticale syntaxique à souhait Il cite les compilateurs allemands ou les philologues italiens, consacre une demi-heure au sens d'un mot et élucide une moyenne de deux vers par séance. Au milieu de l'année, deux leçons techniques sur les dernières théories concernant la versification de son auteur. Jadis, il a fait preuve de délicatesse et de talent. A cette heure, il se garde délibérément de mettre en lumière la beauté d'un morceau, la pathétique d'un passage, le sens profond des croyances primitives, ou, s'il parle des légendes religieuses, c'est pour railler et le prendre avec elles sur le ton badin du dix-huitième siècle. Ni l'impression de ces récit sur les imaginations grecques, ni la force ou l'originalité du style, ni le caractère de l'esthétique musicale ne l'intéressent. Un lettré qui écouterait ce commentaire ne connaîtrait pas à la fin s'il s'agit d'un poète, d'un philosophe ou d'un commentateur byzantin. Il pencherait vraisemblablement pour ce dernier. »

point le goût d'y assister, on en vend des copies chez les bouquinistes du quartier. La littérature devient une affaire de mémoire et n'a plus rien à voir avec l'éducation du goût. C'est la « scholastique du matérialisme » qui l'emporte. La science veut être désormais, non plus littéraire, mais *technique* et *positive*.

Le même dessein explique qu'on ait rendu obligatoire pour toutes les sections de l'enseignement des lettres le diplôme d'études supérieures qui, d'abord, était réservé aux seuls étudiants d'histoire. Ce diplôme s'acquiert après celui de licence et l'on ne peut subir les concours d'agrégation sans en être pourvu. Sa préparation occupe la seconde année des études à la Faculté, cette année qu'autrefois l'on accordait aux étudiants comme un répit profitable, pendant lequel, librement, ils se livraient à toutes les curiosités de leur intelligence. Voilà une indépendance qu'on trouve aujourd'hui dangereuse! Le mal qu'elle faisait devait être bien grand, car l'on a remédié à ce désordre : l'étudiant, désormais, est assujetti à une tâche précise où il lui faut prouver des qualités d'« ouvrier de la science ». A tout le moins, lui permet-on de traiter des sujets un peu généraux ? Non pas; on lui donne, par exemple, à « dater dix lettres de Voltaire ». Qu'on songe aux innombrables et fastidieuses lectures que cela lui impose !—Connaissiez-vous Sébastien Cramoisy, libraire à Paris (1585-1669)? Ce grand homme obscur suscita les recherches d'un étudiant pendant près de dix longs mois. Et je sais un candidat à qui son maître proposa d'étudier « dans quels cas, chez Plaute et chez Térence, les substantifs terminés en *um* s'élident devant un dissyllabique commençant par une voyelle et dans quels cas ils ne s'élident point (1) ». Je le demande, nos maîtres de Sorbonne ont-ils vraiment le droit d'imposer ces besognes d'érudits vieillots à des jeunes hommes de vingt ans, dont « l'être spirituel est à peine ébauché » ?

Que si notre étudiant poursuit sa carrière universitaire et sollicite le grade de docteur ès lettres, il lui faudra consacrer une bonne partie de son existence à de pareils travaux. Ce sont parfois

---

(1) Voici encore quelques sujets de diplômes présentés en 1910. « De l'infinitif dans Sidoine Apollinaire » — « L'ablatif dans Apulée d'après les *Métamorphoses* », etc.

de simples éditions ou des bibliographies critiques que les aspirants au doctorat présentent en manière de thèses ; ces travaux, de plus en plus, remplacent l'ancienne thèse latine, définitivement abandonnée. Il en est qui portent sur des faits si menus que l'on songe à ces érudits alexandrins, raillés doucement par Renan et qui passaient une partie de leur vie à rechercher · « Combien Ulysse avait de rameurs » ; ou : « Pourquoi Homère commença son catalogue des vaisseaux par les Béotiens. »

Nous avons entendu soutenir, en Sorbonne, une thèse intitulée : « La Louisiane dans l'œuvre de l'abbé Prévost », long et savant mémoire de cent pages et plus, sur un épisode de quelques lignes à peine, conté au dernier chapitre de *Manon Lescaut.* Ces ouvrages « de science » ont pour moindre défaut d'être dénués de toute *composition.* Selon l'heureuse expression d'un professeur de l'enseignement secondaire, le candidat se contente « de vider sa boîte de fiches dans son livre ». Quand la glané du document est devenue trop lourde, l'apprenti docteur s'arrête, dépose son fardeau en tas sur la route, et cela fait une grosse thèse. Et, devant un si bel effort, le président du jury de soutenance conclut avec satisfaction : « Excellent travail, c'est un recueil de faits (1). »

N'y a-t-il pas, je le répète, sous ce fétichisme de la méthode historique, une sorte d'illusionnisme scientifique peut-être inconscient ? Ce vocabulaire de chimistes, ces *laboratoires* et ces *travaux pratiques* ne semblent-ils pas là pour berner le public et nos maîtres eux-mêmes? Les recherches de l'historien ne sont point de la même nature que celles du physicien ; elles sont tout intellectuelles et s'appliquent aux choses de l'esprit, aux idées, aux croyances, aux passions, à des phénomènes qui ne sauraient s'accommoder de mesures matérielles, et pour qui la *qualité* est plus essentielle que la *quantité*. Il y faut de la finesse et de la pénétration. L'histoire, par

(1) Voir l'article de M. Fr. Albert, dans *l'Opinion*, 1er mai 1909 M. Fr Albert, dans ses études sur la germanisation de la Sorbonne, fut l'un des premiers critiques qui dénonça cette crise de l'enseignement littéraire.

exemple, quoi qu'on en ait dit, ne sera jamais besogne de manœuvre.

Existe-t-il d'ailleurs des lois historiques, à la ressemblance des lois scientifiques ? Nos historiens eux-mêmes ne peuvent le prétendre et ils en font l'aveu assez communément. « Nous ne savons rien », c'est là une affirmation qui leur est chère. Et M. Seignobos d'écrire : « La cause des faits de l'histoire devant être recherchée parmi tous les phénomènes, il y a toujours un nombre incalculable de causes possibles... En réalité, il n'y a pas de sûr moyen pour vérifier l'exactitude de la cause qu'on croit avoir découverte et ainsi *il n'y a pas de procédés en histoire pour trouver des lois* (1). » Nous voici presque d'accord avec M. Seignobos. Il n'y a pas de procédés *mécaniques* pour découvrir l'histoire, en effet. Aucun labeur purement documentaire ne remplace l'effort de l'intelligence, l'effort d'interprétation. Et si l'on élimine le talent, l'intuition, c'est-à-dire la véritable prise de l'intelligence sur la réalité, il faut renoncer à ce que

(1) *Bulletin de la Société de philosophie* (juin 1910).

l'histoire soit jamais autre chose qu'un assemblage désordonné de petits faits.

Au reste, M. Seignobos, bien qu'il soit l'un des plus hardis protagonistes des méthodes scientifiques, est d'abord un esprit logique, si logique même que, partant des prémisses que nous avons dites, et mettant en suspicion toute hypothèse individuelle, il n'hésite pas à proclamer l'inexistence radicale et définitive de sa propre science, l'histoire. Cet aveu découragé, il l'a fait un jour, devant un petit comité de métaphysiciens, à la *Société de philosophie*. On ne put qu'admirer cet historien qui déclarait d'une voix sèche : « *L'historien se trouve réduit au procédé du sens commun, à l'évidence. Il n'y a de certain en histoire que les vérités de la Palisse. Encore cette évidence varie-t-elle avec l'étendue de nos connaissances, peut-être avec le tempérament de chaque historien* (1). » Mais alors, M. Seignobos, l'*heuristique*, la *critique interne* et la *critique externe*, la critique de *restitution* et la critique de *provenance*, et tous ces procédés rigoureux de travail que vous avez décrits

(1) *Loc. cit.*

dans votre *Introduction aux études historiques*.
ces ateliers, ces manipulations, ne seraient-ce
que des moyens compliqués d'aboutir à des
lapalissades ! Ne vaut-il pas mieux reconnaître,
avec nous, que, l'histoire ne valant jamais que ce
que vaut celui qui l'écrit, il convient avant tout
de former des *esprits* et non pas seulement des
travailleurs, des tàcherons, des casseurs de
cailloux (1).

Mais vos collègues ès-sciences littéraires n'ont
pas votre franchise ; ils font les présomptueux.
A les en croire, ils auraient même découvert
quelques lois. Une question surtout les préoccupe, nous l'avons vu, celle des *influences*. Ils

(1) On ne s'étonnera pas que M. Seignobos, théoricien scrupuleux de l'évidence, collectionne avec soin dans ses ouvrages
quelques-unes de ces vérités inattaquables qui s'imposent aux
intelligences. M. Pierre Lasserre en recueille un choix : « Les
miniatures du moyen-âge, écrit M. Seignobos, montrent les
personnages couchés dans leur lit, une couronne sur la tète ;
c'est le symbole de leur sang royal ; *le peintre n'a pas voulu
dire qu'ils gardaient leur couronne pour dormir.* » — « Les
actes sont faits par un homme seul ou par plusieurs hommes à
la fois Faits par un seul, on les appelle *individuels*, quand ils
sont faits par plusieurs, on emploie le mot *collectifs.* » — « Toute
conception qui aboutit à empêcher de savoir empêche la science
de se constituer »,etc... Ces ouvrages sont écrits pour des étudiants de licence et d'agrégation.

prétendent arriver à fixer les rapports nécessaires du talent et du génie avec le milieu. M. Lanson énumère quelques-unes des lois déjà établies : 1º *la loi de corrélation de la littérature et de la vie*, ce qui signifie : « la littérature est l'expression de la société » ; cela ne nous était-il pas déjà connu?

2º *Loi des influences étrangères :* « la grandeur politique d'une nation lui confère un prestige qui fait imiter sa littérature par les autres pays. » Cela encore est-il tout à fait nouveau? Au surplus, cet aphorisme est contradictoire avec le précédent.

3º *Loi d'apparition des chefs-d'œuvre* (1). Ah! cela vaut qu'on s'y arrête. Nous fournirait-on vraiment le moyen de créer des chefs-d'œuvre à notre gré? Hélas! il ne s'agit que de cette affirmation : « Le chef-d'œuvre est moins un commencement qu'un terme. » *Loi* contestable infiniment, et qui ne nous explique en aucune façon le fait capital, la naissance du chef-d'œuvre (2)... Et c'est tout. Quelques vérités de

(1) Cf. Lanso   L'histoire littéraire et la sociologie (*Revue de métaphysique et de morale*, 1904).

(2) A l'apparition de l'*Histoire de la littérature anglaise* de

5

la Palisse, comme dit M. Seignobos, des notions imprécises et contradictoires, tel est le bilan de la science littéraire. M. Lanson veut bien reconnaître que ce ne sont pas là des lois, à vrai dire, mais des *faits généraux*. C'est donc pour les obtenir qu'on a organisé en Sorbonne un appareil scientifique si redoutable! La montagne accouche d'une souris.

Je veux bien, pour un instant, concéder à nos réformateurs que cette science littéraire à quoi, sans scrupule, ils vouent le labeur de leurs élèves, nous puisse un jour révéler, à défaut de lois, quelques *faits certains*. Mais est-il vrai que tout fait de l'histoire littéraire, quel qu'il soit, importe également et mérite notre recherche?

Taine, Gustave Flaubert remarquait déjà avec lucidité : «[cet ouvrage est élevé, solide, bien que j'en blâme le point de départ. Il y a autre chose dans l'art que le milieu où il s'exerce et les antécédents physiologiques de l'ouvrier. *Avec ce système-là, on explique le groupe, mais jamais l'individualité*, le fait spécial qui fait qu'on est celui-là. *Cette méthode amène forcément à ne faire aucun cas du talent* Le chef-d'œuvre n'a plus de signification que comme document historique. Voilà radicalement l'inverse de la vieille critique de La Harpe. Autrefois, on croyait que la littérature était une chose toute personnelle et que les œuvres tombaient du ciel comme des aérolithes. Maintenant on nie toute volonté, tout absolu. La vérité est, je crois, dans l'entre-deux. (*Correspondance*, 3ᵉ série, pp 195-196.)

Pour nos érudits, « il n'y a pas de moindres vérités ; il n'y a pas de vérité indifférente, ni de vérité négligeable. » Une monographie sur un point inconnu de la vie du plus obscur libelliste, nous disent-ils, peut être profitable à la Science, si elle est rédigée avec *méthode*. Pour le prouver, ils ajoutent : la biologie n'a-t-elle pas le plus grand intérêt à connaître avec précision la moindre particularité anatomique du moindre protozoaire ? — Sophisme, et sophisme bien significatif du mal que nous ont fait involontairement les biologistes. Certes, il y a de l'intérêt, et un intérêt essentiel, vital, à connaître en son détail la nature qui nous entoure, car *elle agit sur nous* et *nous agissons sur elle;* notre propre progrès dépend de cette connaissance... Mais quand nous saurons quelles influences se sont exercées sur tel folliculaire des siècles passés, les lectures qu'il a probablement faites, les conversations qu'il a peut-être échangées, notre pouvoir sur les choses s'en trouvera-t-il augmenté, notre vie intérieure en recevra-t-elle quelque aliment précieux (1) ? — Nul choix, nul sentiment de

(1) « Je déteste tout ce qui ne fait que m'instruire sans augmenter mon activité, ou l'animer directement » (Gœthe).

la *valeur*, c'est, je le crains, le caractère de cette érudition encombrante et parasite ; sous le fatras de ses gloses, elle finit par étouffer les œuvres considérables de notre littérature. Cette science, qui prétend fixer la physionomie historique des textes, les *immobiliser* pour que notre esprit n'ait plus à s'exercer sur eux, se présente à nous comme une ennemie véritable des lettres, qu'elle prive de toute leur puissance intérieure, de leur vertu éducatrice, et par là comme une adversaire de toute culture.

C. — LES RÉSULTATS DES MÉTHODES NOUVELLES

Mais pour donner un sentiment juste de ces méthodes imposées d'autorité en Sorbonne, il n'est que de considérer leurs résultats. Voilà qui éclairera notre jugement, mieux que ne le saurait faire une discussion sur les principes.

Prenons des documents quasi-officiels. Parcourons, au hasard, les rapports d'agrégation de ces dernières années : nous sommes bien vite édifiés sur l'abaissement progressif de la culture générale. On n'y rencontre que doléances sur la médiocrité croissante des concours.

Agrégation d'histoire et de géographie (1906) — M. Foncin, rapporteur. « Le défaut capital de la plupart des copies est *l'incohérence du plan*, voire même *l'absence de toute composition.* Les concurrents n'ont, en général, qu'une faible préoccupation des vues d'ensemble. Ils se bornent à raconter les faits... mais, presque jamais, cet exposé n'est subordonné à une idée générale nettement indiquée et logiquement déduite. »

Agrégation de grammaire (1906-1907). M. Bornecque trouve l'occasion bonne, à la suite de ces médiocres concours, pour formuler quelques critiques à l'endroit de la méthode philologique.

Concours de 1906. « On ne fait pas assez de dissertation française. Cet exercice, qui est le plus difficile de tous, est celui pour lequel on est le moins préparé. L'inexpérience se trahit partout. La maladresse de l'expression obscurcit sans cesse la pensée. *Les constructions sont gauches, tout élémentaires ; le candidat semble écrire pour la première fois.* »

Concours de 1907 : « Il faut que les candidats

se persuadent que *l'érudition est un moyen, non un but*, et que s'ils peuvent en faire montre, c'est sous la réserve qu'elle soit strictement appropriée au texte et subordonnée à un principe qui en soit comme le régulateur. Ce qu'ils ne devront pas perdre de vue est la nécessité pour tout maître de *faire d'abord sentir à ses élèves la valeur et la beauté de la langue de nos grands écrivains.* L'étude approfondie et scientifique du sens des mots, des tours et constructions des phrases peut y aider puissamment, si elle est faite avec mesure et sans que l'attention, retenue sur des détails, fasse perdre de vue l'ensemble. Mais si l'analyse d'une belle page la détruit en la réduisant à une foule de menus faits d'intérêt purement philologique, elle n'aboutit qu'à nous fatiguer et à obscurcir ce qu'elle est chargée d'éclairer. »

Agrégation d'histoire (1908), composition d'histoire moderne :

« C'est tout au plus si une dizaine de compositions portent la marque de cet effort personnel de réflexion et de pensée qui permet seul d'échapper à la médiocrité. »

Agrégation d'histoire (1909) ; composition d'histoire du Moyen-Age (M. Langlois, rapporteur).

« Rien à dire de la forme, car elle est plate, incolore dans l'*immense majorité* des copies. »

Composition d'histoire moderne (1909).

« Deux défauts : 1ᵒ extrême imprécision ; 2ᵒ *manque général de personnalité.* On ne s'y est point préoccupé de faire le départ entre ce qui est essentiel et ce qui est négligeable, de montrer quelque *personnalité* dans la compréhension, quelque finesse ou quelque vigueur dans l'exposition. La plupart des compositions sont ainsi longues, molles, superficielles, plates, ternes... Ce qui domine, ce sont les notes égales à la moyenne, ou voisines de la moyenne, soit en dessus, soit en dessous. *Résultats un peu inquiétants, s'il faut y voir, non un fait occasionnel, mais la preuve que, pour des raisons que nous n'avons pas à rechercher ici, il y aurait moins de maturité d'esprit et une éducation scientifique moins développée aujourd'hui que chez ceux d'il y a quelques années* (1). »

(1) *Revue Universitaire*, 15 décembre 1909.

Enfin, sur la composition française, épreuve essentiellement révélatrice du degré de culture, le rapporteur du concours d'agrégation de grammaire en 1909 conclut :

« *On est forcé de renouveler une plainte qui semble n'avoir pas été entendue. Trop peu de candidats ont le souci de la pureté de la langue, et quelques-uns semblent même n'en avoir pas le sens... Écrire, c'est avoir de la propriété et du goût. Mais on sent vraiment trop qu'ils n'ont pas l'habitude de composer, etc.* (1) ».

Après chaque concours, ce sont les mêmes doléances, mais il semble bien que les critiques s'aggravent et se précisent : absence de composition, personnalité médiocre, nul souci de la langue (2).

---

(1) Nous ne pouvons reproduire ici les rapports du dernier jury (1910). Ils signalent encore la médiocrité lamentable de la forme, et déplorent la réduction générale des études classiques. (Voir *Revue universitaire*, 15 décembre 1910.)

(2) M. Croiset nous affirme que « la médiocrité de la composition française est inévitable » (*Discours d'ouverture*). Puis, sans vouloir insister davantage, il prétend que si l'élégance diminue, la précision et la justesse sont en progrès. Mais M. le doyen n'a-t-il pas lu les rapports des jurys d'agrégation ? Il ne s'y agit point seulement de dissertation et de rhétorique, mais de composition sur des sujets d'histoire, de grammaire. Et les défauts

Que le goût littéraire, le sens de la forme soient
en décadence, nos réformateurs eux-mêmes y
souscrivent (1): ils font des conférences, ils se
réunissent en congrès pour étudier la crise du
français (2). Mais ils attribuent le mal à des causes générales, notamment aux transformations
de la classe bourgeoise moins lettrée qu'autrefois,
à la prépondérance des soucis utilitaires dans
l'éducation ; ils accusent aussi le goût immodéré
des sports, l'attrait des inventions mécaniques,
une moindre habitude de la lecture. Que ces causes générales aient favorisé l'abandon de l'ancienne éducation littéraire, on ne peut le nier.

qu'on relève dans ces épreuves, ce sont « *l'extreme imprécision*
l'inexactitude, la banalite ». C'est la une decadence dont, au
reste, tout le monde convient. (Cf. aux *Annexes*, p. 222, la lettre
de M Anatole Leroy-Beaulieu, directeur de l'Ecole des Science
politiques.)

(1) M. Aulard lui-même n'a-t-il pas écrit, dans *le Siècle* du
6 octobre : « Les etudiants au début, quand le lycée nous les
envoie, sont *mal dégrossis*, et il est bien possible, apres tout,
qu'il y a dix ou quinze ans, dans l'enseignement secondaire, on
se donnait (*sic*) plus de mal pour apprendre aux élèves à écrire,
à composer. »

(2) Une série de conferences sur l'enseignement du français
fut organisée, en 1909, au Musée pédagogique, par M Lanson,
sous le patronage de M. Liard.— Elle fut publiée sous ce titre :
la Crise des methodes dans l'enseignement du français. Cf.
Compte rendu dans la *Revue pedagogique* du 15 juillet 1910

Mais qu'a fait la Sorbonne pour enrayer ce mouvement? Elle a préparé l'abaissement des études classiques par la réforme de l'Enseignement secondaire, elle a supprimé l'Ecole normale, elle a ouvert ses portes aux primaires par les équivalences; elle a sans cesse sacrifié l'élite pour la masse. A la Faculté même, elle a organisé un enseignement qui ne peut qu'étendre et aggraver ce mal que partout l'on constate. Elle a donc bien sa part de responsabilité. Au vrai, c'est à l'idéal classique de la culture que s'en prennent nos réformateurs: ils ne visent à rien de moins qu'à le remplacer par un modèle intellectuel nouveau. Et c'est précisément ce qui fait la gravité de ce débat et pourquoi il convenait d'y intéresser le grand public.

L'idéal qu'on nous impose, c'est la *spécialisation*, obligatoire dès le collège, poursuivie à la Faculté. Former le jugement, découvrir les capacités de l'intelligence, développer les dons innés, nos maîtres ne s'en soucient guère. Alors qu'il conviendrait de permettre aux jeunes esprits de se composer une vie individuelle, une vie intérieure, ils les asservissent, dès l'abord, à une tâche étroite et limitée. Ils ne leur demandent que d'être de bons rouages dans le mécanisme général.

Cet idéal médiocrement utilitaire est parfaitement défini par M. Durkheim dans un livre qui donne le ton de la philosophie régnante en Sorbonne : *la Division du travail social*. Doit-on se proposer d'être un homme *complet?* Non, répond ce sociologue, mais un homme *spécialisé*.

« Nous avons passé le temps où l'homme parfait nous paraissait être celui qui, sachant s'intéresser à tout sans s'attacher exclusivement à rien, capable de tout goûter et de tout comprendre, trouvait moyen de réunir et de condenser en lui ce qu'il y avait de plus exquis dans la civilisation. *Aujourd'hui, cette culture générale, tant vantée jadis, ne nous fait plus l'effet que d'une discipline molle et relâchée... Nous éprouvons de l'éloignement* pour ces hommes dont l'unique souci est d'organiser et d'assouplir toutes leurs facultés, mais sans en faire aucun usage défini et sans en sacrifier aucune, comme si chacun d'eux devait se suffire à soi-même et former un monde indépendant... L'honnête homme d'autrefois n'est plus pour nous qu'un dilettante, et nous refusons au dilettantisme toute valeur morale. *Nous voyons bien plutôt la perfection dans l'homme compétent qui cherche, non à être complet, mais à produire*, qui a une tâche délimitée et qui s'y consacre, qui fait son service, trace son sillon... Nous ne pensons plus que le devoir exclusif de l'homme *soit de réaliser en lui les qualités de l'homme en général*, mais nous croyons qu'il est non moins tenu d'avoir celles de son emploi... En un mot, par un de ses aspects, l'impératif catégorique de la conscience morale est en train de prendre la forme suivante : « *Mets-toi en état de remplir utilement une fonction déterminée* (1). »

(1) Cette citation, prise au début de *la Division du travail social*, exprime la pensée-maîtresse de l'ouvrage principal de M. Durkheim. Celui-ci ne cache point en effet son dessein, qui est d'élaborer la morale nouvelle qui convient à nos sociétés modernes. L'idée centrale de cette éthique future, c'est la spe-

Etait-il besoin de faire intervenir « l'impératif catégorique de la conscience morale » pour nous apprendre qu'il est utile et honnête de remplir convenablement sa tâche ? Toutefois, nous nous mettons en garde lorsque M. Durkheim prétend que circonscrire cette tâche le plus étroitement possible, rétrécir du même coup l'horizon de l'esprit, en un mot s'interdire avec sévérité tout épanouissement de l'intelligence, ce soit le plus haut

cialisation. Notre auteur y revient dans *la conclusion* du même livre :

« On peut donc dire, *à la lettre*, que, dans les sociétés supérieures, le devoir n'est pas d'étendre notre activité en surface, mais de la concentrer et de la spécialiser. Nous devons borner notre horizon, choisir une tâche définie, et nous y engager tout entiers, au lieu de faire de notre être une sorte d'œuvre d'art achevée, complète, qui tire toute sa valeur d'elle-même, et non des services qu'elle rend. Enfin *cette spécialisation doit être poussée d'autant plus loin que la société est d'une espèce plus élevée, sans qu'il soit possible d'y assigner d'autre limite.* » L'idéal et la civilisation, c'est donc, *à la lettre*, le rétrécissement graduel de l'intelligence. « Ce n'est donc pas sans raison que le sentiment public éprouve un éloignement toujours plus prononcé *pour le dilettante*, et pour ces hommes qui, trop épris d'une *culture exclusivement générale*, refusent de se laisser prendre tout entiers dans les mailles de l'organisation professionnelle». Mais c'est jouer sur les mots. Le dilettantisme, dont nous avons tous horreur, est un vice de la volonté, une impuissance à croire et à agir ; la culture générale n'a rien à voir avec lui. Et je ne sache pas que le sentiment public ait une horreur chaque jour plus prononcée pour les esprits de culture large et supérieure...

idéal humain de perfection. Ce jugement n'est
point celui de J.-B. Say, qui disait : « C'est un
triste témoignage à se rendre que de n'avoir
jamais fait que la dix-huitième partie d'une
épingle. » Poser comme un principe que l'activité spirituelle des individus doit tendre sans
cesse à s'adapter strictement à une tâche de
plus en plus étroite, n'est-ce pas affirmer la
vanité de toute vie intérieure, avouer la défaite
de toute culture et de tout idéal moral ?

Et c'est, au fond, volontairement ou non, préparer l'abaissement de toute supériorité individuelle, sous le prétexte de je ne sais quelle exi-
gence tyrannique des groupes et des sociétés.
Rien n'est plus suspect à cette doctrine des spécialités intellectuelles que le talent et le génie ;
rien ne lui est plus contraire que le prestige
reconnu des héros, des inventeurs et des artistes,
de ceux en qui s'affirme le plus pleinement la
personnalité et par qui seuls se perfectionne et
s'ennoblit la condition humaine (1).

(1) Renan, dans *l'Avenir de la Science*, le dit en propres termes : « En général, la bonne critique doit se défier des individus et se garder de leur faire une trop grande part... C'est la
masse qui crée... »

Vous allez trop loin, nous dira-t-on ; vous vous égarez. Nous sommes, au contraire, au vif même du sujet. C'est bien la brimade du talent, en effet, — et nous groupons sous ce mot toutes les qualités personnelles, originales, de l'esprit — qui est la marque propre de ces nouvelles méthodes. C'est leur essence même de proscrire l'emploi du talent, d'exiger sa soumission ou son effacement. Par exemple, *l'heuristique*, ou méthode de recherche historique, de M. Seignobos est une simple liste de recettes. Le travail de l'historien s'y réduit à quelques procédés mécaniques, à quelques opérations quasi-matérielles de vérification de textes. Plus l'outil et le geste sont puérils, à la portée de tous, plus on les déclare féconds. Plus ils sont indépendants de l'esprit, plus on laisse voir de confiance en leur efficacité. Il faut que tout le monde puisse désormais faire de l'histoire et de la science.

Taine, nous dit-on, ne faisait point d'histoire. Il mêlait à chaque instant le raisonnement, les idées générales, voire l'hypothèse, au travail de compilation des matériaux. Aussi, M. Aulard, professeur en Sorbonne, a-t-il pu écrire qu'en somme presque tout le travail de l'auteur des *Origines* était « inutile à l'histoire (1) ». Il ne lui pardonne pas son talent littéraire. Il est bien près de penser que ses mérites d'écrivain et de penseur sont en quelque sorte une déloyauté vis-à-vis de l'histoire, et vis-à-vis de ses successeurs.

Mais dix ans avant M. Aulard, M. Seignobos s'exprimait déjà sur Taine avec une ardente aigreur (2). « Taine, dit-il, est probablement le plus inexact des historiens français du siècle. En voulant frapper fort, il a souvent frappé faux. Son œuvre historique est un monument puissant déjà à moitié ruiné; l'architecte, ignorant le métier de maçon, n'a pas su choisir des matériaux solides. » [Toujours ce vocabulaire d'entrepreneur] M. Seignobos n'est pas moins sévère pour Fustel de Coulanges. Au reste, il éprouve à l'endroit de tout ce qui est écrit avec art une véritable répulsion. La littérature lui fait horreur. Il prétend que l'histoire, désormais élevée à la

(1) A Albert Petit. Deux conceptions de l'histoire de la Revolution (*Revue des Deux-Mondes*, 15 septembre 1910.)

(2) Pierre Leguay, *M. Seignobos et l'Histoire*. (*Mercure de France*, 1er novembre 1910.)

dignité de science, ne doit pas entretenir avec la littérature plus de rapports que ne fait la chimie, par exemple. Et il écrit ses propres livres sous la forme de « manuels de science ».

Au reste, c'est communément que tel professeur de Sorbonne affirme : « Nous n'avons pas besoin de talents ici, ni d'esprits ingénieux : nous n'avons besoin que de travailleurs » — ou bien : « Ce n'est point notre tâche que de former ou d'encourager des talents. » L'originalité, l'imagination, l'invention sont méprisées. Seule la fiche vaut, parce qu'impersonnelle, dénuée, à la lettre, d'intelligence. Si l'on a supprimé toute dissertation, toute interprétation littéraire des textes, c'est que là se déployaient trop à l'aise les plus redoutables qualités intellectuelles. Le travail de l'esprit s'achemine de plus en plus vers l'automatisme du travail manuel. Encore le talent est-il moins prisé, en Sorbonne, que *l'habileté* d'un ouvrier, à l'usine.

Eliminer l'individuel, telle est la détestable obsession des scientistes et elle est si forte, aujourd'hui que, parler de talent, c'est se donner l'air d'un rétrograde, d'un obstiné défenseur de privilèges. Peut-être le talent est-il un privilège, en effet, et naturel, celui-là, ce qui le rend plus exécrable. Mais n'est-il pas aussi l'une des conditions premières de tout progrès ? Le monde ne se renouvelle que par les esprits prompts, libres et audacieux, et non point par les routiniers et les médiocres.

— Le talent ne s'enseigne pas, nous répond M. Lanson. Nous ne pouvons former des esprits originaux, mais nous pouvons former des travailleurs.

— Sophisme ! Les dons naturels veulent être découverts et développés par l'éducation ; ou bien, ils meurent étouffés, rebutés par une discipline hostile. Si vous amenez les imaginations vives à avoir honte d'elles-mêmes, vous ferez un laborieux médiocre de celui qui eût été peut-être un inventeur.

— Eh bien ! reprend-on, nous nous passerons des esprits distingués et originaux. La science se fait sans eux.

— Non point, et voilà l'erreur capitale. Le rôle de l'imagination dans la science est considérable, non pas seulement selon les psychologues, mais selon les savants eux-mêmes. La science ne saurait se passer d'hypothèses et d'intuitions. L'importance de l'hypothèse est si manifeste qu'en son absence un observateur peut indéfiniment tenir un fait sous la main, sans se douter de la loi qu'il exprime. C'est pourquoi le savant Liebig soutenait que l'imagination n'est pas moins utile au physicien qu'à l'artiste et Claude Bernard disait en propres termes : « Les sciences n'avancent que par les idées nouvelles et par la puissance créatrice ou originale de la pensée... L'invention scientifique réside dans la création d'une hypothèse heureuse et féconde ; elle est donnée par le sentiment ou le génie même du savant qui l'a créée (1). »

Et la critique des textes elle-même, auxiliaire de la science historique, ne donne vraiment des résultats que maniée par un esprit délié, un

(1) *Introduction à la médecine expérimentale*, 3º partie. chap. III, 5. — Claude Bernard explique notamment que ses propres découvertes sur la fonction glycogénique du foie n'ont été, d'abord, que des hypothèses. Marcellin Berthelot tient le même langage sur le rôle de l'hypothèse, dans son Introduction à *la Chimie organique* — Les erreurs de l'imagination ont même leur utilité les tourbillons de Descartes ont inspiré à Newton l'idée de la gravitation universelle, etc...

psychologue, capable de discerner ce qui n'est point, dès l'abord, visible. L'un des vices principaux de cette superstition du document qui triomphe, en Sorbonne, c'est d'interdire le *choix* entre les documents. Autant et plus que de colliger les textes, il est utile d'exercer, d'assouplir le jugement qui permettra d'attribuer le *degré de foi* qui convient à chacun d'eux. Autant et plus que de réunir des faits, il est utile d'apprendre à les interpréter avec finesse. Mais c'est là que M. Seignobos prétend ne connaître aucun moyen sûr j'entends mécanique, d'apprécier ce qui est vrai. Le talent seul peut, en effet, découvrir ces évaluations subtiles et, par avance, on le condamne. Aussi bien, qu'on compare telle énorme thèse de doctorat couronnée à ces ouvrages admirables : *Histoire poétique de Charlemagne, la Poésie du Moyen-Age, Etudes critiques, Légendes Epiques*, où le goût classique, l'intelligence d'un Gaston Paris, d'un Joseph Bédier éclairent et dominent une vaste érudition.

La Sorbonne assure la domination du nombre

et prépare l'exhaussement des médiocres. Elle le fait consciemment, parce qu'elle croit se placer, de la sorte, dans le courant moderne. En sacrifiant le goût, les idées générales, elle apprête une génération où les qualités essentielles de la culture française seront oubliées. Elle asservit et diminue la personnalité sous le fardeau de l'érudition. Comme l'a dit avec clairvoyance M. Maurice Barrès : « Notre cerveau français, s'il est fatigué, encombré, perd ses qualités de finesse. Notre vue va moins droit au centre de son objet. Nous cessons d'être des faiseurs de clarté. Notre génialité, je veux dire notre logique inventive, s'émousse (1). »

Mais pourquoi, nous dira-t-on, décourager de vrais, d'acharnés travailleurs ? Hélas ! nous croyons bien que, là encore, il y a quelque duperie, qu'il se cache de la paresse et de l'assoupissement sous ce travail facile de bibliographie, de compilation, de mise en fiches. « Ce serait une barbarie, disait malicieusement Renan, que de refuser à d'humbles travailleurs *ce petit plai-*

(1) Jacques Morland, *Enquête sur l'influence allemande* (*Mercure de France*).

6.

sir mesquin, *peu élevé, mais fort doux*, que
M. Daunou appelait si bien *paperasser*. » Un
pareil labeur ne serait-il qu'un moyen habile de
se procurer à bon marché la réputation de savant ?

Toutes les tendances nouvelles que nous combattons s'unissent et se résument dans celle-ci :
le *mépris de la forme*. On a fait des mots
« rhétorique » ou « humanités » une sorte d'in-
jure. On méconnaît qu'il y ait un art d'écrire,
ou l'on n'y prend pas garde. L'art d'écrire, n'est-
ce donc pas une partie, la plus importante peut-
être de l'art de penser (1)? En recherchant la
nuance du terme qu'il emploie, l'esprit délimite
sa propre pensée. Le principal, l'indiscutable
mérite d'un exercice comme la version latine,
c'est d'exiger un effort réel de l'intelligence pour
pénétrer et circonscrire le sens de chaque mot,
avec cette subtilité qui n'est que le sentiment raf-
finé de l'exactitude. Véritable et salutaire cour-
bature de l'esprit qui demande cent fois plus

(1) Cf. Brunetière : « Non seulement, ce n'est rien d'aussi fu-
tile et d'aussi puéril qu'on le dit quelquefois que d'apprendre à
écrire, mais il se pourrait que ce fût quelque chose d'essentiel. »
(Apologie pour la rhétorique, *Revue des Deux Mondes*, 1er décembre 1890.)

d'énergie que l'étude des nomenclatures scientifiques et dont il reste toute la vie un goût précieux
pour la précision intellectuelle. Renan, que nous
invoquons maintenant contre ses disciples trop
zélés, disait avec raison : « Ceux qui déclament
contre le style et la beauté de la forme dans les
sciences historiques et morales méconnaissent
leur vraie nature et la délicatesse de leurs principes. »

En histoire, par exemple, où les liaisons entre
les faits sont infiniment fuyantes et ténues, une
intelligence mal éduquée ne saurait réussir ;
les esprits déliés, habitués au travail littéraire,
sont assurés d'avoir l'avantage.

Aussi serait-on coupable de reconnaître que
« la forme périt » et d'en prendre son parti. Je
vois qu'on souscrit sans peine, en Sorbonne, au
désordre des idées, au manque de mesure et de
goût, à cette nouvelle et pédante phraséologie
scientifique aussi imprécise, au fond, que la
phraséologie « oratoire » qu'elle a remplacée.

Un style net est naturel à une pensée claire
et bien ordonnée. Une idée est peu de chose par
elle-même et elle demeure sans efficace, tant

qu'elle n'est pas revêtue de la forme qui lui convient. Le travail du style n'est donc pas inutile ; il confère aux idées leur valeur sociale, leur puissance d'action sur les intelligences et les sensibilités. A mesure que la forme devient plus spéciale et scientifique, le public se rétrécit, et, par conséquent, la vertu sociale, l'action de la pensée diminue. A qui s'adresse l'édition des *Lettres philosophiques* de M. Lanson ? à une centaine d'exégètes. A qui s'adressaient les *Lettres philosophiques* elles-mêmes? à tout le public lettré de l'époque, qu'elles voulaient persuader, éduquer. Ainsi la philologie nous apparaît comme un art aristocratique en ses résultats, s'il prétend être démocratique à son origine.

Mais la véritable vertu de la forme est dans l'effort de clarté qu'elle impose à l'esprit. Par là, elle assume un rôle vraiment scientifique. Les peuples étrangers l'ont bien compris. Dans le moment même où nous y renonçons, ils nous envient notre ancienne supériorité littéraire. Les Allemands, alors que nous leur empruntons leurs méthodes scientifiques, tâchent de s'en dégager.

A côté des *séminaires*, et au-dessus d'eux, ils ont des cours d'idées générales où l'on s'efforce d'imiter nos qualités françaises. Il faut bien noter, d'ailleurs, une importante différence entre ces *séminaires* et nos *laboratoires philologiques* : les premiers sont presque toujours constitués en vue de servir à la synthèse particulière d'un professeur, et par suite sont rigoureusement disciplinés, tandis que nos laboratoires, constitués en vue de synthèses imprécises, futures et vagues, sont des foyers d'incohérence... Cela prouve qu'en s'hypnotisant sur l'exemple du voisin un peuple risque de perdre ses qualités sans acquérir celles de l'étranger. Aujourd'hui presque tous les grands pontifes de l'Université allemande sont des stylistes, attachés au soin de la forme. Et les philologues, par un retour significatif, condamnent, au nom des lettres, les excès de l'érudition. A la *14ᵉ assemblée générale de l'association allemande des philologues modernes*, tenue à Zurich le 18 mai de cette année, M. Bernard Bouvier, l'éminent recteur de la faculté des lettres de Genève, insista sur la nécessité de restaurer, chez les jeunes néo-

philologues, *l'analyse esthétique* à côté et au-
dessus du commentaire scientifique. « Il est
superflu de répéter, dit-il, que l'étude de la littérature implique l'esprit scientifique, le jugement moral, l'analyse psychologique et la critique esthétique. Mais ces formes diverses de l'activité intellectuelle doivent tendre harmonieuse-
ment à la *connaissance intime* des grands écrivains. C'est ce qu'auraient tort d'oublier ces
théoriciens qui s'efforcent, en France, en particulier depuis dix ou vingt ans, de conférer aux
recherches d'histoire littéraire un caractère de
précision, de rigueur plus évidentes, pour les
sauvegarder jalousement de l'arbitraire du goût
et des fantaisies de sens propre..... Les qualités
de l'artiste sont aussi précieuses dans l'enseignement de la littérature que celles du moraliste
et du savant (1). » Cette renaissance du sentiment littéraire s'exprime même dans la presse
quotidienne. Naguère, M. Théodor Wolff, dans
le *Berliner Tageblatt* (2), dénonçait l'incorrec-

.

(1) La lecture analytique, Marburg-in-Hessen, N. G. Elwert-
sche Verlagsbuchhandlung, 1910.
(2) Du 22 août. (Voir *Opinion* du 27 août 1910.)

tion et la lourdeur croissantes du style allemand moderne, l'un des méfaits, disait-il, de la spécialisation; il regrettait cet amour et cette science de la langue qui s'affirmaient dans les discours d'un Zeller ou d'un Dubois-Reymond, les essais d'un Treitschke ou d'un Gildemeister. Depuis lors, dit-il, « s'est ouverte chez nous la période de la *stricte technicité*. On remplaça la culture générale par la spécialité, on accumula le savoir et on négligea la forme. Le genre de l'Essai, où la science allemande s'exprimait autrefois avec art et bonheur, ce genre est mort. La beauté de style passe pour trahir un esprit superficiel, et l'on nous verse le vin de sapience dans un verre malpropre. »

Les indices sont assez clairs. Nos voisins s'efforcent d'acquérir précisément ces mérites que nous mettons tant de soin à abandonner. Ils ont les yeux fixés sur nous, dans le moment même où nous nous attachons à les copier. Leur aveu nous assure qu'en combattant pour le goût et le style nous combattons pour le prestige de la pensée française (1).

(1) M. Fr. de Tessan, dans *l'Opinion* du 5 novembre dernier,

nous donne des renseignements intéressants sur *l'Idéal universitaire selon M. Asquith.* Le premier ministre anglais, dans un récent discours, s'est élevé, lui aussi, contre la spécialisation trop étroite des connaissances dont, comme les nôtres, souffrent les Universités anglaises, bien qu'à un moindre degré.

Il a ainsi formulé ses principales critiques : « Ces tendances se manifestent avec une force croissante depuis cinquante à soixante ans. De plus en plus, les étudiants limitent leurs efforts a un cercle d'études ou a un seul objet d'études, se contentant d'un minimum de travail dans les autres exercices académiques. Cela est dû, naturellement, à l'extension qu'ont prise les diverses sciences et à l'ampleur du champ d'expériences qui s'est ouvert devant nous De tels résultats paraissent excellents en ce sens que notre érudition s'en trouve élargie et les méthodes particulières perfectionnées. Mais ces avantages sont achetés à un prix excessif, s'ils font perdre l'ampleur harmonieuse de l'esprit humain et la curiosité universelle *Une Université qui se contente de jouer le rôle d'une fabrique de spécialistes manque à ses plus nobles fonctions* »

Il ajouta, à propos de la direction universitaire à donner aux étudiants, qu'il ne s'agit pas de les « transformer en glaneurs superficiels qui savent quelque chose sur tout et beaucoup sur des riens, mais en hommes qui ne se localisent pas dans un sillon, qui comprennent la variété et l'ampleur des idées, qui s'assimilent la pensée des philosophes, qui bénéficient de ce qui a été dit et écrit à travers les siècles et qui, enfin, sont capables d'exposer à leur tour leur opinion sous une forme exacte, riche, harmonieuse. C'est pourquoi l'un des premiers soins de l'Université est d'inculquer la religion du style et d'en conserver les pures traditions.

« Ceux qui veulent parler ou écrire leur langue doivent remonter aux grands auteurs, écouter leur cadence, analyser leur manière, non seulement pour enrichir leur propre vocabulaire, mais pour capter le secret même de leur musique, pour apprendre comment ces merveilleux artisans ont assemblé et coordonné des mots en phrases qui sont restées immortelles ! » Que cette défense de la culture littéraire ait été prononcée par un ministre d'un pays essentiellement pratique, utilitaire, voilà qui pourra donner à réfléchir à nos réformateurs.

CHAPITRE II

LA SORBONNE CONTRE LA CUL-
TURE PHILOSOPHIQUE

Notre critique des méthodes de spécialisation
et d'érudition philologique, imposées aux jeunes
Français par quelques maîtres de la nouvelle
Sorbonne, n'est pas restée sans résultat. Outre
qu'elle a ému (1) les plus graves organes de l'o-
pinion publique, elle a recueilli du haut personnel de notre Université une sorte de consécration
indirecte qu'il convient de commenter. M. Lavisse, dans une lettre au *Journal des Débats*
(24 août) (2), s'est placé spontanément à notre
point de vue, en affirmant la nécessité et en
annonçant la création prochaine d'un enseigne-

---

(1) Cf. Annexes · les articles du *Temps* et des *Débats*.
(2) Ibid. les lettres de M. Lavisse au *Journal des Débats* et
notre réponse (pp. 207 et suiv.)

ment qui ne tend à rien de moins qu'à ruiner le culte des spécialités.

« Il y a une culture générale, dit-il en propres « termes, qui manque, en effet, à nos Univer-« sités nouvelles. mais point celle que regrettent « les universitaires classiques. *Il nous manque* « *un enseignement qui ne soit plus de telle ou telle* « *Faculté, qui les intéresse toutes ensemble, un* « *enseignement de caractère philosophique par* « *lequel les étudiants seraient éclairés sur les* « *grandes questions intellectuelles du temps* « *présent.* Cet enseignement serait une nouveau-« té considérable. Je sais que mon très cher ami « et recteur, M. Liard, a l'idée de cette réforme, « et je suis sûr qu'il en trouvera les voies et « moyens. »

Ce projet, n'est-ce point une reconnaissance implicite de la réalité du mal que nous signalons? La lacune qu'il prétend combler, c'est précisément celle que nous dénonçons.

Que reprochons-nous, en effet, à l'enseignement nouveau de la faculté des Lettres? De négliger systématiquement toute culture générale. Et par ce mot, si vague et si mal défini, il faut l'avouer, nous pensons qu'il faut entendre, avant tout, le goût et l'habitude des idées, un certain classement, une certaine discipline de l'esprit, la culture philosophique enfin. La culture générale, ce n'est point tant un ensemble de connaissances positives qu'un état d'assouplissement et de maturité de l'intelligence qui lui permet de s'engager ensuite avec fruit dans la voie des recherches spéciales. Cette maturité s'obtient-elle par la discussion des idées, par la méditation personnelle, ou bien, au contraire, par le labeur anonyme d'un assembleur de fiches? La réponse n'est point douteuse. Les cultures dites particulières — à tort, car il n'y a et ne saurait y avoir de culture particulière — doivent dépendre d'une préalable éducation littéraire et philosophique. Elle seule est capable d'ennoblir l'esprit en le plaçant dans la continuité de la pensée humaine, et de lui communiquer ce désintéressement, ce détachement des fins immédiates, qui sont les conditions de toute culture.

Dilettantisme, nous dit-on. Une telle méthode ne peut produire qu' « un jeune homme charmant, mais inconsistant ».

Cependant je sais un autre jeune homme et je l'ai rencontré, hélas ! à la nouvelle Sorbonne : c'est un jeune pédant, encombré d'un fatras érudit, qui ignore les grandes œuvres de l'esprit humain et n'a jamais songé à pénétrer ce qu'elles contiennent de vivant et d'actuel ; grand sceptique en fait d'idées, mais plein de la stérile vanité d'avoir établi un index ou une bibliographie critique ; un jeune homme familier, peut-être, avec les langues étrangères et le jargon scientifique, mais qui n'a point le maniement de la sienne ; un jeune homme enfin sans imagination, sans enthousiasme, et dénué de tout idéal philosophique.

Où l'aurait-il acquise, au reste, cette culture philosophique? Puisque, nous l'avons dit, c'est là que nous plaçons le fond de tout ce débat, voyons un peu ce qu'est devenu l'enseignement philosophique dans la Sorbonne de 1910. Cherchons-le d'amphithéâtre en amphithéâtre, de salle de conférence en salle de conférence... Notre recherche restera vaine.

Il n'existe plus un seul cours proprement philosophique. Il n'y a que des spécialités... Dans le dernier des lycées de Paris et même de province, la philosophie est mieux traitée, on lui fait une place plus importante qu'à la Faculté des Lettres. A quoi s'occupe donc le personnel enseignant ? M. Durkheim, sociologue étroit, adversaire méprisant de toute philosophie, prêche une sorte de catéchisme social, M. Levy-Bruhl étudie les sauvages, et M. Georges Dumas les aliénés. M. Lalande disserte sur la méthode de sciences qu'il ignore. M. Delbos, historien excellent, est chargé d'enseigner la psychologie ; or, ce professeur a commencé son cours en expliquant *pourquoi il ne ferait jamais de psychologie*. On lui adjoint M. Delacroix, sans doute parce qu'il est lui aussi un historien. Mais cela a bien peu d'importance, car on est persuadé que la psychologie est désormais une science de laboratoire et que sa place est à la Faculté des Sciences. Il y a encore M. Rodier, érudit philologue qui continue ses recherches sur l'histoire de la philosophie grecque, et M. Bouglé, lieutenant de M. Durkheim. Quant à M. Séailles, il se fait suppléer.

Psycho-physiologie, méthodologie, histoire des doctrines, telles sont les diverses branches en quoi s'est morcelée l'ancienne philosophie défunte... Aucune unité, aucune cohésion, si ce n'est administrative, entre ces divers professeurs. Peut-être un esprit commun les anime-t-il, et c'est précisément l'horreur de toute philosophie. Celle-ci suppose un effort pour dominer l'ensemble des connaissances humaines et les réduire à un principe commun... Or, on ne trouve chez ces maîtres aucun souci d'unité spéculative; spécialistes résolus, ils traitent de rabâchage tout essai de synthèse originale (1). Depuis la mort de Brochard, de Rauh et d'Hamelin, depuis la retraite de M. Boutroux, il n'y a plus un philosophe à la Faculté des Lettres.

(1) Interrogé sur la réalité du mal que nous signalons, M. Boutroux reconnut que « nous possédons actuellement une foule de spécialistes adroits, mais dont l'imagination est insuffisante l'orgueil démesuré et l'intelligence de la vie absolument incomplète ». « Aucune discipline, ajoutait l'éminent professeur, ne saurait nous apporter cette sagesse qui ennoblit l'esprit et lui permet de synthétiser avec grâce les vérités qu'il peut recueillir... L'expérimentation poussée à ses extrêmes limites n'arrive jamais à satisfaire l'intelligence et la sèche constatation des faits ne calme pas notre besoin de savoir si nous ne sommes pas guidés par un idéal supérieur. » Voir aux annexes, où cet entretien de M. Boutroux est reproduit intégralement.

Et l'on y affirme ouvertement le dédain des spéculations générales, dans le temps même où
M. Bergson enseigne dans l'établissement d'en
face, au Collège de France, M. Bergson, qui a
suscité un admirable mouvement de renaissance
philosophique, M. Bergson qui n'eût jamais pu
enseigner dans la Sorbonne d'aujourd'hui (1).

Ainsi compris, l'enseignement de la philosophie dédaigne l'étude de la réalité concrète qui
est l'étude philosophique par excellence. Il ne
fait aucune place à la psychologie introspective
qui nous met en contact direct avec la réalité la
plus essentielle, ni à la métaphysique, « qui essaie
de généraliser ce contact ». L'une et l'autre
sont pourtant essentielles à la philosophie, ainsi
que l'a montré Bergson ; et, prévenant une objection commune, il ajoutait : « Il ne faut pas
croire que la psychologie introspective ait cessé
d'être chose scientifique. Jamais les psychologues ne l'ont pratiquée avec autant d'acuité
qu'aujourd'hui. » Absorbés par l'étude historique
des doctrines, les philosophes de la Nouvelle

(1) M. Bergson fut candidat à la Sorbonne en 1894 et en 1898.
Il y échoua à deux reprises.

Sorbonne s'éloignent volontairement de toute étude vraiment vivante ; ils négligent d'éveiller la curiosité philosophique des étudiants.

N'avons-nous donc pas raison de dire que, souhaiter la création d'un enseignement philosophique, c'est s'associer à nos critiques et condamner l'esprit de l'enseignement nouveau...? La Sorbonne *contre la culture classique*, la Sorbonne *contre la culture philosophique*, cela n'est pas très différent, en somme, si l'on veut bien considérer que la philosophie, au sens le plus étendu, n'est qu'une habitude de l'esprit, entretenue et fortifiée par la méditation de nos auteurs classiques, d'envisager toutes choses de soi-même, en toute sincérité, — qu'une manière personnelle, originale, d'envisager la vie et de la réfléchir.

M. Lavisse nous affirme qu'un tel état de choses va changer et, dans son ardeur à faire revivre cet esprit philosophique, qui réellement défaille, il vise même plus loin que nous. Il imagine un enseignement de portée tellement vaste qu'il dominerait à la fois toutes les Facultés. N'est-ce pas là un défi porté à ces spécialistes qui ne cessent de railler les enseignements généraux ? Il ajoute que cet enseignement sera de *caractère philosophique*; n'est-ce pas répondre catégoriquement à ceux qui ne cessent de répéter qu'il n'y a plus d'enseignement philosophique possible ?

Applaudissons donc à la réforme que l'on nous fait espérer. Sans doute allons-nous assister à une rénovation de l'enseignement supérieur des lettres qui relèvera peut-être la culture générale des coups qu'on lui a portés depuis quelques années.

Cependant notre confiance n'est point parfaite et je sais quelques esprits qui demeureront défiants.

M. Lavisse, en effet, ne nous dit pas quel sera cet enseignement philosophique. Il se contente de prévoir que les étudiants y seront éclairés sur les grandes questions intellectuelles du temps présent... Voilà qui nous inquiète. Comment ces professeurs de Sorbonne, qui sont des spécialistes, des grammairiens, des historiens, des sociologues, pourront-ils constituer une doctrine? Parmi eux, nous n'avons point trouvé un philosophe. D'autre part, les disciplines mêmes à quoi les soumettent leurs travaux, l'histoire, la sociologie, l'une faiseuse d'incertitude, l'autre absorbant l'individu dans la cité, ces disciplines ne sont-elles pas une entrave à l'édification de toute philosophie ?

Sera-ce M. Durkheim que M. Liard chargera d'élaborer la nouvelle doctrine? Les pouvoirs qu'il lui a conférés dans l'organisation de la Nouvelle Sorbonne nous laissent quelque raison de le craindre. Il a fait de lui une sorte de préfet des études. Il lui a donné toute sa confiance et l'a fait appeler, d'abord, au Conseil de l'Université de Paris, puis au Comité consultatif, ce qui permet à M. Durkheim de surveiller toutes les nominations de l'enseignement supérieur. La situation de M. Durkheim, c'est une victoire de l'esprit nouveau. Chargé de dignités universitaires, il est le régent de la Sorbonne, le maître tout-puissant, et l'on sait que les professeurs de la section de philosophie, réduits au rôle de simples fonctionnaires, suivent ses ordres et sont

courbés sous sa férule. Invinciblement l'on
songe à Cousin, qui disait des professeurs de
philosophie « mon régiment », et de sa doctrine
« mon drapeau ». Mais Cousin, bien que fanati-
que à sa manière, avait la souplesse, le caprice,
et l'éloquence persuasive.

Dogmatique, autoritaire, M. Durkheim a toute
licence d'exercer son instinct dans les différents
Conseils où il siège. Mais il est un enseignement dont il a fait son domaine propre, la
Pédagogie. C'est la grande création (dirons-
nous la grande pensée ?) de la Nouvelle Sorbonne. Il faudrait plus de place que nous n'en
avons ici pour montrer comment la Pédagogie
fut conçue comme une réaction contre les méthodes de l'ancienne Ecole normale et comment on finit par assembler sous cette dénomi-
nation tout un ensemble d'idées ou de sentiments n'ayant qu'un lointain rapport avec la
pédagogie. L'importance attribuée à cet enseignement, ce simple petit fait suffit à la prouver :
il est le *seul cours obligatoire* pour tous les
étudiants d'agrégation, et celui d'entre eux qui
a manqué deux ou trois leçons se voit impitoya-

blement refuser l'accès du concours. Aurait-il
donc pour but la formation raisonnée d'un futur
professeur ?

Certes, on y recueille des aphorismes dont
nul ne contestera l'utilité, comme par exemple :
il faut placer les élèves myopes aux premiers
rangs, les autres au fond de la classe. Mais la
base de cet enseignement, c'est l'histoire des
doctrines pédagogiques, et l'arrière-pensée, plus
ou moins avouée, de démontrer la supériorité
des méthodes d'éducation récentes et de leur
inspiration positiviste. La pédagogie, c'est pour
ainsi dire le moyen de défense de l'enseignement nouveau. Par la pédagogie, plus encore
par les prérogatives d'autorité administrative
qui lui sont attribuées, M. Durkheim a établi
fortement son despotisme intellectuel. Il a fait
de son enseignement un instrument de règne.

Au mois de novembre 1908, un an après la
réforme de la licence, M. Durkheim prit le ton
mécontent pour déclarer à ses auditeurs que
l'enseignement de la morale était dans le marasme
et que ce qui passait pour tel n'était qu'un mélange dérisoire des anciennes morales kantiennes

ou utilitaires. « Je ne veux plus, fit-il, trouver, à l'examen, de ces compositions qui ne sont que bavardages sans consistance... Il y a là, dans notre enseignement, une lacune ; je prétends la combler. Mettons-nous au travail et, *dans trois ans, nous aurons une morale.* » Les étudiants, avec raison, je crois, entendirent bien que M. Durkheim allait leur fournir un type nouveau de dissertation sur la morale, conçu suivant sa méthode sociologique et qui désormais devrait remplacer ces discours qui l'irritaient. Et le résultat ne se fit pas attendre. A la session suivante, les étudiants, pour être admis à l'examen, reproduisirent fidèlement les aphorismes de la morale officielle.

Car il y a tout de même une doctrine officielle en Sorbonne. L'ancienne philosophie est déchue, c'est vrai ; mais, de toutes les sciences spéciales qui la divisent et l'absorbent, l'une a conquis une sorte de primauté : c'est la Sociologie. Son ambition est de régir non seulement les sciences de l'homme, mais encore les techniques particulières

de l'activité humaine, comme la morale, la pédagogie, la politique. Elle prétend, d'ores et déjà,
imposer sa direction aux sociétés et inspirer
les gouvernements. On ne saurait lui accorder
trop d'attention ; elle est la clef de voûte de la
Nouvelle Sorbonne.

Cette sociologie présente un premier et décisif
caractère : l'horreur de tout ce qui est individuel,
de tout ce qui a son origine et sa fin dans l'individu, et le mépris raisonné de toute psychologie. La psychologie, l'étude de la conscience
individuelle, doit être rigoureusement bannie de
la spéculation scientifique. Elle ne peut atteindre,
enseigne M. Durkheim à ses étudiants, qu'un
homme abstrait, irréel, vide de tout ce qui nous
intéresse le plus en lui : la société, la civilisation,
la religion, la morale, etc... « *L'homme concret,
vivant, n'est explicable que sociologiquement.* »
C'est-à-dire l'individu ne s'explique que par l'ensemble ; c'est-à-dire encore : ce qu'il y a de plus
essentiel, ce qui seul a du prix en l'individu, c'est
ce qu'il tient du groupe, et par quoi il ressemble
au modèle collectif, c'est enfin ce qu'il a de
moins personnel.

Ces affirmations surprenantes découlent rigoureusement de certaines prémisses. — Depuis qu'Auguste Comte, législateur et ordonnateur suprême des connaissances, a, par un décret sans recours, créé la sociologie comme science distincte, destinée à couronner l'édifice harmonieux de sa classification des sciences, il est nécessaire que la Sociologie découvre son objet propre, nullement confondu avec celui des autres sciences. Or, cet objet n'apparaît pas au premier abord. Les faits de la conscience individuelle sont du domaine de la psychologie. Quels sont ceux qui constituent la matière exclusive de la Sociologie ? Ce sont les *faits sociaux*, répond M. Durkheim; et il entend que le fait social n'est, en aucune façon, le résultat, le produit des activités individuelles (sinon, la sociologie rejoindrait, par l'un de ses aspects, la psychologie, et la classification d'Auguste Comte serait compromise), mais qu'il est, au contraire, la condition de ces activités, une forme nécessaire qui les domine, et qui, chronologiquement, leur est antérieure.

C'est un pur argument de méthode, on le voit,

qui fonde et crée de toute pièce la sociologie de
Sorbonne. Il a des conséquences singulières,
et qui sont d'autant plus vraisemblables, selon
notre sociologue, qu'elles déroutent davantage
la raison individuelle. Le fait social étant,
selon ses propres termes, « une manière de penser ou d'agir propre à un groupe, et qui existe
*indépendamment de ses expressions indivi-
duelles* », la société elle-même doit former nécessairement un tout supérieur aux membres
qui la composent, existant en dehors d'eux, un
être réel enfin qui a précédé historiquement les
individus et qui les domine de très haut. « L'individu écarté, écrit gravement M. Durkheim, il
ne reste que la société (1). »

Ce n'est pas ici le lieu de discuter là-dessus ;
ce n'est pas le lieu de montrer ce que comporte
de mysticisme pseudo-scientifique cette opération qui consiste à douer d'une vie propre une
pure entité de l'esprit, née d'un simple raisonnement logique, à isoler ainsi *le fait social* des
réalités individuelles qui en sont le soutien, et à

---

(1) *Les Règles de la méthode sociologique*, p. 125.

lui donner ensuite le pouvoir d'éclairer et d'expliquer l'âme individuelle. Notre dessein est seulement d'indiquer très rapidement, comment ces tendances dominantes de la science le plus en faveur à la Faculté des lettres, fortifient le fanatisme autoritaire, le mépris des individualités, le culte de la spécialisation, l'horreur de toute véritable culture philosophique (1), qui sont les traits caractéristiques de notre nouvel enseignement littéraire.

Puisque le danger de la sociologie est d'être confondue avec sa rivale, la psychologie, il faut trancher entre elles brutalement. Il faut proscrire de toute discussion sociologique les idées, les sentiments et les passions de l'homme. Loin que ces idées et ces passions puissent se trouver à l'origine des choses sociales, d'un code, d'un rite religieux, d'un idiome, ce sont les choses sociales à l'inverse qui se sont imposées aux consciences individuelles. Le premier

(1) M. Durkheim enseigne, à son cours de morale, que la culture philosophique ne peut s'acquérir que par l'histoire des doctrines. La culture historique confondue avec la culture philosophique, tel est bien, nous l'avons dit au début, l'axiome fondamental de la Nouvelle Sorbonne.

caractère des phénomènes sociaux, c'est la *coercition*, la contrainte irrésistible, exercée sur les individus.

Ainsi rien ne part de la conscience individuelle. Celle-ci est une illusion absolue, une de ces « fausses évidences qui dominent l'esprit du vulgaire ». La vie intérieure, la méditation, l'observation intime, ne peuvent que nous tromper sur les causes véritables de nos actes. « ... Toutes les fois, énonce notre imperturbable logicien, qu'un phénomène social est expliqué par un phénomène psychologique, *on peut être assuré que l'explication est fausse.* » Autrement dit, si on explique un soulèvement de foule par le mécontentement des individus qui la composent, vous êtes assuré de vous tromper. En revanche, les explications les moins attendues auront quelque chance d'être vraies. Par exemple, on ne se suicide pas parce qu'on a assez de la vie, on se suicide parce que la densité dynamique de son milieu social est trop forte ou trop faible. La famille, la propriété, telle loi pénale, s'expliqueront non pas par des idées, mais par des raisons tirées de la forme

des sociétés, de leurs caractères extérieurs (1).
Les raisons que nous donnons de nos actes

(1) En décembre 1894, M. Lucien Herr, bibliothécaire à l'Ecole Normale, alors critique très écouté de la *Revue universitaire*, s'exprimait ainsi sur le petit ouvrage à quoi nous faisons allusion, les *Règles de la méthode sociologique* de M. Durkheim : « *Je me refuse à reconnaître comme scientifique rien de ce qu'on pourra construire sur cette base avec ces matériaux... Si,* pour saisir la réalité intime des faits sociaux, il faut débuter par les dégager de leurs manifestations individuelles, c'est-à-dire par les vider de tout leur conteu concret, si l'on nous réduit à traiter comme des *choses*, comme des *data* ultimes et immédiats de la science des abstractions qui n'ont plus des faits que le nom, si l'on nous interdit tout effort dans la voie d'une régression explicative, que reste-t-il, sinon d'édifier au moyen de ces matériaux de belles constructions logiques, analogues aux pires systèmes de la pire métaphysique, celle des juristes ? Nous avons le choix entre une ontologie et un wolfianisme kantien. *Tout cela est lettre morte pour nous.* » C'était là l'opinion des gens influents en Sorbonne à cette époque. M. Andler, dans la *Revue de métaphysique et de morale*, expliquait pourquoi les sociologues de cette école se faisaient, à son avis, « une illusion singulière sur leur science acquise, et sur l'efficacité future de leurs procédés de travail ». — Or, voici que, vers 1898-1899, tout change. La sociologie de M. Durkheim devient, par un revirement étrange, toute puissante. Et M. Bouglé, disciple de M. Durkheim, nous explique que « la politique n'a pas été étrangère à ce revirement ». Les collaborateurs de *l'Année sociologique*, dit-il, « comprirent mieux, devant l'adversaire commun, qu'ils suivaient le même idéal. » Ils aperçurent alors « toute la largeur du problème posé, et entrevirent les reconstructions nécessaires ». Et il ajoute : « Les questions de sentiment sont encore celles qui le plus sûrement rapprochent ou séparent... les gens les plus intellectuels. » Que pense de cette interprétation du succès de sa doctrine, le logicien abstrait de *la Division du travail social ?*

sont de purs fantômes. Nous agissons en vertu
de causes ignorées de nous et que nous ne sentons même pas agir en nous. La vie individuelle n'est qu'un mécanisme complexe aux
mains du Grand Etre Social. Elle est, à vrai dire,
un leurre perpétuel, un songe fantasmagori-
que... C'est sur cette donnée fondamentale que
travaillent les jeunes philosophes de Sorbonne.

La pédagogie, la morale, la politique, que
deviennent-elles dans un semblable système ?
Des instruments de tyrannie sociale. Elles ne
sauraient compter sur l'individu pour assurer
le progrès moral. La morale fonctionne hors de
nous, elle est indépendante du cœur et de ces
sentiments que, par une erreur séculaire, nous
appelons la moralité. Une autorité absolue, in-
vestie de la connaissance des lois sociales,
pourra seule réaliser les conditions de l'amé-
lioration morale. Elle ne fera aucun cas des
répugnances et des élans individuels. Elle tien-
dra, par exemple, l'indignation publique contre le crime pour une grossière illusion de la
conscience, car le crime est « un facteur de la
santé sociale » (Durkheim). Voilà ce que nous

apprend la science ; et elle nous apprend en même temps que, si le taux de la criminalité augmente, c'est un indice bienfaisant dont il convient de se féliciter, et s'il diminue, c'est le signe inquiétant de quelque grave perturbation organique du corps socia .

Mais, dira-t-on, comment fonder une morale sur la contrainte ? L'objection, répondrait M. Durkheim, prouve que l'on n'a pas compris l'essence véritable de la moralité. « Il est inexact de la définir, comme on le fait souvent, par la liberté ; *elle consiste bien plutôt dans un état de dépendance.* » Elle a pour fonction d'enlever à l'homme la plus grande part de sa liberté. Car ce n'est pas la conscience, c'est la société qui est le seul juge, comme elle est la source unique de la moralité ; c'est dans l'examen et la description extérieure des sociétés que nous découvrons l'idéal véritable des temps nouveaux, je veux dire : la *division du travail.* Ainsi l'individu n'a qu'à se soumettre à l'entière subordination qui est exigée de lui (1). Il n'a

(1) « La réflexion, en faisant comprendre à l'homme combien *l'être social* est plus riche, plus complexe et plus durable que

qu'à s'incliner devant le grand principe de la spécialisation des tâches, qui, « source éminente de la solidarité, devient du même coup la base de l'ordre moral ».

En quoi la division du travail peut être la base des affections familiales et conjugales, par exemple, c'est ce qu'il est difficile de comprendre. Celles-ci, par hasard, ne feraient-elles point partie de « l'ordre moral » ? On ne sait. Mais qui ne sent ce que cette débauche de logique et d'abstraction glacée, ces froides rêveries déductives, ces brumeuses analyses de concepts, présentent d'*inhumain*, au vrai sens du mot, et quelle pauvre nourriture elles offrent au cœur et à l'intelligence avides des étudiants (1) ?

l'être individuel, ne peut que lui révéler *les raisons intelligibles et la subordination qui est exigée de lui*, et des raisons d'attachement et de respect que l'habitude a fixés dans son cœur. » (*Règles de la méthode sociologique*, p. 151.)

(1) Tout se tient dans l'enseignement nouveau. L'histoire littéraire, telle que la définit M. Lanson, est tout imprégnée de ce fanatisme collectif, de cette méfiance envers les individus, qui est la base de la sociologie de Sorbonne. Le but de l'histoire littéraire, dit-il lui-même, c'est de mettre en va'eur le rôle dominant des ensembles, des groupes, au détriment du rôle des individus. « Le livre est moins une cause créatrice qu'une force organisatrice. » Le chef-d'œuvre n'est pas un commencement, c'est le résultat d'une série d'efforts, c'est un produit col-

Est-ce là, je le demande, que l'on trouvera les éléments de cette doctrine, dont M. Lavisse souhaite doter les Universités françaises ? Ce sombre déterminisme, transporté à grand effort dans la vie sociale, non pour l'expliquer, mais pour l'obscurcir, est-ce là l'enseignement qu'on nous propose pour remédier aux lacunes de l'enseignement supérieur actuel ? Nous n'osons le penser. Quel idéal philosophique peut apporter le théoricien de la spécialisation croissante, et du morcellement indéfini de l'intelligence ? Comment pourrait-il éclairer les jeunes hommes sur les grandes questions intellectuelles du temps présent, celui qui déclare que « la raison de l'individu n'a pas de privilèges, en tant que

lectif. « Une part du Cid revient à Hardy et à Jodelle. » [Oui; la part accessoire, mais non la part géniale, la seule efficace, celle qui assure à l'œuvre sa durée et son action.] C'est la même méthode d'explication. MM. Lanson et Durkheim partent du collectif pour retourner au collectif; de lui tout part, à lui tout aboutit. L'individu n'est qu'un passage, un intermédiaire. Est-on bien sûr qu'une telle doctrine n'est pas déterminée elle-même par des éléments profonds, irrationnels, propres à MM. Lanson et Durkheim, et aux mystiques de la collectivité ?

raison de l'individu » ? Peut-il être un véritable
éducateur enfin, celui qui traite le sentiment et
le cœur de « parties basses et obscures de nous-
mêmes » (1), et ne voit enfin, ne conçoit, n'imagine et ne rêvère dans le monde que cet être
vague, monstrueux, tyrannique, incompréhen-
sible et farouche comme le dieu des Juifs, l'Être
social...

Aussi lorsqu'ils ont connu par M. Lavisse les
intentions de M. Liard, d'excellents esprits ont
pressenti quel danger cachait ce projet de réforme
philosophique. Une personnalité éminente de
l'enseignement supérieur nous écrivit à ce sujet
une lettre qui formule ces craintes avec une
vivacité convaincante. Nous en reproduisons
ici quelques passages :

« Fournir une doctrine, apporter une règle
vraiment rationnelle, valable pour la formation
des intelligences et des caractères, quelle prétention ! Et comment la justifier ? Où donc puiser
les éléments d'un tel enseignement ?

(1) *Revue philosophique,* mai 1895.

« Le tableau du personnel philosophique, —
si l'on peut nommer ainsi un personnel d'où toute
initiative spéculative, toute philosophie et toute
psychologie pures sont éliminées, — nous montre qu'à ce point de vue la Sorbonne est compo-
sée de sceptiques à caractère violent, d'indifférents à tendance autoritaire. Rien n'est au fond
sceptique et meurtrier pour l'intelligence comme
les conclusions auxquelles aboutissent les études de Lévy-Bruhl et de Durkheim. Ce dernier
notamment n'a-t-il pas contesté la valeur de la
raison en essayant d'établir par des arguments
un peu gros et qu'on s'étonne de trouver sous
une plume philosophique que la raison est un
produit de la cité et que l'institution sociale seule
l'a rendue possible ?

« Comment, sur ce scepticisme historique,
édifier une doctrine? Certes, il faudrait y renoncer, si ces sceptiques n'étaient, comme nous
venons de le dire, des autoritaires de tempérament et si leur entêtement, leur manie administrative d'organiser et de primer, ne venait à point
combler les lacunes doctrinales laissées par leur
méthode dissolvante, par leur mépris des idées

et des hommes. En eux, on voit se substituer le *politique* au philosophe. C'est le *politique* qui organise les idées comme on brasse les affaires, qui administre les esprits comme on gouverne et bouscule des subordonnés. Qu'on le sache bien, ce n'est pas au nom d'une doctrine théorique, raisonnable et consistante que les *philosophes* de Sorbonne peuvent énoncer leurs prétentions, c'est au nom d'un dogmatisme de tempérament, au nom de banales maximes d'administration, élaborées par des cerveaux absolutistes.

« Allons jusqu'au bout de notre pensée : Si nous avions à rechercher une règle de vie individuelle ou collective, ce n'est pas à ces positivistes intolérants que nous nous adresserions... Nous les laisserions à leurs déductions, bonnes en géométrie, mais redoutables dans cette science en formation qu'est la science sociale. C'est plutôt aux sciences et à leurs applications, aux esprits mûris dans les laboratoires et vraiment équilibrés, c'est à la technologie que nous aurions recours. La méthode historique ou génétique, en montrant comment les idées pratiques s'adaptent et se transforment, ne peut être qu'une école de scepticisme, d'où l'on sort par un coup d'Etat de la pédagogie doctrinaire ; la méthode sociologique ne peut qu'inspirer le dédain des initiatives fécondes, le mépris des idées et des individus, elle est *le véhicule du despotisme.* Les sciences ne nous ménagent ni ce charlatanisme, ni ce trompe-l'œil. Elles nous fournissent des maximes provisoires, bien suffisantes pour une action circonspecte et modérée. Nous laisserons donc nos idéologues à leurs « disciplines », en répétant le mot d'un de nos collègues, Rauh, qui n'est plus là pour faire contrepoids, et qui, d'ailleurs, était suspect : « La tendance logique ainsi entendue n'est que la forme intellectuelle de la brutalité (1). » « Insolence de parvenus », disait l'autre jour, à leur propos, le plus mesuré et le plus universitaire des quotidiens, *le Journal des Débats.* »

Appétit de domination, idéal d'asservissement moral, dogmatisme étroit, c'est toute la philo-

(1) « Je puis souffrir la force brutale, disait Oscar Wilde, mais, la raison *brutale*, jamais. »

sophie de Sorbonne, si l'on peut appeler ainsi
cette conception autoritaire qui a dirigé l'organisation nouvelle de son enseignement. Mais
n'y a-t-il point cependant quelque contradiction essentielle entre ce dogmatisme et les
méthodes mêmes dont cet enseignement nouveau prétend se réclamer? C'est là une question qui a son importance. Nous les avons vus,
en effet, ces historiens, ces scrupuleux assem-
bleurs de documents, adopter en public la plus
modeste attitude, professer un scepticisme prudent, et dire: « Nous ne savons rien, à peine
quelques broutilles... » En fervents adeptes de
la méthode historique, ils consentaient à rester
le plus possible effacés. Et voici maintenant que
le ton change du tout au tout. Nous les retrouvons, ces timides exégètes, ces chercheurs désintéressés, qui tranchent du savant, de l'homme
qui détient des vérités et les dispense à ses disciples. L'humilité de commande a fait place tout
à coup à une assurance qui ne souffre pas la
discussion. Deux visages, deux physionomies
opposées qu'il convient de rapprocher en passant...

Qui autorise M. Seignobos à affirmer, par exemple, que le but de l'enseignement des lettres est de former des conducteurs d'hommes, « de préparer des serviteurs intelligents de la démocratie (1) »? Est-ce dans l'étude critique des documents et la confrontation des textes que le plus circonspect des historiens, celui-là même qui n'admet que l'Évidence comme preuve en histoire, a rencontré une telle vérité ? Il convient de choisir : il faut ou bien renoncer au mépris des idées générales, ne pas condamner toute interprétation individuelle au nom d'une science étroite et stérile, ou bien demeurer modestement un érudit, un philologue, un historien *objectif* (2) et s'interdire toute incursion dans le domaine philosophique et moral.

Lorsque M. Lavisse nous parle d'un vaste

---

(1) *Le Régime de l'Enseignement supérieur des Lettres*, 1904.

(2) De cette prétendue *objectivité*, des historiens modernes, Nietzsche, le grand adversaire de la méthode historique, a fait justice « Les gens tout à fait irréfléchis écrivent avec la naïve conviction que leur époque a raison plus qu'aucune autre... Ils appellent *objectivité* l'habitude de mesurer les opinions et les actions passées aux opinions qui ont cours au moment où ils écrivent. C'est là qu'ils trouvent la cause de toutes les vérités. » (*Considérations inactuelles.*)

enseignement philosophique, nous avons donc
le droit de penser qu'on ne saurait le confier à
ceux-là mêmes qui ont combattu la culture générale et particulièrement l'éducation philosophique de l'esprit. Et nous avons le droit de conclure aussi que ce souhait du directeur de
l'Ecole normale cache un désaveu discret de la
méthode régnante en Sorbonne.

CHAPITRE III

LA SORBONNE

CONTRE

L'ENSEIGNEMENT SECONDAIRE

LA DOMINATION PRIMAIRE

Pour bien comprendre et juger ce que nous appelons *l'esprit de la Nouvelle Sorbonne*, il ne suffit pas d'étudier les méthodes d'enseignement que notre Faculté des Lettres a inaugurées chez elle, dans ses cours et conférences, dans ses nouveaux programmes de licence, il faut encore suivre le rayonnement néfaste de ses doctrines dans notre enseignement tout entier. La Sorbonne, qui est à la tête, fait partout subir son impulsion. Aussi convient-il de marquer sa responsabilité dans l'ensemble des graves réformes qui, depuis 1900, ont bouleversé les principes traditionnels et l'ancienne hiérarchie de notre instruction publique, et, par là, nous entendons, notamment, la transformation (ou mieux la suppression) de l'Ecole Normale, la réforme de 1902 qui a défiguré et rendu à jamais méconnaissable notre baccalauréat classique, et enfin les récents décrets d'avril 1910 sur les *équivalences* primaires.

Dès l'abord, on pressent une connexité étroite, une unité d'origine entre ces dernières transformations générales et les réformes particulières dont notre Faculté des Lettres fut le théâtre ; les unes et les autres témoignent d'un sentiment de désaffection, d'hostilité même envers notre culture classique ; les unes et les autres poursuivent l'humiliation de l'enseignement secondaire et l'exhaussement parallèle, la domination, de l'enseignement primaire. Peut-on s'en étonner ? C'est la Sorbonne qui préside aux destinées de l'instruction nationale (1) ; et parmi ses mem-

---

(1) C'est elle aussi qui a élaboré cette morale officielle qui sollicite tous nos instituteurs. On se rappelle ce passage du discours que M. Barrès prononça, le 18 janvier 1910, a la Chambre

bres, les apôtres les plus zélés de notre soi-disant démocratisation intellectuelle sont précisément ceux qu'on a investis de pouvoirs considérables dans les différents corps consultatifs où se préparent les réformes. C'est de la Sorbonne que tout part ; il est bien juste que ce soit à elle que nous fassions tout revenir.

Pour la défendre, M. Faguet disait l'autre jour, avec un accent détaché et bien curieux : « Dans cette crise que vous étudiez, et qui, d'ailleurs, est encore plus effroyable que vous ne semblez le croire, le véritable coupable, ce n'est pas la Sorbonne, c'est l'enseignement secondaire qui, dans son ensemble, n'est qu'un

et qu'on pourrait appeler *la Tentation de l'Instituteur.* « La position (de l'instituteur) est vraiment pathétique. Il est isolé dans sa maison d'école, il est seul, au milieu de ces paysans et de ces ouvriers. Si incomplète, si chétive que soit sa demi-culture, elle lui crée l'isolement d'un penseur... Il est tourné anxieusement vers la Raison dont il pense qu'elle habite les grandes villes. Il n'est pas une des idées que nous élaborons ici qui n'aille frapper jusqu'à la porte de sa maison d'école *Il n'est pas un des systèmes de nos grands professeurs de Sorbonne* qui n'aille se joindre à nos programmes d'hommes politiques pour l'assaillir. Dans cette solitude où il veille, il les attend les uns et les autres, les sollicite et les écoute avec une curiosité poussée jusqu'à l'angoisse. »

enseignement primaire supérieur (1). — Hélas !
l'enseignement secondaire a bien dû, malgré
lui, contre lui, contre ses plus chères croyances,
se plier à ce qu'exigeaient les réformateurs de
1902, accepter ce morcellement dangereux des
etudes, d'où le grec, le latin, et même le français classique sont exclus. Et ces directions, ces
méthodes nouvelles que d'innombrables etimpé-
ratives circulaires ne cessaient de lui imposer,
d'où venaient-elles, de qui s'inspiraient-elles ?
De quelques théoriciens de la spécialisation, de
quelques professeurs de Sorbonne acharnés à
détruire l'enseignement classique sous des prétextes utilitaires et faussement démocratiques.

Car tel fut le premier argument qu'on invo-
qua contre nos études secondaires : elles sont,
dit-on, réservées à des privilégiés ; elles forment
un enseignement *de classe*. Nous avions bien
entendu, à des congrès d'instituteurs, déclamer
contre nos lycées, ces « séminaires de bourgeoisie ». On ne faisait qu'y traduire un peu vul-
gairement les discours de certains professeurs
à la Sorbonne. Ecoutons M. Seignobos : « Notre

(1) Cf. Annexes, pp. 368 et suiv.

enseignement secondaire, dit-il, est celui qui conserve le plus de l'ancien régime. Il est fondé sur un principe commercial, donc aristocratique, ouvert seulement aux enfants de la bourgeoisie qui peuvent payer... Je n'ai pas besoin de vous rappeler dans quelle mesure il est encore verbal et claustral. Il n'est donc pas démocratique et il n'est qu'imparfaitement scientifique (1). »

C'est l'argument que M. Gustave Lanson, l'un des maîtres de la Nouvelle Sorbonne, a repris à son tour, sous une forme plus subtile : « Si, comme je le crois, a-t-il écrit, nous marchons vers un recrutement de plus en plus démocratique, si le problème de la gratuité, qui est à l'ordre du jour et sera peut-être résolu demain, *doit installer la démocratie même dans l'enseignement secondaire*, c'est notre devoir de nous préoccuper de donner à notre clientèle... un programme et une direction qui lui soient appropriés (2). » Et partant de ce principe, M. Lan-

(1) *Education de la Démocratie.* Conférence de l'Ecole des Hautes Etudes sociales.

(2) Conférence au Musée Pedagogique, 1909. Il est curieux de

son consent à ce qu'on « *abaisse l'enseigne-ment* »; il souhaite qu'on « *le rende plus mo-deste pour lui donner plus de prise* ». Il rejette toute éducation littéraire parce que celle-ci ne saurait convenir « à des enfants de condition humble qui sortent de familles où l'on n'a jamais lu que le journal et où l'on ne lira jamais que le journal ». Ces enfants sont réfractaires à notre culture classique, trop raffinée, « qui glisse à la surface de leur esprit, *ou passe par-dessus leur tête* ». Or, c'est à ceux-là cependant, ajoute notre auteur, qu'on doit avant tout songer, car, dans une classe, il y a les bons, mais il y a aussi les

signaler que bien avant MM. Lanson et Seignobos on trouvait sous la plume de M. Jules Lemaître, les mêmes arguments . « Nous sommes une société démocratique et industrielle, mena-cée ou plutôt à demi ruinée déjà par la concurrence de puissantes nations et les enfants de notre petite bourgeoisie et nombre d'enfants du peuple passent huit ou dix ans à apprendre très mal les mêmes choses que les Pères jésuites enseignaient autre-fois — très bien — dans une société monarchique, aux fils de la noblesse, de la magistrature et des classes privilégiées. — N'est-ce pas un anachronisme effronté ? Et la croyance à l'utilité présente de cette éducation n'est-elle pas un préjugé extrava-gant ? » (*Opinions à répandre*, 1898.) Et les vœux que M. Jules Lemaître présentait alors (transformation de la plupart des lycées en établissements d'enseignement moderne, égalité des deux enseignements pour l'entrée à l'École de Droit, etc.) sont ceux-là mêmes qui ont été réalisés en 1902.

médiocres, qu'il ne convient plus de sacrifier « comme le déchet d'une fabrication supérieure; ceux-ci, c'est-à-dire la majorité, *notre composition française les dépasse* ». Donc, supprimons la composition française. Nous la remplacerons par quelque chose qui se rapproche du *rapport d'affaires*, mieux adapté à des intelligences plus épaisses. Ce qu'il faut à ces esprits, ce qui doit donc faire à l'avenir le fond de notre enseignement, ce sont « *des choses qui soient banalement et grossièrement justes*, mais qui seront palpables et saisissables pour eux ». On « doit *se contenter de ce qu'ils arrivent à des idées très grosses, à des impressions très sommaires* ».

Est-ce là une boutade? Mais non, c'est une thèse posément énoncée. Je passe sur elle, quelque pernicieuse qu'elle soit dans sa brutalité pessimiste; je la retrouverai ailleurs (1). Mais à m'en tenir à l'expression, je ne connais rien de plus antidémocratique que cette doctrine soidisant flatteuse pour le peuple, je ne connais rien de plus humiliant pour les primaires que

(1) Cf. Conclusion, pp. 165 et sqq.

cette aumône intellectuelle qui leur est donnée d'un air supérieur, que cet abaissement des études qu'on juge indispensable afin de leur en faciliter l'accès. Qui ne sent ce que cette flatterie apparente cache de mépris et d'orgueil intellectuel? Ce que propose M. Lanson, c'est de faire de notre culture une culture pour les pauvres. Il y a de la laine grossière pour confectionner des habits aux petits pauvres. C'est cette laine-là que nos maîtres de Sorbonne donneront à tisser désormais; l'autre est de qualité trop fine pour le commun.

C'est ainsi que, par-dessus les secondaires bafoués, sacrifiés, trahis, les membres de l'Enseignement supérieur tendent, depuis quelques années, les bras aux primaires et affectent de se laisser gagner par leur esprit, afin de les mieux embrasser et rejoindre.

Marquons les principales étapes de ce mouvement.

Une barrière traditionnelle divise les deux ordres inférieurs de notre enseignement, le pri-

maire et le secondaire. Elle vient de la diversité,
pour ne pas dire de l'antagonisme des buts
qu'ils se proposent. L'instruction primaire poursuit une fin strictement utilitaire ; elle ne vise
qu'à mettre entre les mains de l'enfant un certain
nombre d'outils indispensables, la lecture,
l'écriture, le calcul, quelques notions d'histoire
et de géographie ; elle forme des agriculteurs,
de petits commerçants, de petits employés. Et,
bien que nul enseignement ne puisse être tout
à fait dénué de *culture*, et que l'instituteur primaire s'efforce déjà, à juste titre, d'introduire
quelque unité philosophique embryonnaire entre
ces connaissances éparses, cependant il est vrai
de dire que l'objet propre de l'enseignement
primaire est purement technique, limité aux
exigences des petits métiers.

L'instruction secondaire relève d'un principe
différent : l'éducation générale et désintéressée
de l'esprit. Elle ne mène à aucune profession,
elle mène à toutes ; elle est apte à former pareil-
lement des magistrats, des médecins et des professeurs. Elle ne se préoccupe pas d'adapter
notre cerveau à une tâche déterminée, mais de

l'assouplir et de le perfectionner. On peut d're qu'elle a pour objet unique, non le savoir, mais l'intelligence. Peut-être la connaissance du latin ou de la philosophie n'est-elle pas absolument nécessaire à former un médecin, mais tout le monde reconnaît qu'un praticien, privé de la culture générale, restera toujours inférieur en son art. « Il sera un âne, disait naguère M. Faguet ; il saura son métier parfaitement et il l'exercera, mais sans aucune espèce d'intelligence. »

Telle est, peut-on dire, la doctrine traditionnelle sur le rôle et l'utilité de l'enseignement secondaire. Cournot, philosophe et pédagogue profond, l'exprimait dès 1864 : « L'enseignement secondaire doit consister en un système d'études libérales, considérées comme nécessaires à tous les esprits cultivés, et comme l'*introduction commune aux diverses professions studieuses*, par opposition aux professions manuelles qui exigent un apprentissage plutôt que des études proprement dites. » Et M. Lavisse tenait exactement le même langage lorsqu'il écrivait : « Il faut revenir à l'idée que l'esprit de l'écolier est un instrument à façonner, non un magasin à remplir, et que l'enseignement secondaire a pour unique objet l'éducation intellectuelle et morale (1). » Cette pénétrante distinction donne à l'enseignement secondaire une place éminente : gardien de l'accès aux carrières intellectuelles, c'est en lui que se conserve et se perpétue le tour d'esprit de notre race, les qualités qui la distinguent de ses voisines. Et c'est en ce sens que Thiers a pu dire de lui : « C'est notre véritable *enseignement national* (2). »

Il ne demeure plus grand'chose d'une pareille doctrine, après la réforme de 1902. On sait que cette réforme a remplacé l'ancien baccalauréat, épreuve de culture et d'affinement ar un quadruple système d'études spécialisées. Du même coup, l'enseignement secondaire a erdu son originalité véritable. Au lieu de viser à l'éduca-

(1) *Etudes et étudiants*, 1890.

(2) Il est notre enseignement *national* en un autre sens encore : il n'existe vraiment que chez nous. En Suisse et en Allemagne, c'est l'enseignement primaire qui est le mieux organisé. En Angleterre, il n'y a pas du tout d'enseignement secondaire, il n'existe pas d'échelon, entre les écoles primaires-supérieures et les Universités. Tous les pays, y compris l'Allemagne, nous envient cette forte organisation d'études secondaires, d'études classiques, qui est notre véritable caractéristique intellectuelle.

tion générale de l'intelligence, il oriente tout de suite l'enfant vers une profession et le met en demeure de choisir sa voie dès le plus jeune âge. Le lycée est devenu une sorte de bazar où les parents trouvent un assortiment varié d'enseignements entre lesquels ils retiennent le plus conforme à la carrière qu'ils souhaitent pour leur enfant. Aussi a-t-on relégué au second plan tout ce qui s'enseignait jadis sans préoccupation utilitaire. Dans le second cycle, par exemple au moment de la véritable formation de l'esprit, en classe de seconde et de première, le français, traité en subalterne, sinon en ennemi, n'occupe plus que trois classes d'une heure, ou de cinquante-cinq minutes exactement, contre cinq et sept heures données aux langues, et dix aux sciences (1). L'enseignement secondaire est

(1) Il y a deux ans, lorsque les professeurs des lycées de Paris demandèrent qu'on ajoutât une heure supplémentaire pour l'enseignement du français, M. Lanson s'y opposa énergiquement. (V. compte-rendu de la séance au *Musée pédagogique.*) Les détails prennent de l'importance si l'on veut considérer que la thèse de MM. Brunot, Lanson, Croiset, etc..., c'est qu'à 17 ans l'*éducation littéraire doit être terminée.* Ainsi, d'une part, on réduit l'enseignement du français dans les lycées, on refuse de faire des dissertations à la Faculté, et, quand on est forcé de constater la décadence de la culture littéraire on en rejette la faute sur

vraiment décuronné de son idéalisme traditionnel.

Il y a plus. Entre les diverses spécialités qui le composent, nulle entente, nulle harmonie. L'instruction est émiettée, tiraillée en divers sens, et l'élève souffre inévitablement de cette incohérence. La suppression du *professeur principal*, dans chaque classe, est un fait gros de conséquences psychologiques. C'était le professeur de lettres qui, jadis, dirigeait le chœur des professeurs. Pendant douze heures par semaine il tenait ses élèves sous une même discipline ; il avait ainsi tout le loisir de modeler leur esprit. de leur infuser lentement cette culture qu'il avait lentement acquise. Aujourd'hui, les élèves, désorientés, passent d'un maître à l'autre, dans une sorte de hâte fébrile. Et l'on a ainsi sacrifié l'unité des études et compromis le côté intime et affectueux de l'enseignement (1).

les professeurs des lycées. Le sophisme est grossier M. Aulard le prend à son compte dans *le Siècle* (6 octobre) : « Il est bien possible, dit-il, qu'il y a dix ou quinze ans, dans l'enseignement secondaire, on *se donnait* (*sic*) plus de mal pour apprendre aux élèves à écrire, à composer. »

(1) Il faudrait parler encore de la *méthode directe*, dans l'enseignement des langues, l'une des nouveautés de la reforme de

Ce qu'il nous faut retenir surtout de cette réforme, c'est qu'elle fut une double victoire de l'esprit primaire. Une victoire théorique d'abord par le triomphe des soucis professionnels sur les préoccupations idéalistes. Une victoire pratique aussi, parce que, grâce au principe nouveau de l'*égalité des sanctions*, elle assimile entièrement la valeur des diplômes obtenus dans les différents cycles. La section D (français-sciences), par exemple, fondée sur l'exclusion des langues anciennes et réduite à de pures connaissances scientifiques et pratiques, ouvre les mêmes carrières que les sections latin-grec, latin-sciences et latin-langues. La conséquence est

1902. Les discussions engagées autour de cette fameuse méthode directe ont montré tout ce que ses partisans et ses adversaires y attachaient d'importance, parfois un peu puérile. Ses partisans y voyaient la méthode moderne, réaliste et pratique; ses adversaires y déploraient l'hostilité envers toute littérature. Le moindre libéralisme, en tout cas, eût exigé qu'on laissât le professeur libre en grande partie de choisir son procédé. Le professeur est un homme qui a son opinion, ses goûts, sa doctrine à lui. Mais l'*esprit d'autoritarisme*, venu de la Sorbonne, soufflait sur l'enseignement... En contraignant les professeurs aussi brutalement qu'on l'a fait en ces dernières années, on a soulevé chez eux un vif mouvement de protestation secrète, et un dégoût de leur tâche... L'un d'eux nous disait : « Le rôle de professeur de langues aujourd'hui, c'est un rôle de *bonne d'enfant*... »

facile à prévoir : les élèves se portent en grand nombre vers cette section moderne, la plus facile, et qui accorde des bénéfices équivalents. Les études, telles que les humanités et la philosophie,dont la nature n'impose pas immédiatement l'acquisition d'une technique spéciale, sont abandonnées au profit de celles qui donnent à l'esprit des recettes précises. Mais si les premières gagnent l'avantage, ce n'est point, comme le veulent MM. Lanson et Seignobos, parce qu'elles sont seules appropriées aux besoins modernes, ni même, comme le dit M. Durkheim, parce que « l'ancien enthousiasme pour les lettres classiques, la foi qu'elles inspiraient, sont irrémédiablement ébranlés », mais parce qu'en réalité on a établi dans les nouveaux programmes un véritable privilège en faveur des études modernes.

On ne s'étonnera pas que ce principe de *l'égalité des sanctions* ait suscité la verve de quelques apôtres de l'esprit nouveau. « En réclamant sans se lasser, s'écrie M. Bailly, et malgré tous les obstacles, toutes les polémiques et toutes les déclarations de la creuse rhétorique,

9

le principe de l'égalité des sanctions, la Démocratie a signifié au classique qu'elle ne lui
*reconnaissait plus qu'une valeur de spécialité
intellectuelle, au moins inutile dans les programmes d'une bonne éducation générale*, et
qu'elle entendait ouvrir toutes grandes les portes des lycées aux élèves de l'enseignement primaire, en attendant de donner à ces établissements un régime plus conforme à l'idéal répu-
blicain. » (*Société des amis de l'éducation
moderne*, 1902.) On ne s'étonnera pas non plus
que des esprits clairvoyants aient pu dire, comme
M. Fouillée, dès 1902 : « L'enseignement primaire supérieur a envahi l'enseignement secondaire sous le nom trompeur d'enseignement
moderne (1). »

Mais ce n'était là encore qu'une victoire indirecte. Dès 1903, on commençait à poser la ques-

(1) Dans une réponse à notre article sur la Domination primaire, parue dans *l'Opinion* du 5 novembre 1910, M. Drouard,
inspecteur de l'enseignement, confirme notre point de vue en
nous combattant · « Ce n'est pas l'enseignement primaire, dit-
il, qui pénètre l'enseignement secondaire . *ce son' les autres
enseignements qui copient l'enseignement primaire, et d'ailleurs, tous les lycéens qui n'étudient ni grec ni latin sont de
véritables primaires.* » Cf. Annexes, p.368.

tion de *l'équivalence légale* des diplômes secondaires et primaires. Elle fut en partie résolue par *les décrets du 28 avril 1910* (1).

De tout temps, le ministre avait libéralement usé du droit de *dispense* que la loi lui reconnaissait : certains diplômés (2) de l'enseignement primaire pouvaient, par décision spéciale, être admis à suivre les cours des Facultés. Ce régime de dispenses individuelles est désormais remplacé par une organisation régulière. Il ne s'agit plus d'une *faveur* consentie, mais d'un *droit* véritable reconnu à une catégorie de diplômés de l'enseignement primaire. Certains certificats primaires, les certificats d'aptitude au professorat dans les écoles primaires supérieures (lettres et sciences) et dans les écoles normales

(1) Ces décrets de 1910 furent une revanche calculée de l'échec éprouvé par le projet de licence *sans latin*, en 1907. On se souvient en effet que, malgré la volonté unie des représentants de l'enseignement primaire et de quelques personnalités de la Sorbonne, au Conseil supérieur, la version latine fut maintenue à *une* voix de majorité.

(2 Nous désignons ainsi des diplômés *supérieurs*, mais dont toute la formation fut *primaire*. Ils sortent de l'école primaire, puis de l'école primaire supérieure, enfin d'une école normale d'instituteurs primaires. Professeurs, c'est encore une clientèle primaire qu'ils enseignent.

d'instituteurs, par exemple, sont assimilés au baccalauréat, ouvrent les Facultés et permettent d'acquérir les diplômes de l'enseignement supérieur. Que les « élèves-maîtres » qui ont acquis ces hautes consécrations primairès possèdent des connaissances plus nombreuses que la plupart des bacheliers et même que certains licenciés, nous n'y contredisons pas ! Mais c'est ici la *qualité de la culture* qui seule importe. Désormais, par une anomalie singulière, des maîtres, pourvus d'une instruction solide, sans doute, mais toute pratique, pourront être appelés à donner aux élèves de nos lycées une culture secondaire qu'eux-mêmes n'ont jamais reçue.

Cette mesure fut un petit coup d'Etat. Le ministre n'avait pas cru devoir consulter le Conseil supérieur de l'Instruction publique. Et l'on en conçoit aisément la raison, lorsqu'on sait qu'en 1908 déjà le Conseil avait repoussé, par un vote désastreux, une proposition que l'un de ses membres, M. Laugier, avait hasardée, en faveur des équivalences. Mais un autre corps fut consulté, un corps quasi-officiel, dont l'influence fut substituée à celle du Conseil supérieur, représentant naturel, *élu*, de l'enseignement. Nous voulons parler du *Comité consultatif de l'Enseignement public*. Il faut noter, d'autre part, que cette omission volontaire entache probablement ces décrets d'illégalité, car la loi du 27 février 1880 impose au ministre l'avis du Conseil supérieur dans les décisions relatives « aux examens et à la collation des grades ».

Quoi qu'il en soit, la brèche est ouverte, et la voie livrée aux primaires. Au lieu de passer par les lycées, de s'y élargir et fortifier l'esprit par quelques années de culture secondaire, les bons élèves des écoles normales primaires seront envoyés sans intermédiaire dans les Facultés, pour devenir des licenciés et des agrégés. Expédient rapide et d'apparence démocratique. Il atténue cette cuisante douleur d'amour-propre du lauréat des écoles primaires en face du simple bachelier teinté d'humanités classiques. Il y a désormais *équivalence* entre leurs diplômes. Il n'est plus question de *dispenses*.

Duperie au fond que tout cela ! Car ces équivalences proclamées ne suppriment pas les barrières, elles les reculent. La version latine —

9.

pour quelque temps encore — n'est pas abolie, à la licence ; le diplômé primaire devra donc apprendre le latin. Il lui faudra apprendre le grec, s'il veut être agrégé de philosophie, etc. Aussi, M. le doyen Croiset exprimait-il un sage avis lorsqu'il disait : « Je connais des primaires qui se sont élevés jusqu'à l'enseignement supérieur par leur travail, leur persévérance, leur intelligence, *en faisant tout ce qu'il faut pour franchir les degrés.* Soumettre les aspirants à cette épreuve serait peut-être le meilleur moyen de leur *épargner des déceptions* (1). »

Les primaires ont donc obtenu cette prérogative qu'ils souhaitaient de posséder. Mais ils ne

(1) Au reste, beaucoup de professeurs d'Université, qui ont eu pour étudiants des jeunes hommes de formation primaire, signalent cet utilitarisme qui les rend « réfractaires à tout enseignement désintéressé et non déterminé par leurs programmes ». Et le renseignement est donné par M. G. Lanson lui-même dans une conférence qu'il fit jadis sur les relations de l'enseignement primaire et de l'enseignement supérieur. (*Revue universitaire*, 1909.) Les maîtres qu'il avait consultés là-dessus remarquaient l'abus que les étudiants « primaires » font de la mémoire, « leur verbalisme, leur tendance fréquente à accueillir les vérités toute faites, comme des pilules de vérité, leur dogmatisme passif et, dans la pratique, leur abus des manuels. » Quelques professeurs leur reprochaient aussi « la faiblesse de leur réaction esthétique en présence des textes et leur déférence bibliographique ».

l'envisagent que comme une entrée de jeu. Le véritable intérêt de ces décrets, en effet, ce n'est pas tant le privilège qu'ils confèrent à un petit nombre de diplômés pour qui, en somme, l'assimilation au baccalauréat n'a rien d'exagéré, c'est la première atteinte qu'ils portent à un principe ancien. Aussi voit-on qu'ils ont suscité de violents appétits chez ceux-là mêmes dont ils devaient calmer le désir. Parcourez *l'Ecole nouvelle* de ces derniers mois. Elle est remplie de récriminations acerbes contre la situation humiliante qu'on fait encore aux élèves des écoles primaires. « Certes, dit M. Laugier, nous ne pouvons nous déclarer complètement satisfaits, mais nous les considérons (ces décrets) comme un notable progrès, et *aussi comme une première étape dans une voie qui, espérons-le, ne tardera pas à s'ouvrir plus large en faveur de fonctionnaires de l'Enseignement primaire.* » Et lisez la liste des extensions *immédiates* du principe des équivalences, réclamées par ce journal : accès à la licence en droit, au doctorat en médecine, assimilation du certificat d'aptitude à l'inspection primaire et de la simple *admissibilité* à l'Ecole normale de Saint-Cloud avec le baccalauréat, etc., etc. (1).

Quel est le but extrème de tout ce mouvement? On ne nous le dissimule guère. C'est l'*assimilation pure et simple du brevet supérieur au baccalauréat*. Un breveté supérieur, nous dit-on, « présente autant et plus de garanties, surtout au point de vue de la culture scientifique, que certains bacheliers, *notamment que les bacheliers latin-grec et latin-langues...* ». Et voilà qui révèle, trop nettement pour qu'il soit besoin d'y insister, la liaison secrète qui se fait, dans certains esprits, entre les revendications des primaires et ce mépris des humanités classiques dont l'exemple leur vient du haut personnel de notre enseignement.

Nous croyons que cette tendance est dange-

(1) L'état d'esprit entretenu chez les primaires par les réformes se révèle spontanément à chaque page de *l'Ecole nouvelle* : « Qu'on veuille bien nous dire, une fois pour toutes, si l'intelligence est primaire ou secondaire. » — « Il ne fallait pas mettre la Déclaration des droits de l'homme dans nos programmes, si on voulait maintenir des privilèges à nos dépens ! » On songe à cette « *ivresse d'avancement social* » dont a parlé Proud'hon « plus forte que le vin, plus pénétrante que l'amour ». Peut-être cependant n'y a-t-il d'avancement social que par la culture, et de culture que par l'effort et la lenteur...

reuse. Nous ne parlons pas du découragement
croissant, et à peine dissimulé aujourd'hui, qui
gagne le personnel de l'enseignement secondaire.
A ne considérer que les principes, qui ne s'aperçoit que le but véritable de toute cette agitation
c'est, selon l'expression naïve d'un instituteur,
de frayer la voie « qui conduira les primaires
au cœur même des organes dirigeants »? Encore
qu'on ne l'avoue point, c'est une question de
privilèges matériels qui fait le fond de ce débat.
Voilà, dit *le Temps*, où nous mène l'introduction des idées de lutte de classe dans l'enseignement. Elles ramènent une question de la
plus haute importance pour l'avenir d'une nation, et particulièrement d'une démocratie, je
veux dire la question de la culture, à une médiocre discussion d'avantages. Les organes dirigeants sont réservés aux secondaires; supprimons ce monopole; que les primaires puissent
désormais participer sans effort au partage des
places! Secrète envie qui se pare de maximes
sonores, comme « le droit pour tous de boire à
la coupe de la Science... ». Les arguments qu'in-
voquent les défenseurs de la culture sont traités

de simples prétextes à maintenir une position injustement conquise. La culture et le talent sont considérés comme des privilèges exorbitants, mystérieux. L'esprit à peine dégrossi d'un primaire doit être jugé capable des mêmes travaux qu'un esprit lentement et sérieusement enrichi par l'éducation classique. D'autre part, on n'en peut plus douter, notre enseignement supérieur *n'aime plus* notre culture classique française. Et cette désaffection, qu'aucune affection précise n'a remplacée, voilà ce qui fait le désarroi de tant de jeunes hommes qui fréquentent les cours de Sorbonne (1).

Cependant, les études classiques maintiennent cette élévation de caractère, ce désintéressement, sans quoi les carrières libérales seraient livrées aux plus brutales passions, à la haine et à l'en-

(1) Cf. aux Annexes, p. 367, la lettre d'un jeune agrégé et celle d'un étudiant. Le gouvernement, obéissant à je ne sais quelle impulsion, prémédite aussi de détacher la jeunesse de la foi ancienne dans les études classiques. Il ne manque pas une occasion d'accabler de ses coups la culture latine. Par une mesure du mois d'octobre 1910, le ministre de la Guerre vient de supprimer le coefficient de 15 points qui était accordé aux candidats pourvus du baccalauréat avec latin, pour le concours d'admission à l'Ecole Polytechnique. On lésine ainsi sur le léger avantage justement consenti aux élèves qui justifiaient de solides humanités ! Voy. aux *Annexes* p. 327, la lettre de M. Guillain, président du Comité des Forges.

vie. Le jour où les brevetés supérieurs auront tous un accès direct à notre haut enseignement sans la lente préparation des lycées et collèges, ce jour-là, sans doute, sera compromis à jamais cet idéalisme qui faisait le fonds solide et moralisateur de notre éducation nationale. Les jeunes gens qui arriveront à l'Université, munis d'une instruction sommaire et toute pratique, seront orientés instinctivement vers l'utilisation immédiate du savoir (1). Les applications pratiques des sciences empiéteront démesurément sur leur étude théorique et spéculative, compromettant ainsi l'avenir et les progrès industriels eux-

(1) La Sorbonne n'a pas toujours méconnu ces idées. Vers 1890, M. Lavisse exprimait avec élégance et vigueur la nécessité d'une culture désintéressée de l'esprit, et protégeait ainsi l'enseignement contre la « religion de l'utile » :

« On ne vit pas seulement de son métier, disait-il, on ne vit pas seulement de pain. Le monde a besoin *d'idées improductives*, et ces sortes d'idées *produisent* beaucoup à ceux qui les ont acquises et les font valoir. » Et encore : « Il faudrait bien s'entendre d'ailleurs sur le pratique et l'utile. Il est utile de savoir compter, calculer un volume, arpenter un champ ; il est utile aussi de donner à son esprit de l'espace et du lointain. *Il est difficile de faire apprécier le bénéfice de la culture classique à ceux qui ne l'ont pas reçue ;* mais il est difficile aussi de donner à des myopes l'idée du plaisir qu'on éprouve à contempler et, comme disent les peintres, à lire un paysage »... etc. (*Études et étudiants.*) M. Lavisse exprimait là, peut-on croire, le fond véritable de sa pensée. Il n'était pas encore entouré de certains collègues trop ardents...

mêmes ; et la Sorbonne deviendra quelque chose comme une école professionnelle du degré supérieur. Alors nous serons atteints au cœur même... Car le premier rang est assigné dans la hiérarchie des nations à celles-là seules qui auront su préserver dans leur sein une élite de chercheurs désintéressés, et les entourer de considération et de gloire, qui, à défaut de succès pécuniaires, compensent le sacrifice de leur vie. Plus que tout autre régime, voilà bien longtemps qu'on l'a dit, une démocratie a besoin d'une telle élite. Et la culture classique, véritable inspiratrice du sentiment démocratique, est seule capable de la lui donner, et d'aider ainsi à la formation de cette *mystique républicaine* dont Ch. Péguy a parlé avec tant de pénétration (1).

La Sorbonne ne le croit pas. Elle dit et affirme que la culture classique est incompatible avec les idées d'un « véritable serviteur de la démocratie ». Le terme logique de la voie où elle s'en-

(1) Nous trouvons ce sentiment sous la plume d'un député qui se réclame des doctrines socialistes, de M. Paul-Boncour. On lit dans son remarquable *Rapport sur le budget des Beaux-Arts* : « Depuis quelques années, un singulier préjugé s'est emparé de certains hommes politiques : ils opposent les études classiques et les idées avancées, considèrent l'enseignement

gage est facile à prévoir. C'est une lente décadence de l'Enseignement supérieur, corrompu d'utilitarisme ; c'est une disparition totale de l'Enseignement secondaire, décidément irréductible et inassimilable ; et, en retour, en compensation de ces ruines, c'est la dilatation indéfinie, l'envahissement progressif et victorieux de l'Enseignement primaire, devenu la grande pépinière de toutes les fonctions publiques. Quel danger menacerait la culture et la nation, si un tel état d'esprit finissait par s'imposer ! Nous n'en sommes point là, certes ; mais il était temps de pousser le cri d'alarme (1).

moderne comme démocratique et le grec et le latin comme réactionnaires. — Comme si les études classiques n'avaient pas été le fonds solide où puisa, durant des siècles, la bourgeoisie française qui fit la Révolution et fonda la société moderne, comme si nos grands révolutionnaires n'avaient pas été nourris jusqu'à la moelle de la Grèce et de Rome et du XVIIe siècle français ; comme si, au surplus, la tradition classique avait quelque chose à faire avec la politique : c'est la *tradition de la France*, c'est l'honneur de notre race, la plus haute expression de notre génie, quel que soit le régime politique, quelle que soit la forme sociale sous laquelle nous vivions. Le jour où nous romprions avec elle, nous nous diminuerions du meilleur de nous-mêmes. »

(1) Voir aux appendices, p. 368, les réponses des primaires à cet article.

CONCLUSION

I. — LA DÉFENSE DE LA SORBONNE

La Sorbonne se défend.

Elle délègue pour nous répondre ses trois autorités les moins contestables : MM. Lavisse, Faguet et Croiset. La tactique a ceci d'ingénieux que ces esprits d'élite, le public les tenait sur leurs propos d'autrefois, et les tient encore malgré leurs propos d'aujourd'hui, pour des partisans convaincus de la culture générale. Les voilà passés apologistes des méthodes allemandes, de la spécialisation à outrance et du commentaire bibliographique. Mais quelques paroles plus ou moins spontanées ne sauraient effacer une œuvre d'historien, une œuvre de moraliste, une œuvre d'helléniste, tout imprégnées d'esprit classique. Le public a fait d'instinct, dans ces répliques solennelles, la part de l'esprit de corps et celle de la personnalité qui seule importe. Il n'a pas été convaincu par la manœuvre. A ses yeux, la nouvelle Sorbonne, en ralliant ou provoquant d'imprévus défenseurs, a surtout prouvé une chose : l'ambition déclarée de ses doctrines, leur force de contagion, et la domination redoutable qu'une poignée de théoriciens autoritaires, véritables iconoclastes de la culture classique, entend exercer sur les irrésolus.

Dégageons, pour résumer le débat, quelques-uns des arguments visiblement inspirés par ces théoriciens et qui se sont insinués dans les plaidoyers de leurs avocats officiels.

a) *L'effort intellectuel et l'éducation classique*.

On nous dit : Nous avons introduit dans nos études l'*effort scientifique*. A la place de la culture littéraire ou esthétique, qui n'était qu'une vaine curiosité de l'esprit, nous avons développé le goût des recherches historiques, toujours lentes et difficiles. A la place des idées toutes faites, et du verbiage inutile, nous avons favorisé l'érudition qui, même étroite, même ridicule aux yeux de la foule, est une tâche de savant, c'est-à-dire une tâche ardue. La Faculté des Lettres est devenue un vaste atelier où l'on peine. Notre véritable conquête, c'est le goût du travail (1).

Or, ce qui caractérise les méthodes nouvelles, ce qui fait leur succès, croyons-nous, c'est justement qu'elles ont remplacé l'effort intellectuel par de faciles et douces besognes. Examinons les choses, non plus en théorie, mais en pratique. Les anciens exercices classiques, aujourd'hui supprimés en Sorbonne, la dissertation française, le discours et les vers latins, la version grecque, et ceux qui ne subsistent encore que par une sorte de grâce ou de concession temporaire, comme la version latine.

---

(1) Alfred Croiset, *Discours de rentrée*. « Toute érudition suppose un travail consciencieux et probe... On y acquiert une conviction raisonnée de la difficulté des problèmes en tout ordre de connaissances, une *patience qui se résigne à peiner pour les résoudre*... etc. » Cf. *Annexes*, p. 287.

étaient les plus redoutés des écoliers, parce qu'ils
demandaient à l'esprit un effort intense. Pour
ceux qui se sont appliqués à traduire de près.
scrupuleusement, un texte de Tacite, ou qui se
sont essayés à mettre en distiques latins un épisode de la vie antique, ou qui, ayant à commenter une maxime de la Bruyère, se sont ingéniés
à en pénétrer le sens exact, à en faire le tour,
à en discerner le vrai et le faux par l'observation de soi-même et des autres et par l'histoire,
tous ceux qui ont lentement appris de la sorte à
peser la valeur de chaque mot, à circonscrire
son domaine. à distinguer les nuances voisines
de l'idée et ajuster chacune d'elles au vocable qui
l'exprime, tous ceux-là peuvent dire ce que valent de tels travaux pour acquérir l'énergie et la
continuité dans l'effort spirituel. Il n'y en a pas
de plus pénible, ni de plus efficace pour la
formation de l'esprit. C'est précisément pourquoi tant de familles, craignant à l'excès le surmenage intellectuel, préfèrent l'éducation utilitaire à ces sortes de profitables courbatures
cérébrales. Elles pensent donner à leurs enfants
les mêmes avantages sans le long et fatigant

détour de l'instruction classique. Elles ont pour
leur fils la phobie de l'effort. Et ici la Sorbonne
n'est pas la première responsable, nous le voyons
bien; mais si, au lieu de combattre cette étroite
et irréfléchie croyance des familles, elle l'encourage, comme elle l'a fait par toutes ses dernières réformes, si elle incline dans le sens d'une
pernicieuse faiblesse, elle manque à sa mission,
qui est de sauvegarder la culture.

L'éducation classique, c'est donc essentiellement un *apprentissage de l'effort*, une *culture
intensive de l'attention*. Le bénéfice en demeure toute la vie à ceux qui ont subi sa discipline. Ils y ont pris l'habitude de la netteté
intellectuelle. Ils répugneront désormais à se
contenter de ces idées « banalement et grossièrement justes », qui, selon M. Lanson, doivent
suffire dans un enseignement démocratique. Une
idée grossièrement juste est une idée à peine
comprise, qui a glissé sur l'esprit, et n'y a
point pénétré. La pédagogie à quoi consent
M. Lanson, c'est la pédagogie de la distraction.
Or, il n'y a pas de science sans l'attention soutenue, et celle-ci s'enseigne et s'acquiert. Nul

progrès ne se fait dans le monde sans le secours
d'un esprit réfléchi, soudainement sollicité par un
étonnement nouveau. C'est cet étonnement qu'il
faudrait cultiver. La meilleure méthode pour
former un homme de science, de l'aveu des
savants eux-mêmes, ce n'est pas de dresser
l'enfant, dès le plus jeune âge, à des manipulations pratiques ; c'est de l'accoutumer aux
exercices proprement intellectuels.

Combien, en regard de ces traductions et de
ces compositions, paraissent faciles, paresseuses
même, les besognes de nos jeunes « ouvriers de
la science »! S'installer à la Bibliothèque, bar-
bouiller d'encre de petits bouts de papier, ali-
gner des fiches, quelle tâche aisée, doucement
somnolente, et qu'on pourrait presque accomplir
en pensant à autre chose! La mise en fiches est
utile, comme le rangement de nos tiroirs et le
classement de nos papiers; mais les travailleurs
réservent pour cela les heures de loisir et de
désœuvrement. Faire de telles manœuvres l'essentiel de l'éducation, et déclarer ensuite qu'on
a instauré le labeur scientifique, c'est un peu
se payer de mots. Dans la réalité, on a encou-

ragé le labeur anonyme et facile, à la place du labeur personnel, bien plus exigeant et ardu.

b) *L'esprit de finesse et de géométrie.*

On nous dit : La culture littéraire fait de beaux esprits, affinés, pleins de grâce, des artistes, des *dilettantes*. Ce qu'il nous faut, ce sont des hommes utiles, des *producteurs* (1). Les lettres et la philosophie sont inutiles au monde qui vient, et ne seront plus, d'ici peu, que des passe-temps d'oisifs délicats. L'érudition, au contraire, en nous spécialisant dans une tâche limitée, fait de chacun de nous un homme utile à la société.

On peut prendre cette critique en deux sens, lui donner un sens intellectuel et un sens moral, suivant qu'on condamne les « beaux

(1) Alfred Croiset, *Discours de rentrée :* « Notre rôle n'est pas uniquement de former des hommes d'esprit, *d'aimables dilettantes...* La France a besoin aussi de *travailleurs* » Cf Durkheim, et sa condamnation du dilettantisme (chap. I, p. 71).

esprits », comme improductifs, ou comme immo-
raux.

Au sens intellectuel, je me convaincs que la
Sorbonne entend par « bel esprit » tout ce qui
n'est pas facilement accessible au grand nombre,
et que les anciens exercices de culture générale
tendaient à fortifier tout ce qui est le produit
d'un raffinement de l'intelligence, d'un usage
de la méditation, à peu près enfin ce que Pascal
rangeait sous le terme : *esprit de finesse*. C'est
bien cet esprit-là, en effet, que, sous des noms
divers, talent, originalité, imagination, qualités
littéraires et inventives, délaisse et dédaigne le
nouvel enseignement. On pourrait donc soutenir avec quelque raison qu'en démontrant les
mérites de l'éducation littéraire nous nous
constituons les défenseurs de l'esprit de finesse,
par opposition à nos adversaires trop pénétrés
de l'esprit de géométrie. Et ce ne serait pas tout
à fait inexact. Il nous resterait à montrer alors
comment l'esprit de géométrie, dont les avantages éclatent trop facilement aux yeux qui
voient vite, a pris petit à petit dans la science
une prépondérance injustifiée, comment les

méthodes des sciences biologiques et humaines
ont cru s'affermir par l'emploi presque exclusif
des modes de raisonnement géométrique et de
ses procédés de mesure, et comment, en réalité,
beaucoup de leurs échecs provisoires, injustement appelés *faillites*, résultent de cette fausse
conception de la méthode et de l'esprit scientifiques. Il nous appartiendrait de faire voir comment l'esprit de finesse est de plus en plus nécessaire à mesure que l'on s'éloigne du domaine
des entités abstraites ou mathématiques pour
aborder l'étude concrète de la vie, et comment
enfin il est plus indispensable que jamais lorsqu'on s'applique à l'observation et à la description des phénomènes mentaux, ou de ces sortes
de phénomènes mentaux que sont les phénomènes sociologiques. Ce serait toutefois une
démonstration assez longue à faire et qui ne
peut être entreprise ici. Les mérites de l'esprit
de finesse sont plus délicats à faire valoir que
ceux de l'esprit de géométrie qui se recom-
mandent d'eux-mêmes : ils ne sont pas moins
certains pourtant. Lorsque, dans un raisonnement algébrique, vous soustrayez un élément,

vous modifiez par cela même le résultat final de l'opération d'une façon constante, et il vous est possible de prévoir avec sûreté la modification qui s'ensuivra. Pareille sécurité manque tout à fait aux raisonnements biologiques et plus encore aux raisonnements sociaux. Pour eux, le sentiment de la complication des phénomènes vitaux, la subtilité d'analyse, peuvent seuls tempérer ce que l'esprit géométrique a de trop rigoureux, et, par suite, d'inexact.

Un fait social donné, il ne suffit pas au véritable historien d'en déterminer les circonstances et les antécédents dans leur totalité, d'ailleurs pratiquement impossible à connaître; il lui faut, parmi ces antécédents, choisir et deviner celui qui est la *raison d'être* du phénomène étudié, celui qui en rend vraiment compte. M. Durkheim et les sociologues de Sorbonne déclarent que « la cause d'un fait social doit être recherchée parmi les faits sociaux antécédents, et non parmi les états de la conscience individuelle ». Cette règle offre l'avantage, en effet, de donner à la science sociale l'aspect d'une rigoureuse géométrie. Mais elle écarte à jamais aussi toute véri-

table intelligence de l'histoire et toute prévision.
D'après elle, la cause déterminante de notre ré-
seau de chemins de fer, par exemple, serait, non
dans les états de conscience d'un Papin ou d'un
Watt, état difficile à analyser, et saisissable seulement pour l'esprit de finesse, mais dans « le
fait social antécédent », c'est-à-dire, j'imagine,
dans l'état économique du pays, cette cause
vague et obscure, ou, peut-être encore, dans le
service des diligences qui existait antérieure-
ment (1).

(1) Tarde, *Etudes de psychologie sociale*, p. 78.
Il n'y a point de méthode, en science sociale, qui puisse suppléer l'esprit de finesse. C'est ce que montre l'exemple de la statistique. Le grand espoir qu'elle a fait naître tenait précisément à
son caractère mathématique, soustrait en apparence aux incertitudes du jugement individuel. Parce qu'elle remplaçait toute
appréciation des faits par un dénombrement précis, par un calcul, on s'accordait à voir en elle le type même de l'outil scientifique, facile, sûr, à la portée de tous, un peu comme on envisage
en Sorbonne la *fiche*, outil de la science littéraire. Or, il nous
apparaît aujourd'hui clairement que la statistique ne peut donner aucun résultat, si elle n'est maniée par un esprit critique,
affiné, subtil. La numération des faits infiniment enchevêtrés de
la vie sociale est incapable de fournir aucune conclusion par
elle-même ; il faut, pour interpréter ces colonnes de chiffres et
ces graphiques, pour résoudre leurs contradictions, pour lire le
sens de ces courbes onduleuses, de ces fléchissements subtils et
de ces brusques sursauts, un peu de cet instinct de divination
qui fait les inventeurs, les découvreurs du vrai. Le choix même

En histoire, l'esprit de finesse et l'intuition sont tellement indispensables qu'on peut affirmer que, sans eux, et réduite aux seuls procédés du raisonnement géométrique, l'histoire, en tant que science, n'eût jamais pu être conçue. Et c'est parce que M. Seignobos les a systématiquement éliminés qu'il a été conduit logiquement à nier l'histoire. En rejetant toute interprétation personnelle. toute hypothèse psychologique, on éloigne du même coup le seul moyen que nous ayons d'atteindre directement l'intimité des phénomènes de la vie. La méthode historique, qui prétend se fonder sur la description extérieure et la mesure des faits, nous les livre dépouillés de cet élément personnel, fugace, évanouissant, qui fait tout leur prix, et qui les rend seuls intelligibles pour nous. Elle effleure d'un regard incomplet, elle n'épuise pas la réalité profonde.

de l'objet à dénombrer, base des travaux du statisticien, ne réclame pas moins d'ingéniosité que le déchiffrage de ces sortes de symboles psychologiques. Ainsi le succès de la méthode statistique a mis en évidence le rôle et la valeur de l'esprit de finesse.

c) *Dilettantes et producteurs.*

Mais c'est au sens moral que la Sorbonne s'attache surtout, lorsqu'elle oppose les *producteurs* aux *dilettantes*. « Les dilettantes, dit-elle, produits de l'éducation littéraire, n'ont de culte que pour leur propre individu, ils ne se soucient que de « caresser leur petite pensée ». Ne remplissant point une tâche spéciale dans la collectivité, ils n'ont pas conscience de cette solidarité universelle qui lie les travailleurs entre eux. Ils ignorent la véritable morale du monde moderne. »

Nous touchons ici à la mystique de l'école nouvelle. Car ainsi entendue la Division du travail est moins une méthode qu'une mystique et une mystique brutale. Certes, la division du travail est une nécessité ; nul ne le conteste. Mais il s'agit de savoir si c'est une nécessité d'ordre matériel, technique, c'est-à-dire, en somme, un simple procédé pour assurer une meilleure et plus intense production, ou bien si elle est quelque chose de plus : une nécessité *d'ordre moral*, qui doit gouverner les consciences individuelles et déterminer dans un sens nouveau les aspirations du cœur humain. Artifice technologique, ou loi morale ? Tel est le véritable débat.

C'est là, sous un nouvel aspect, l'éternelle question de la valeur relative de l'individuel et du social, qui domine cette discussion. Nous savons comment M. Durkheim la résout en vertu d'axiomes qu'il a posés lui-même. Tout ce qui est au fond de l'être individuel, sans restriction aucune, la raison et la morale elle-même, étant d'origine sociale, chaque changement organique du corps social suscite nécessairement des sentiments nouveaux dans le cœur des hommes. La division du travail, phénomène moderne, impose nécessairement un idéal moral jusqu'alors inconnu.

Le problème serait insoluble scientifiquement et chacun serait libre de le résoudre suivant ses préférences secrètes, s'il n'y avait une autre manière, plus pratique, de le poser. L'individu a le besoin de se sentir libre. En l'assurant qu'il

est entièrement asservi à des contraintes iné-
vitables, en le persuadant de la duperie déce-
vante du sens intime, en lui enseignant la
défiance des dons individuels, en l'enveloppant
dans cette loi du nombre qu'est l'érudition au
regard de nos maîtres de Sorbonne, on s'expose
à relâcher en lui tout ressort d'action, à paraly-
ser la meilleure part de lui-même, son effort,
son énergie, ses instincts moraux. Est-on vraiment assez certain de la réalité de cette sombre
et tyrannique doctrine du Corps social pour lui
sacrifier le sentiment de l'individualité, aiguil-
lon de l'intelligence et de la vie morale ?

Quant à parler de dilettantisme, c'est là un
simple procédé de polémique. Le dilettantisme
est une maladie de la volonté, une impuissance
pratique à se fixer, et une impuissance aussi à
croire. croire étant, pour l'intelligence, une manière de se fixer. Elle atteignit une génération
humiliée par la défaite, et qui cherchait, dans
l'élégante fantaisie idéologique d'un Renan, une
sorte de revanche de l'Esprit vaincu contre la
force triomphante. Elle fait horreur aux jeunes
gens d'aujourd'hui, et précisément dans le temps

même où renaît et s'affirme, dans toutes les régions intellectuelles, la foi en la culture classique. Confondre le dilettantisme avec la culture classique, cette discipline de l'effort, c'est vraiment commettre un contre-sens grossier.

En vérité, s'il y a, dans cette querelle, un antagonisme moral, il est, non pas entre le dilettantisme et le sentiment de la solidarité sociale, mais entre la liberté et l'autoritarisme. L'érudition, devenue maîtresse exclusive des intelligences, régnerait sur un peuple d'esclaves. Elle ne serait « en harmonie avec la nouvelle conscience morale » que si cette conscience morale était résignée à se laisser dominer par le fanatisme collectif, et consentait à la servitude intellectuelle. Je ne le crois pas.

d) *Elégance et précision.*

On nous dit : Nous n'avons plus le même idéal littéraire. Nous avons remplacé l'élégance par la précision, les vaines parures de l'éloquence par la netteté du rapport d'affaires. On peut le déplorer, mais c'est là une marche inévitable. Aussi est-il vain de le regretter.

La précision serait-elle vraiment le fruit des nouvelles méthodes (1)? Les rapports des jurys d'agrégation disent le contraire. C'est l'imprécision du langage, c'est le vague de l'expression, c'est l'impropriété des formes, reflet d'une pensée confuse, qu'ils ne cessent de relever dans les récents concours.

Il serait naïf de s'en étonner : la précision est la plus rare vertu du style; elle ne s'acquiert qu'après de lents et pénibles exercices, au premier rang desquels il faut compter la version latine et l'ancienne composition française qui enseignent, par l'analyse exacte des mots, à cerner d'un trait juste la pensée. L'apprentissage bibliographique et philologique ne les remplace point dans cet office. Érudition, c'est précision dans les faits, ou, mieux encore, exactitude. Mais la précision de la

(1) A. Croiset, *Discours de rentrée :* « Si certaines élégances sont moins en honneur, la justesse et la précision sont en progrès. » — Aulard (*le Siècle*, 6 octobre) : « Il y a plutôt, sous le rapport du style ou de la composition, progrès, je veux dire moins d'emphase, plus de précision, plus de simplicité, plus de probité. » Cf. Lanson, passages cités, chap. III p. 123.

pensée est également indispensable. Il ne suffit pas de noter avec probité le détail qui fait l'objet de la fiche, il faudra ensuite classer ces fiches, les distribuer dans l'ordre qui convient, en extraire le suc; ce ne seront plus alors des faits qu'on aura sous la main, mais des idées, sous lesquelles ces faits doivent être rangés. L'exactitude matérielle ne suffit plus; il faut encore l'exactitude philosophique qui ne vient que d'une expérience de la pensée et du style, véhicule de la pensée. On voit, parmi les néophytes de la Sorbonne nouvelle, des gens merveilleusement dressés à la précision du renseignement, mais qui perdent pied tout de suite dans le domaine des idées et se payent de gros mots dont ils ignorent le sens précis. Ils peuvent bien réunir les éléments d'un fagot, brindille par brindille, mais ils sont incapables de le lier ensuite et de le porter où il convient.

Je crains fort que nos maîtres ne cèdent à un préjugé assez répandu : *l'antinomie du style et de la science*. M. Bourget a écrit : « Qui dit exactitude absolue dit absence de style, et qui parle de style suppose une part nécessaire d'inexactitude (1). » Mais il l'entendait du style ou de l'écriture *artiste*, par quoi un écrivain tente de rendre communicables les nuances les plus fugitives de son impression personnelle. C'est un sens un peu particulier (2). Le style dont il s'agit ici, le seul qui puisse s'enseigner, repose sur un travail d'adaptation, d'ajustement le plus étroit du terme à l'idée qu'il veut exprimer. Quelques professeurs de rhétorique de l'ancienne école ont pu concevoir le style comme une orne-

(1) *Nouveaux Essais de psychologie contemporaine*, p. 183.
(2) Et même en ce sens spécial, l'aphorisme relevé par M. Bourget est peut-être erroné. M. Bourget veut dire, en effet, que le style de l'artiste, en se proposant de rendre sensible l'impression personnelle, dans toute son intensité, dépasse et déforme le réel, tandis que la science n'a souci que d'éliminer cette impression personnelle, pour atteindre le vrai. On s'aperçoit que cette opposition est fragile si l'on veut bien creuser le sens du mot *exactitude*. L'exactitude, même scientifique, c'est la conformité de l'expression à quoi ? *A ce qui est ?* Non pas, cela serait impossible, la réalité absolue nous étant inconnue. Mais *à ce que nous voyons, sentons, touchons...* C'est la conformité de notre style à *notre sensation précise*. Or, ce travail d'ajustement, qu'il s'opère dans le domaine de la science ou dans celui de l'art, est un travail littéraire, quasi-artistique. Il revêt une particulière importance, comme l'a bien vu Renan, dans les sciences humaines où il s'agit de sensations et de perceptions ténues, subtiles, compliquées. Pour elles, *l'exactitude scientifique dépend, pour une grande partie, de la forme*, et ne saurait se concevoir sans elle.

mentation compliquée de la pensée, un vain enjolivement du réel; mais il y a beau temps qu'une telle doctrine est condamnée par tout le monde; si c'est contre elle que prétendait réagir la Sorbonne de 1902 et de 1907, on peut affirmer qu'elle a combattu un ennemi imaginaire. Il n'y a pas d'élégance véritable en dehors de la précision. Et la précision est la suprême élégance.

Lachelier a dit que l'évolution des langues suit les progrès et les défaillances du génie des peuples. Si notre langue perdait ses anciennes qualités de finesse et de rigueur au bénéfice d'un jargon scientifique obscur et boursouflé, ce serait tout notre génie latin qui se trouverait compromis.

e) *L'élite et les médiocres.*

On nous dit : notre enseignement a le mérite de s'adapter au plus grand nombre. Il ne sacrifie pas la masse à une élite. Il utilise les médiocres, trop négligés par l'ancienne éducation littéraire. Il est donc de tendance nettement démocratique.

C'est l'argument de M. Lanson (1). C'est peut-être le plus frappant et aussi le plus déplorable du système. Que l'utilisation des médiocres soit de bonne économie intellectuelle (2), nul ne le niera, mais que cette réduction des déchets anciens (parlons industrie, puisqu'on nous y invite), soit obtenue au prix d'un abaissement général de la fabrication, que la diminution des frais s'opère au détriment de la qualité, c'est ce qu'il est impossible d'admettre.

Voilà pourtant à quoi consent M. Lanson, en propres termes, lorsque, partant de cette donnée que la clientèle de l'enseignement secondaire et des Facultés, de plus en plus recrutée parmi d'humbles familles, est de plus en plus incapa-

(1) Voir plus haut, chap. III, p. 123 M. Lanson emploie cet argument pour la défense de l'enseignement secondaire moderne sans latin et sans composition française. Il vaut aussi bien, ou pas davantage, pour la défense des fiches et de la bibliographie de Sorbonne.

(2) Parlant de l'organisation des études en Allemagne, M. Joseph Bédier disait un jour : « Les Allemands ont l'art d'utiliser les imbéciles. » Leur érudition est cela en effet, mais rien que cela ; ce ne peut être un procédé de culture.

ble de comprendre toutes les nuances de l'éducation littéraire, il conclut sans hésiter : Abaissons le niveau des études; supprimons ces difficultés qui dépassent la moyenne des intelligences. Ne pourrait-il conclure au contraire : Redoublons d'efforts; essayons d'élever le niveau de ces intelligences trop frustes, au lieu d'abaisser le niveau des classes ; notre rôle est d'entraîner la masse par l'exemple des meilleurs, du petit nombre. Il pourrait conclure encore : L'intelligence primaire est plus lente à concevoir certaines formes de la pensée; mais, une fois qu'elle y est initiée, elle apporte à les cultiver toute la passion et l'ardeur des êtres neufs et robustes. Mettons donc toute notre patience à les lui révéler.

Mais M. Lanson raisonne plus brutalement. Sans doute, ne croit-il pas à la nécessité d'une élite. Il nie que la valeur d'un pays dépende pour une bonne part de cette émulation et de cette influence bienfaisante entretenues par une petite phalange d'hommes supérieurs (1); et, en

(1) J'ai entendu soutenir cette thèse avec chaleur par un jeune défenseur de la Nouvelle Sorbonne : L'élite, disait-il, est toute

outre, il se refuse à voir que c'est la tête d'une classe et non sa partie moyenne, qui fait son prix véritable. Il ne faut pas craindre de l'affirmer, quelles que soient les forces obscures dirigées contre nous, la diffusion du savoir est infiniment utile, mais l'élite est seule indispensable à la grandeur d'un peuple. C'est d'elle que partent les inventions profitables, les chefs-d'œuvre littéraires, et artistiques ; c'est elle qui est la réserve, le grenier d'une nation. En se détournant d'elle, les éducateurs de la jeunesse manquent à leur mission. L'obsession du nombre, transportée du domaine économique et politique dans le domaine intellectuel, n'y peut produire que les plus pernicieux effets.

Au surplus, ce n'est pas seulement le sacrifice de l'élite, c'est le principe même de l'utilisation

pénétrée du milieu où elle baigne. C'est en améliorant ce milieu, c'est-à-dire en agissant sur la masse des médiocres ou moyens, qu'on agit sur elle et qu'on élève son niveau. Si donc nous formons un solide milieu de médiocres, nous pouvons compter sur l'avenir. Toujours la même déplorable conception : c'est la masse qui détermine l'individu et le fait ce qu'il est. Je défie qu'avec un système semblable, on puisse comprendre l'existence non pas même d'une élite, mais d'une personnalité si peu que ce soit originale. C'est l'anéantissement mystique de l'Individu dans l'Ensemble.

des médiocres qui est contestable. Je ne vois aucune raison d'utiliser intellectuellement ceux qui sont nés sans aptitude au travail de l'esprit, quelles que soient leur origine et leur condition.

Il y a pour l'activité des hommes bien d'autres emplois que les emplois intellectuels. Certains sont inhabiles à suivre le développement, à pénétrer la signification d'une pensée, qui seraient peut-être d'excellents hommes d'affaires moyens. Il conviendrait, peut-être, juste à l'inverse de ce que dit M. Lanson, de *décourager* les médiocres, et de les diriger sur d'autres voies. Ou bien, établira-t-on que chacun a des droits égaux à faire valoir dans la cité intellectuelle, comme dans la cité politique?

Allons plus au fond des cœurs. L'utilisation des médiocres, cela cache, je le crains, une arrière-pensée de domination des intelligences. Le rêve de ces autoritaires, c'est une sorte d'administration de la pensée. L'érudition, en effet, telle que la comprend la Nouvelle Sorbonne, transforme la presque totalité des travailleurs en manœuvres soumis. Comme on ne nie point cependant la nécessité d'un guide, d'une idée

directrice, le résultat plus ou moins conscient
d'un tel système, c'est d'assurer à quelques-uns
le monopole des synthèses, des idées générales
et de la science. Cet idéal oligarchique rappelle
un peu celui de Renan vieillissant, dégoûté des
vertus du Nombre. Le maniement de la pensée
serait exclusivement confié à un étroit cénacle
de privilégiés, élaborateurs de doctrines, forgerons de systèmes, déducteurs du Vrai. On reti-
rerait à la foule le droit de contrôle et de création des idées. Inutile de faire observer combien
une telle croyance est odieuse aux vrais démo-
crates, à ceux qui pensent que chaque intelligence porte en soi une lueur originale, une par-
celle de liberté, à jamais irréductible au despotisme intellectuel, le plus insupportable, sans
contredit, de tous les despotismes.

Nous touchons là à une singulière contradiction entre les *tempéraments* et les *doctrines* de
nos maîtres. Leurs méthodes semblent volontairement contrarier leurs aptitudes. Un Lanson,
un Andler, fins lettrés, hommes à fulgurations
et à éclairs, généralisateurs brillants et hardis,
préconisent pour leurs élèves le labeur médio-

cre, étroit et sans gloire de la philologie, et
s'y soumettent eux-mêmes. Un Durkheim,
métaphysicien abstrait et constructif, logicien
imperturbable, n'admet chez ses disciples que le
recours aux faits, la patiente recherche historique. Les uns et les autres, très conscients de leur
originalité propre, se déclarent dégoûtés des
individualités, et ne cessent de proclamer la
valeur des ensembles, le règne légitime et
absolu des collectivités. Au fond, les goûts
de leurs élèves, leurs qualités personnelles,
leur originalité naissante ne leur inspirent nulle
confiance. Ils ont quelque dédain pour elles. Ils
ignorent la maxime : *Maxima debetur puero
reverentia...* Ils réalisent le paradoxe de fonder
une pédagogie, une méthode d'éducation, en
niant implicitement l'individualité. Le résultat
est facile à prévoir : ils ne réussissent que sur
une partie de la jeunesse naturellement docile, et
l'on comprend pourquoi ils tiennent tant à
accroître leur clientèle avec les élèves des écoles
primaires ; ils trouveront là des admirateurs
passifs, dépourvus en général de cet esprit critique que développent les études secondaires.

La méthode est peu de chose, l'homme est tout. Et l'homme, ici, ignore cette urbanité du maître qui cherche à comprendre ses élèves, à les orienter doucement et par persuasion; son ton est d'un ministre qui parle à ses subordonnés. La seule pédagogie véritable, c'est la *séduction*, et non la dictature. Mais la séduction vient du cœur, et le cœur tient peu de place en Sorbonne. Or, la dictature intellectuelle est plus insupportable que la dictature matérielle, elle n'a pas l'excuse de l'ordre. Elle ne brise pas la résistance; car on ne manie pas les intelligences comme les corps. Et je sais bien des jeunes gens qui plient en apparence, et, au fond d'eux-mêmes, se révoltent contre ces théologiens égarés dans la pédagogie.

f) *Philologie et génie français.*

On nous dit — et c'est l'argument qu'on réserve pour la fin, celui qui doit entraîner notre conviction. — « La philologie et l'érudition sont pour nous de bonnes disciplines. Elles contrarient utilement, sans risquer de le détruire, ce penchant aux idées générales qui nous vient de la race. *Il ne faut pas pousser un peuple dans le sens où il incline déjà.* »

MM. Faguet et Croiset ont pris à leur compte cet argument aventureux (1).

Ils n'ont pas voulu se demander en quoi consistait ce *génie d'une race* à qui ils font appel, s'il est une entité mystique, une chose qui tombe toute faite du ciel, ou bien, au contraire, une chose *qui se fait lentement*, s'entretient, se développe et meurt si l'on n'y prend garde. Il faut avouer que ce terme de race ne renferme rien d'intelligible, s'il ne désigne un ensemble d'aptitudes acquises, dont quelques-unes sont dues à des causes physiques, et le plus grand nombre à des causes psychologiques et sociales. Le génie d'un peuple dépend donc en grande partie de son éducation, de la direction imprimée à ses goûts et à ses tendances; il est en

(1) Voir l'article de M. Faguet à la *Revue des Deux-Mondes*, pp. 233 et suiv. (Annexes). — Cf. *le Discours de rentrée* de M. Croiset : « Nous pouvons sans risque appuyer quelque peu du côté où ne nous portent ni nos instincts héréditaires, ni une certaine paresse qui peut se concilier avec le bel esprit... »

grande partie son œuvre. Or, il existe un accord profond entre notre génie français et ce que nous appelons d'un terme large *la culture classique*.

Si nous voulons conserver cet héritage de précieuses qualités que les peuples étrangers s'accordent à admirer chez nous, le sens idéaliste, la netteté de l'intelligence, le goût, sans doute est-il imprudent de sacrifier cette formule de l'éducation nationale. Je ne dis point qu'il ne faille la reprendre en ses détails, mais encore convient-il de ne toucher qu'avec réserve à ce qui a constitué jusqu'à présent le fond nécessaire et permanent de cette culture, je veux dire le goût des idées désintéressées et l'éloignement de toute spécialisation hâtive de l'intelligence. Rompre brutalement cet équilibre séculaire d'une race et d'une culture, c'est compromettre une part du génie latin.

Au reste, s'il est une culture opposée à la nôtre et que nous ne puissions imiter sans forcer et fausser nos qualités naturelles, c'est sans doute la culture germanique. Il faut relire Nietzsche pour se rendre compte de leur antagonisme; il l'a exprimé avec tant de pénétration et de violence qu'on peut y entendre comme l'écho d'un douloureux combat intérieur. C'est avec une sorte de rage qu'il a exalté la culture française, « la plus noblement humaine », contre la discipline intellectuelle des Universités allemandes. Le signe de la culture allemande, en effet, c'est que *l'histoire* y envahit et absorbe tout. Notre culture française, au contraire, est, avant tout, philosophique et littéraire ; elle ne se satisfait pas d'une accumulation, d'un entassement de connaissances, elle veut un ordre, des idées maîtresses, clairement et sobrement énoncées. En outre, là où l'esprit allemand ne vise qu'à une description des faits, l'esprit français réclame un aliment pour la sensibilité, pour le goût.

Aussi, cet esprit, que la Nouvelle Sorbonne a emprunté aux Universités germaniques, à savoir : le souci immodéré de l'histoire, ennemie de la philosophie et des lettres, est-il incompatible avec la culture française ; et peut-être avec toute vraie culture. Contrairement à l'affirmation de MM. Durkheim, Seignobos et Lanson, qu'il ne peut y avoir désor-

mais de véritable culture littéraire et philosophique que sous la forme de *l'histoire*, nous re-
levons cette grave parole de Nietzsche, que toute
son œuvre, sous l'un de ses aspects, commente
et illumine : « Il y a un degré d'insomnie, de
rumination, de *sens historique* qui nuit à l'être
vivant et finit par l'anéantir, qu'il s'agisse d'un
homme, d'un peuple ou d'une civilisation (1). »

(1) *De l'utilité et des inconvénients des études historiques pour
la vie*, dans *Considérations inactuelles*. L'anti-historisme de
Nietzsche est un point capital de son œuvre. Il lui a inspiré la
plus profonde critique de la science de son pays. Avec quelle
malice acérée, le philosophe de Bâle revenu lui-même des excès
de la philologie, a dégonflé ce ballon de la culture germanique :
« Il m'arrive de temps en temps, écrit-il dans le *Crépuscule des
Idoles*, d'approcher des Universités allemandes. Quelle atmosphère règne parmi ces savants, quelle spiritualité vide, satisfaite
et attiédie !... Depuis dix-huit ans, je ne me lasse pas de mettre
en lumière l'influence déprimante de notre scientisme actuel
sur l'esprit. Le dur esclavage à quoi l'immense étendue de la
science condamne aujourd'hui chaque individu est une des raison principales qui fait que des natures aux dons plus pleins,
plus riches, plus profonds, ne trouvent plus *d'éducation* et
d'éducateurs qui leur soient conformes. Rien ne fait plus souffrir
notre culture que cette abondance de portefaix prétentieux et
d'humanités fragmentaires ; nos universités sont, malgré elles,
de véritables serres chaudes pour ce genre de dépérissement de
l'esprit dans son instinct ». On trouve dans tous ses ouvrages
les éléments d'une profitable réaction contre *l'historisme* qui fut
la marque idéologique du siècle dernier.

g) *Les hommes d'affaires et la culture classique.*

Nombreux cependant sont ceux qui, en se posant comme destructeurs de la culture classique, ont cru faire œuvre d'hommes pratiques, dominés par des préoccupations utilitaires, et par le souci de la production nationale. Or, le monde des affaires, mieux éclairé, les condamne aujourd'hui. Il se prononce pour la culture générale et classique, contre l'éducation exclusivement professionnelle. Voilà déjà longtemps que, dans les cités industrielles d'Angleterre, les *Headmasters* (directeurs) des écoles techniques s'en sont rendus compte. Pour eux, l'enseignement des langues anciennes est le meilleur moyen de former l'intelligence. Les directeurs d'écoles industrielles de Birmingham, notamment, exigent que tous leurs élèves apprennent le latin jusqu'à 14 ans, et le continuent deux années encore dans la division moderne. De même le latin est obligatoire jus-

qu'à 13 ans dans l'école, essentiellement pratique, de Dulwich (1).

Un nouveau et remarquable témoignage de
cette confiance des hommes pratiques, des grands
producteurs et des grands industriels, dans
l'utilité de la culture classique, s'est produit
naguère, et ce sera l'honneur de notre campagne de l'avoir directement suscité. M. Guillain, au nom du Comité des Forges et Aciéries
de France, dont il est le président, vient d'adres-

(1) Bornecque, *Revue universitaire*, 15 octobre 1902 Dans le
pays le plus utilitaire du monde, en Amérique, on reclame à grands
cris les humanités. Une revue universitaire de Chicago, *The
School Review* (juin 1906), en fait foi Des professeurs de science,
de médecine, demandent que leurs élèves aient une culture générale et littéraire, qu'on leur affine, qu'on leur polisse l'esprit. Un
professeur d'hydraulique a composé un programme ou le latin
occupe la plus belle place, « avant la géométrie, la physique
et l'algebre ». Le latin est, en effet, considéré par eux comme la
meilleure gymnastique intellectuelle D'autre part, la *School
Review* constate que, dépourvus de cette culture de l'effort, les
etudiants americains ne savent pas travailler et que leur niveau
intellectuel baisse dangereusement. « Devenus ingénieurs, dit
l'auteur de l'article, ils ne sont capables ni d'écrire, ni de parler convenablement. » Tout comme M. Guillain, l'éminent président du *Comité des Forges de France*, il constate : « *Ils ne
peuvent même pas rédiger un rapport utile*, et dans toutes les
affaires où se trouvent mêlés des ingénieurs, la plupart des
procès viennent de ce qu'ils se sont mal expliqués. » Et la *School
Review* preconise les études latines pour remédier à cet état de
choses. (Cf. Marcel Boulenger, *le Latin.*)

ser une lettre au ministre de l'Instruction publique pour lui demander le rétablissement des
études classiques et la modification des programmes secondaires établis en 1902 (1). Il se plaint
que l'enseignement technique donné dans les
grandes écoles scientifiques soit contrarié par
l'insuffisante préparation générale des élèves. Il
s'ensuit un abaissement du niveau professionnel
des ingénieurs :

« Or, tous les chefs de nos grandes industries
constatent, à l'heure actuelle, que, quelle que soit
l'Ecole d'où ils sortent : Ecole polytechnique,
Ecole supérieure des mines, Ecole des ponts
et chaussées, Ecole centrale des arts et manufactures, nos jeunes ingénieurs sont, pour
la plupart, incapables d'utiliser avec profit les
connaissances techniques qu'ils ont reçues,

---

(1) Voir la *Lettre du Comité des Forges et Aciéries*, et la
réponse de M. le ministre, aux *Annexes*, pp. 323 et suiv. Cette
lettre du Comité des Forges, dont le but plus spécial était de
demander le rétablissement des avantages accordés, jusqu'au
fâcheux décret de novembre 1910, aux candidats à l'Ecole polytechnique munis de baccalauréat classique, a été fortifiée par une
démarche faite quelques jours après, dans le même sens, auprès
du ministre, par la *Société des Amis de l'Ecole polytechnique*.
Voir la note à ce sujet aux *Annexes*, p. 331.

par l'incapacité où ils sont de présenter leurs idées dans des rapports clairs, bien composés et rédigés de manière à faire saisir nettement les résultats de leurs recherches ou les conclusions auxquelles les ont conduits leurs observations.

« Cette incapacité n'a pas seulement pour effet de diminuer la valeur et le *rendement utile* de nos collaborateurs, elle a, en plus, le grand inconvénient de diminuer singulièrement le nombre des hommes que la netteté et l'ampleur de leur intelligence, la rectitude et la profondeur de leur jugement désignent pour diriger les grandes affaires, en créer de nouvelles, et maintenir la France au rang que, malgré la faiblesse de ses ressources naturelles, son clair génie a su lui assurer à la tête du progrès des arts et des sciences industriels. »

Les causes de ce péril économique, M. Guillain les signale avec netteté. Elles se trouvent, dit-il, « non seulement dans les différentes réformes de l'enseignement secondaire que nous avons vues se produire depuis un certain nombre d'années, et qui ont trouvé leur pleine expression dans les programmes de 1902 (1), mais encore *dans l'esprit qui entraîne aujourd'hui tout l'enseignement universitaire*, et qui, pour accroître le nombre de connaissances mises à la portée de la jeunesse, la dispense de plus en plus de la pénible, mais fâcheuse discipline de l'effort personnel ». Or, nous savons maintenant où se trouve le foyer de cet esprit « qui entraîne tout l'enseignement universitaire », nous savons d'où part l'impulsion qui aboutit à la ruine et au discrédit des études classiques : c'est à la Sorbonne.

L'une des expériences les plus décisives en ce sens nous est fournie par l'Institut Solvay, de

(1) Dans sa réponse à M. Guillain et au Comité des Forges, *Annexes*, p. 327, M. le ministre tout en protestant de son profond attachement à la culture classique, conteste ce raisonnement. On ne peut, dit-il, juger encore des effets des programmes de 1902 qui ne sont entrés que successivement en application. Mais les reformes de 1902 ne sont que l'un des derniers épisodes de la lutte contre la culture classique : il y a plus de vingt ans que les programmes sont sans cesse remaniés dans un esprit défavorable à cette culture. Le baccalauréat moderne date de 1891. Et il y a longtemps aussi que les industriels ont commencé à se plaindre de l'insuffisance d'éducation générale de leurs ingénieurs.

Bruxelles. Cette université, divisée en deux grandes sections (Institut de physiologie et Institut de sociologie), s'est annexé, en 1903, une *Ecole de commerce* destinée à former ces futurs hommes d'affaires (*business captains* ou capitaines d'industrie, comme on dit aux Etats-Unis) à qui est due la prospérité d'un pays. Les études dispensées par cette école conduisent au grade d'*ingénieur commercial.*Ce grade, création particulière et originale de cette école, s'obtient après quatre années d'études formant une véritable culture éducative. C'est ainsi qu'à côté des études générales de mathématiques et de comptabilité, on y trouve des cours d'histoire (1re année), de biologie (2e année), de physiologie (3e année) et de sociologie enfin (4e année). Tous ces cours tendent à doter ces jeunes gens des multiples connaissances qui leur seront indispensables pour la conduite des grandes affaires.

Le principe qui a rallié tous ces ingénieurs et les hommes de formation scientifique qui sont à la tête de cet institut, c'est que la direction des entreprises industrielles demande un large horizon intellectuel, que de nos jours l'industrie et le commerce se haussent jusqu'aux degrés sociaux les plus élevés, où la culture supérieure est absolument indispensable. Ils se souviennent du mot de Gœthe : « Je ne sache pas qu'il y ait d'esprit plus large que celui d'un grand commerçant. » Voici, au surplus, comment s'exprime M. Waxweiler, l'éminent directeur de l'Institut de Sociologie Solvay, ingénieur honoraire des ponts et chaussées : « Non seulement les directeurs, les administrateurs délégués, les membres des conseils d'administration, mais encore ceux qui les secondent dans leur tâche, les secrétaires, les attachés chargés d'étudier les rapports, doivent être en état de comprendre les considérations multiples d'ordre économique, technique ou social. Je dis *en état de comprendre;* ce que l'homme d'affaires doit posséder, en effet, c'est un horizon mental étendu, un jugement sûr, apte à faire rapidement les discriminations qui réduisent les problèmes à leurs éléments, des vues larges (1). »

Comme conséquence d'un tel principe, l'Ecole

(1) Congrès international de l'enseignement technique.

de commerce Solvay *n'a pas admis de spécialisation des études* soit vers l'industrie ou tel
groupe d'industrie, soit vers le commerce, soit
vers la banque. Et cependant le grade qu'elle
confère ne *s'acquiert normalement qu'à 23
ans.* Jusque-là « il est nécessaire que l'homme
d'affaires reçoive son éducation intégrale » ;
aucune des matières générales qu'on lui enseigne
n'est inutile à son activité ultérieure, dans quelque sphère qu'il soit appelé à l'exercer. Cette
école ne vise donc « aucunement à livrer aux
affaires des praticiens tout formés », mais des
hommes cultivés aptes à devenir plus tard de
grands producteurs.

Comme l'a dit M. Carnegie, qui a de bonnes
raisons pour faire autorité en la matière : « Les
jeunes gens instruits ont un avantage considérable sur ceux qui n'ont été qu'apprentis : ils
ont l'esprit ouvert et pas de préjugés... Le diplômé d'Université possède des idées plus larges
que celui qui a été privé de l'éducation universitaire, il dépassera celui qui, une couple d'années
avant lui, aura été mis à l'École de la pratique. »

La culture générale n'est donc pas un détour

inutile, elle est au contraire du *temps gagné*.
C'est ainsi que, dans les sections spéciales de
l'Ecole Solvay, des professeurs ont cru reconnaître la supériorité scientifique des élèves de
formation littéraire, par exemple. « C'est, dit
M. Waxweiler, le résultat d'une expérience de
plusieurs années que des jeunes gens sortis de
la section des humanités latines sont aussi préparés à l'analyse infinitésimale et à la mécanique rationnelle que d'autres venant de la Section scientifique, à condition qu'ils soient intelligents. » M. Maingie prétend même que ces
élèves dépassent les autres rapidement.

Nous l'avons dit maintes fois : tout spécialiste, s'il n'a pas commencé par une forte
culture générale, ne fait qu'un professionnel
borné. Alors que M. Durkheim déclare que
l'ancienne « culture générale » nous fait horreur, les industriels et les hommes d'affaires en
réclament le retour (1). On n'en saurait douter ;
les bienfaits d'une longue et lente formation de

(1) Au moment de la grande enquête sur l'enseignement
secondaire, la plupart des Chambres de commerce, celle de Lyon
en particulier, par un rapport fortement motivé, s'étaient prononcées en faveur du maintien des études classiques.

l'esprit, d'un accroissement de l'intelligence en dehors de tout souci technique, se font sentir, non seulement dans les carrières intellectuelles et libérales, mais encore dans les carrières pratiques et plus généralement dans toute la conauite de la vie.

II. — QUELLES RÉFORMES PROPOSER ?

Il ne suffit point de décrire le mal, il faut s'efforcer d'y trouver des remèdes.

Jusqu'ici nous avons combattu surtout contre la Sorbonne, afin d'atteindre le mal à sa tête. Mais nous n'avons garde de considérer la Sorbonne comme la seule responsable de cette décadence de la culture classique. La crise de notre enseignement supérieur des lettres n'est que l'accident essentiel d'une crise diffuse et plus ancienne.

Il s'est produit en effet, voici quelques années, au sein même des familles, un mouvement de défiance envers la culture classique. Beaucoup de pères de famille, convaincus par les arguments simplistes d'un utilitarisme étroit, crurent de bonne foi découvrir quelque antagonisme entre la vie moderne et l'étude des humanités. C'était l'époque où retentissaient les aphorismes de Raoul Frary, ancien normalien devenu défenseur de l'enseignement moderne, qui déclarait à propos des études latines : « Je comprends toute culture, *sauf celle du bois mort.* » Les bénéfices des humanités, il est vrai, sont plus délicats à faire valoir que les avantages immédiats d'une éducation exclusivement technique, et qui apparaissent trop facilement aux esprits qui jugent vite. Mais comme M. Lavisse le répondait alors à ces tenants de l'utile : « Le monde a besoin d'idées *improductives*, et ces sortes d'idées *produisent* beaucoup à ceux qui les ont acquises. » Le but de l'éducation, en effet, ce n'est pas de nous préparer à un bon emploi de nos capitaux, mais bien à l'aménagement et à la mise en valeur de nos ressources intellectuelles.

A cette philosophie, qui n'est pas neuve, philosophie du commerce, religion de l'utile, s'oppose le sentiment qu'il n'y a de véritable culture qu'en dehors de l'intérêt immédiat, de l'utilisa-

tion pratique. Nous venons de montrer les premiers symptômes d'une réaction qui s'organise
dans le public et non point, comme on pourrait
le croire, parmi les intellectuels dont beaucoup,
par dilettantisme et fausse élégance, se déclarent encore convaincus de l'infériorité de leur
propre culture classique, mais parmi les hommes
d'affaires dont l'avis là-dessus est particulièrement précieux. Aux parents désormais à comprendre que l'enseignement moderne et professionnel constitue une gymnastique insuffisante
de l'esprit et donne en quelque sorte une prime
au moindre effort intellectuel. Aux publicistes
ensuite et à la presse d'encourager et de répandre cette opinion. Il semble, d'après les sympathies que nous avons rencontrées, qu'ils n'y man-
queront point et que le sentiment public ait
beaucoup changé depuis dix ans.

Cette rénovation morale préparera et facili-
tera ces réformes positives que réclament aujourd'hui un grand nombre de bons esprits. On

s'accorde généralement sur la nécessité d'une révision des programmes de l'enseignement secondaire, tels qu'ils ont été établis en 1902.

Le résultat décourageant de cette réforme s'est tout de suite fait sentir, non point seulement dans les examens ordinaires, mais encore dans ce concours qui ne met en ligne que l'élite de nos lycées, je veux dire le concours d'entrée à l'Ecole normale supérieure. Le dernier rapport du jury de ce concours montre l'insuffisance notoire des épreuves de français. M. Michaut et Strowski relèvent dans la plupart des copies des « constructions embarrassées de lourdes incidentes, des cascades de génitifs, l'excessive familiarité », quand ce n'est pas « l'emphase, le style déclamatoire et prétentieux ». Les épreuves orales ne sont pas moins alarmantes. Si l'on présente à un candidat un texte français du xvie siècle, il en explique tout aussitôt « les mots, les tournures, enfin il fait de la grammaire ; et *il n'y aurait qu'à l'en féliciter, s'il savait faire autre chose. Mais quant à obtenir de lui une impression sur l'art de l'écrivain, un seul mot sur ses idées, en somme, un véri-*

12.

table commentaire littéraire, impossible (1). »

Ces jeunes gens, d'autre part, connaissent les langues vivantes, mais c'est en allemand ou en anglais parlés que leurs copies sont rédigées ; il sont incapables de faire passer en notre langue l expression littéraire du texte original. Tels sont les résultats de la fameuse *méthode directe*.

L'enseignement secondaire est donc lui-même profondément atteint. Mais il n'est pas responsable de tout le mal. Et il faut voir avec quelle unanimité peu généreuse les maîtres de la Nouvelle Sorbonne mis en cause accusent l'enseignement de nos lycées. « Nous ne nions point, disent-ils, qu'il y ait une crise du français et de la culture générale, mais à qui la faute? Notre rôle n'est point d'apprendre le français ; au sortir du collège, l'éducation littéraire doit être achevée. »

Ils oublient un peu vite que la Sorbonne, sous l'impulsion des politiciens, élabora toutes ces réformes qui ont provoqué le dépérissement des études de lettres : c'est elle qui a fourni la doc-

(1) Ce document a été publié dans *Paris-Journal* (15 janvier 1910).

trine, la justification de ces programmes de 1902 à quoi nous devons la décomposition de l'enseignement secondaire. Aussi est-ce en vain que les « supérieurs » essaient aujourd'hui de déplacer les responsabilités et qu'ils prétendent que nos critiques se sont trompés d'étage.

Il convient de rétablir un enseignement général classique ou gréco-latin. Il convient en outre de supprimer l'égalité des sanctions entre les différents baccalauréats et d'assurer au baccalauréat classique certaines prérogatives justifiées par l'effort plus considérable qu'il exige. Au lieu de supprimer le bénéfice jusqu'alors consenti, par exemple, aux candidats pourvus de diplômes classiques, comme on vient de le faire naguère pour l'Ecole navale d'abord, puis pour l'Ecole polytechnique, ne devrait-on pas leur consentir au contraire de plus grands avantages (1)? Il y a, en outre, un illogisme évident dans ce fait que le baccalauréat sciences-langues, sans épreuves

(1) Cette mesure prise par le ministre de la Guerre, au mois de novembre dernier, a été l'objet de la protestation du Comité des Forges et Aciéries de France et d'une longue note motivée émanant de la Société des Amis de l'Ecole polytechnique. Ces deux documents importants sont reproduits aux *Annexes*, pp. 323 et suiv.

latines, donne l'accès aux facultés de Lettres où
la licence comprend encore une épreuve de latin.
Qu'on sépare distinctement les deux ordres
d'enseignement : un enseignement moderne
avec un baccalauréat approprié qui recrutera
ses élèves dans l'enseignement primaire supérieur ; un enseignement classique, fondé sur les
langues anciennes, préparation indispensable à
qui doit un jour aborder les hautes études littéraires, médicales, scientifiques ou juridiques (1).

(1) Nous entendons, par enseignement classique, un enseignement *littéraire*, un et cohérent, d'où l'étude des langues anciennes ne soit pas proscrite, où le français tienne une large place, et
qui donne la prépondérance dans chaque classe au professeur de
lettres.

M. Couyba, sénateur, ancien rapporteur du plan d'études et
des programmes de 1902, dans une longue lettre au *Temps* du
27 décembre (voir aux *Annexes*, p. 342), veut à la fois garantir la
réforme dont il est en partie l'auteur, et en modifier le principe.
Il ne consent pas qu'on touche aux programmes, mais il demande
« qu'on introduise plus de solidarité dans l'enseignement ». Il y
a là une belle contradiction. L'effet des nouveaux programmes
fut de morceler la culture générale, d'abandonner l'enseignement
à des professeurs spéciaux incapables de s'entendre et mis sur
le même rang. Parlerait-on de rétablir le *professeur principal* ?
Mais alors ce serait affirmer la décisive importance de l'enseignement littéraire, et précisément ce serait démolir ce qu'on a
hâtivement construit, si l'on peut appeler construction cet entassement de matériaux épars dans un champ vague... La seule
réforme logique, c'est une réforme *radicale* des programmes de
1902, qui ont établi la *culture dispersée et incohérente*.

Telles sont les grandes lignes d'une revision générale qui doit modifier le régime de notre enseignement secondaire et préparer un retour nécessaire à la culture classique.

Mais ce que nous avons surtout critiqué, au cours de cette campagne, c'est l'état actuel de notre haut enseignement littéraire. Comment remédier au péril que les méthodes de la Nouvelle Sorbonne font courir à notre culture française? La réforme de l'enseignement secondaire, la suppression de l'égalité des sanctions auraient déjà pour effet de relever le niveau intellectuel des jeunes hommes qui, chaque année, arrivent à la Faculté des Lettres. Mais serait-ce suffisant et pourrait-on, dès l'abord, les soumettre à cette spécialisation qui est la marque des récents programmes de licence ? On a aujourd'hui l'occasion de faire vraiment de la licence un examen supérieur, et cela, non point en suivant l'exemple des réformateurs de 1907, qui n'ont eu d'autre dessein que de sacrifier à la manie pseudo-scientifique, mais en transformant la licence ès-lettres en un diplôme de haute culture générale.

Un an pour préparer un tel examen, cela peut-il suffire? La plupart des jeunes gens sont bacheliers à 17 ans; ils peuvent être licenciés ès-lettres à dix-huit et candidats à l'agrégation à vingt ans, avant d'accomplir leur service militaire, alors que les étudiants en droit et en médecine passent au moins cinq ans sur les bancs de la Faculté (1).

Comment un futur professeur de lycée acquerrait-il, en trois ans, ce fonds de connaissances et cette éducation générale où il puisera durant toute sa carrière? — D'autre part, combien voyons-nous de jeunes gens qui, ayant franchi trop vite les premières étapes, se trouvent arrêtés plusieurs années par le concours final? Et quels sont les candidats qui réussissent le plus tôt? Ce sont les élèves de l'Ecole normale, les boursiers de licence, ou ces étudiants de Sorbonne qui, ayant préparé le concours d'admission à l'Ecole, ont passé un ou deux ans en rhétori-

(1) La licence en droit exige trois années de préparation et sa difficulté est loin d'être supérieure à celle de la licence littéraire.

que supérieure (dite aujourd'hui première supérieure).

Aussi bien est-ce une garantie semblable de culture et de préparation que nous voudrions voir rendre obligatoire et fixer dans les programmes Pourquoi n'exigerait-on pas, à l'entrée des études supérieures de lettres, un certificat du même genre que ce P.C.N. que doivent posséder les futurs médecins ? Ce serait un certificat de culture littéraire générale, comme celui-ci est un certificat de culture scientifique générale. Cette sorte de *baccalauréat de Faculté* serait subi après une année d'enseignement supérieur.

Nous ne faisons que reprendre là un vœu formulé en 1908, quelque temps après la réforme de la licence, par les Facultés de Lyon et de Clermont-Ferrand. MM. Clédat et Dognon le proposèrent au Conseil supérieur en ces termes :

Considérant que le baccalauréat qu'on passe au sortir du lycée n'est pas une garantie suffisante de bonne culture générale pour les candidats aux fonctions de l'enseignement secondaire, et que si l'examen du concours des bourses de licence donne cette

garantie, il y a lieu de soumettre à une preuve analogue les candidats qui ne passent pas le concours

Considérant que la partie latin et français de la
licence de langues-vivantes représente le minimum
d'études générales supérieures qu'on puisse exiger
des futurs professeurs de l'enseignement secondaire
(ordre des lettres) et que cet examen est séparé facul-
tativement du reste des épreuves de la licence par le
décret du 3 septembre 1908.

Emettent le vœu :

Qu'on ne puisse être chargé d'une classe de philosophie, d'histoire, de grammaire ou de lettres dans
l'enseignement secondaire sans avoir non seulement
conquis une licence spéciale, mais encore avoir subi
avec succès, soit les épreuves du concours des bourses de licence, soit celles de l'examen latin-français
prévu au décret du 3 septembre 1908.

La licence de langues étrangères est, par une
anomalie singulière, la seule où l'on exige encore
de sérieuses épreuves générales, grâce à cet
examen latin-français dont parlent MM. Clédat
et Dognon. Leur vœu, d'ailleurs, fut repoussé
par le Conseil supérieur. Nous y trouvons les
idées directrices de la réforme pratiqué que nous
exposons.

La licence ès-lettres devrait donc se préparer en deux années de scolarité. Seuls les élèves de l'Ecole normale ou les boursiers de licence seraient dispensés de la première année consacrée à des études communes de lettres, de philosophie et d'histoire, faites avec les ressources de l'enseignement supérieur. Il n'est pas admissible qu'on puisse être nommé professeur d'histoire ou de philosophie dans un collège, par exemple, sans avoir fourni d'autres preuves de sa connaissance de la langue et de la littérature françaises, que la composition et l'explication du *baccalauréat*. Et pourtant il en est ainsi aujourd'hui. D'autre part — M. Clédat le fait très justement remarquer (1) — tous les étudiants ne devraient-ils point posséder une culture philosophique et historique supérieure à celle qu'on demande à de simples bacheliers ? Aussi l'examen final de cette première année d'études à la Faculté comprendrait-il une épreuve classique de langues anciennes et de dissertation

(1) Voir l'article de M. Leon Cledat, *Lyon Universitaire* 25 novembre, à qui nous empruntons les idées générales de cette reforme de la licence.

française ; en outre, l'interrogation à option porterait sur un enseignement philosophique de la
Faculté pour les historiens ; pour les philosophes
sur un enseignement historique. Les étudiants
ès langues classiques ou modernes opteraient
nécessairement pour un enseignement historique et pour un enseignement philosophique.

Pourvus de ce baccalauréat de Faculté, diplôme
de culture générale, les candidats à la licence
pourraient alors choisir leur spécialité et, c'est
sans danger qu'ils aborderaient, en seconde
année, l'étude de leurs techniques particulières.

Mais c'est là, disent les professeurs de Sorbonne, un enseignement de lycée qui ne saurait
revenir à des maîtres de faculté. Nous avons des
travaux scientifiques à poursuivre et s'il nous
faut encore corriger les devoirs français et les
exercices des candidats à cet examen prépara-
toire, nous n'y suffirons plus. Que les étudiants
fassent une classe de première supérieure avant
de venir chez nous.

On peut répondre qu'il n'y a pas de première
supérieure dans tous les lycées de France et on
ne saurait obliger les élèves à demeurer un an

de plus au collège. Et puis, il y a quelque danger à retarder leur entrée à la Faculté, car si la Sorbonne est prospère, grâce, mon Dieu, à l'affluence cosmopolite, les facultés de province, elles, ont besoin d'étudiants pour subsister.

Pourquoi ne ferait-on pas appel pour cet examen nouveau aux professeurs de l'enseignement secondaire? On créerait ainsi ce que nous appellerons un *enseignement secondaire supérieur* et dont les maîtres seraient choisis par le ministre (1), parmi les professeurs de talent de nos

(1) Nous disons *par le ministre,* c'est-à-dire *sous sa responsabilité,* et c'est ainsi que les maîtres de l'Ecole Normale étaient jadis recrutés. — Les questions de mode de recrutement ont ici une importance toute particulière. Ce qui importe plus que la réforme des programmes, en effet, c'est le choix du personnel chargé de les appliquer. Et, d'autre part, *c'est le mode de recrutement en usage aujourd'hui a la Faculté des Lettres qui a asssuré la domination d'un certain esprit,* c'est lui qui fait obstacle à toute modification dans l'avenir.

Voici en effet comment sont recrutés les *charges de cours* en Sorbonne (premier titre de la hiérarchie). Autrefois, on étudiait, à l'assemblée des professeurs, les titres des candidats; puis on présentait au ministre trois candidats par ordre de mérite, parmi qui il pouvait choisir à son gré, le plus souvent, il s'en tenait au premier désigné.

Aujourd'hui, on ne classe plus les candidats. Le doyen est invité à fournir sur chacun d'eux une notice individuelle ou sont exposés sa valeur et ses titres. Rien, en apparence, de plus

lycées. — Ces chargés de cours enseigneraient les
matières générales du programme (explications
d'auteurs, compositions françaises, exercices de
langues anciennes) et les étudiants fréquente-
raient les conférences des professeurs de la
faculté pour l'enseignement à option (histoire
et philosophie). Ainsi les maîtres de l'Université seraient déchargés du rôle de pédagogues, de
correcteurs de copie qui troublent leurs travaux,

légitime. Mais on va voir comment le despotisme universitaire
se manifeste dans cette simple information sur les candidats.
Pour aboutir à ce rapport, le doyen réunit la section compé-
tente qui examine les titres de candidature, selon l'*esprit ré-
gnant dans la section*. Son avis consultatif est présenté à l'Assemblée des professeurs qui le ratifie systématiquement. Après
quoi, le doyen présente son rapport au ministre. A vrai dire, il
n'y a point de classement, mais ce qui le remplace est le pur
arbitraire. La section fournit sur ses candidats préférés des
renseignements pleins d'avantages et déprécie de façon catégorique, disqualifie même ceux dont elle redoute la venue. C'est
le triomphe du *discipulat*. On agit ainsi bien plus vivement sur
le ministre à qui l'on montre sous un jour violemment defavo-
rable le candidat qui n'a pas l'heur de plaire à la section. Et
voilà comment a pu s'établir en Sorbonne la domination de quelques personnalités et une espèce d'esprit officiel qui constitue une
véritable dictature intellectuelle. Ces professeurs ne se con-
tentent pas d'imposer des idées par leur enseignement, ils sont
fonctionnaires et désignent le personnel. Le choix du ministre
ne serait-il point préférable à un pareil système ? Cf. aussi
Annexes, p. 357.

et l'éducation générale serait confiée à des professeurs de culture secondaire, dont c'est plus particulièrement le rôle.

Nos critiques ont suggéré, ces temps derniers, un projet analogue qui a été soumis à l'*Association du personnel enseignant des Facultés de Lettres*. A l'assemblée générale du mois d'octobre, on a proposé de créer un examen de culture générale à la fin de la première année d'études. Il importe que ce vœu et d'autres semblables soient portés devant le Conseil supérieur de l'Instruction publique.

Enfin, les prérogatives qu'un tel régime laisserait aux élèves de l'Ecole normale et aux boursiers de licence assureraient une vitalité nouvelle à la vieille maison de la rue d'Ulm et la question se poserait alors de rétablir son enseignement indépendant.

Tout, d'ailleurs, prépare une telle solution. Car, il importe qu'on le dise, bien qu'annexée, humiliée par sa rivale, l'Ecole Normale vit encore. Réduite à n'être plus qu'un logis pour boursiers de licence, elle conserve néanmoins son esprit indépendant, elle demeure soucieuse de marquer ses différences qu'en voulant abolir on n'a fait qu'accentuer.

Ce qui trouble le fonctionnement de la Sorbonne actuelle, c'est qu'elle doit assumer un triple rôle ; on a voulu qu'elle fût à la fois un institut de recherches scientifiques et spéciales, un établissement pédagogique assurant le recrutement des professeurs, et enfin qu'elle demeurât un conservatoire de la haute culture et dispensât à un public éclairé les résultats les plus généraux de l'histoire et de la science. Ces trois desseins se contrarient. Les professeurs de Sorbonne ne peuvent être tout à la fois. Et nous omettons encore leur rôle administratif, c'est-à-dire la surveillance et le contrôle de l'enseignement tout entier. Il faut choisir. Nous croyons qu'il y aurait intérêt à les décharger de leur rôle pédagogique, en rétablissant l'Ecole Normale ; à éloigner aussi toute préoccupation administrative, qui trouble la vie universitaire en y mêlant des ferments malsains, des germes de querelles personnelles, et qui livre le haut enseignement à l'intransigeance doctrinaire. La Sorbonne pourrait alors se consacrer au labeur qui lui convient le mieux, à des travaux particuliers d'érudition, analogues à ceux que l'on poursuit à l'Ecole des Hautes-Etudes, et à un enseignement plus général, dégagé des préoccupations utilitaires, destiné aux étudiants français ou étrangers qui viendraient chercher là ce qu'ils ne peuvent trouver nulle part ailleurs : des lumières sur les plus hautes questions de la philosophie, de l'histoire et de la littérature.

A cela quelques-uns ont répondu par avance, la Sorbonne ne pourra pas vivre. Elle a besoin d'élèves, elle a besoin d'inscriptions ; si on la laisse envahir par une clientèle intermittente et capricieuse d'amateurs, ses salles de cours deviendront vite à moitié désertes, des sortes de refuges pour flâneurs et désœuvrés. Bientôt, n'ayant plus de ressources, elle devra fermer ses portes.

C'est la question matérielle. Elle a son importance. Mais il faut remarquer qu'elle ne saurait être ici la *question dominante*. Or, elle est devenue telle, ces derniers temps, par les arguments de ses défenseurs. On a opposé la Sorbonne déserte d'autrefois, où l'herbe poussait entre les pavés de la cour, à la Sorbonne d'aujourd'hui riche et active avec ses 4.000 étudiants étrangers. Eh bien ! je ne sais si l'on ne doit pas préférer l'ancienne Sorbonne, où quelques fervents venaient s'instruire, à cette tour de Babel moderne, où se bousculent des étrangers de toute langue, qu'on attire, qu'on flatte et qu'on séduit, foule cosmopolite au milieu de quoi les étudiants français, désorientés, perdus, ne se sentent plus chez eux. Ces auditeurs bizarres sont si nombreux qu'une mesure spéciale doit intervenir pour réserver les premiers bancs des salles à nos étudiants. La culture française doit-elle beaucoup gagner à se propager de la sorte ? Les diplômes spéciaux créés pour ces étrangers sont de véritables trompe-l'œil, des sortes de brevets élémentaires qui ne témoignent même pas de la connaissance de notre langue. Il serait peut-être plus utile de s'occuper des Français qui ont le goût de se perfectionner et d'apprendre.

Nous avons combattu ici pour assurer à la Sorbonne son véritable rôle de haute culture, dégagé des préoccupations pédagogiques. L'éminent penseur qu'est M. Boutroux rendit justice à notre campagne dans une conversation récente (1), dont nous ne saurions mieux faire que de reproduire les termes en guise de conclusion. « Les Facultés des lettres et des sciences, dit-il, ne devraient pas être des sortes d'instituts pédagogiques. Un régime de hautes études extrêmement souple, divers, généreux, devrait être substitué aux mœurs actuelles. Edmond About s'écriait un jour ironiquement : « Mais l'Université, pour les universitaires, c'est un cercle vicieux. » En effet, l'Université ne devrait pas avoir pour but de former des professeurs, mais de distribuer la pâture intellectuelle à toute une jeunesse avide de s'instruire et de recevoir

(1) Voir *la Liberté* (24 septembre). *Annexes*, p 269.

une préparation sérieuse pour la lutte des idées. La Sorbonne devrait être un foyer aux flammes multiples, accueillant à tous les talents, à tous les enseignements, à toutes les doctrines.

« Chacun viendrait là orienter sa pensée selon ses besoins et la mûrir en toute confiance avant de s'engager dans les recherches spéciales. Remarquez qu'un pareil système n'empêcherait nullement les travaux de détail et la multiplication des laboratoires nécessaires à l'avancement des sciences. Mais, à côté de toutes les spécialités scientifiques, il serait permis à une jeunesse studieuse de s'intéresser en même temps au mouvement général auquel il est dans sa destinée de participer. »

ANNEXES

—

Soucieux de présenter cette question de la Crise de la Sorbonne et de la culture classique sous ses divers aspects, nous publions maintenant les pièces du débat, c'est-à-dire les principales opinions qui se sont produites au cours de cette campagne. On aura ainsi le dossier de la cause que nous avons portée devant le grand public.

M. LAVISSE ET LA SORBONNE

M. Lavisse, directeur de l'Ecole normale supérieure, a publié dans *les Débats* (21 août) une longue lettre qui est une réponse à nos critiques. Bien qu'elle ne nous fût pas personnellement adressée, il convient d'en reproduire les passages principaux, car, sous sa forme combative, elle nous apporte une frappante confirmation. Voici ce que dit textuellement M. Lavisse.

« Il me faudrait beaucoup de temps et de place

pour défendre la Sorbonne contre les furieuses attaques qui lui viennent de divers côtés. Je dirai donc
seulement, pour aujourd'hui, qu'il me semble que nos
adversaires reprochent à notre enseignement de
n'être pas un commentaire esthétique des auteurs,
des auteurs classiques bien entendu, accompagné
d'exercices de style. Ils voudraient que la Sorbonne
fût une rhétorique prolongée. Or, il est vrai que
nous avons une tout autre idée de notre fonction.

« L'idée que nous en avons apparaît nettement
dans l'institution nouvelle du diplôme d'études supérieures.

« Après l'examen de licence, avant le concours
d'agrégation, les étudiants préparent cet examen,
dont la principale épreuve est un mémoire sur un
sujet choisi par le candidat, avec l'agrément d'un
professeur. Ils travaillent ce mémoire pendant plusieurs mois sous la direction discrète du maître qu'ils
ont choisi.

« Je regrette de n'avoir pas sous la main la liste
des mémoires de cette année. Vous y verriez des
sujets très divers : philosophiques, philologiques, littéraires, historiques, géographiques. Ils sont choisis
de façon que l'étudiant puisse étudier à fond toute la
matière, en connaître lui-même tous les documents,
les critiquer, et en tirer les conclusions.

« Ce travail intéresse les étudiants et les passionne. Ils y mettent plus d'ardeur et de temps que nous le voudrions. C'est qu'il leur plaît, à ces jeunes gens, de sortir enfin de la passivité scolaire pour faire œuvre qui leur soit personnelle. Ils sentent qu'ils apprennent à travailler par eux-mêmes. Ils sont des « compagnons » qui se mettent en état de devenir des « maîtres ».

« Mais il y a « la crise du français ».

« On exagère beaucoup cette crise. Il est vrai pourtant que le soin de la composition et de la forme n'est plus aussi attentif qu'autrefois, non pas chez tous, mais chez un très grand nombre. Plus préoccupés du fond que de la forme, les étudiants, après le long travail de recherches et « la mise en fiches » comme ils disent, expédient trop vite la rédaction. Je me suis souvent plaint de ce défaut, soit dans les comptes rendus à l'Académie française soit dans les conversations avec des jeunes gens.

« Je pourrais poser cette question : « De mal écrire un travail sérieux, utile, instructif, ou bien de savoir bien écrire, mais, parce qu'on n'a pris ni le goût ni la méthode du travail, ne rien écrire du tout, qu'est-ce qui vaut le mieux ? » Mais je reconnais qu'une fois de plus on est tombé d'un excès dans l'excès contraire et qu'il faut que nous prenions garde que le

propre de la science française est de s'exprimer clairement, en bons termes et en bon ordre. Nous y prendrons garde.

« A qui fera-t-on croire, d'ailleurs, que l'éducation littéraire soit à dessein négligée en Sorbonne ?
Est-ce que les auteurs des trois langues classiques ne
sont pas étudiés, expliqués dans les conférences de
licence ou d'agrégation ? Est-ce que les étudiants sont
privés de tout exercice littéraire ; ne traduisent-ils
pas du français en grec et en latin, du grec et du
latin en français ? Et les maîtres qui expliquent les
textes, ou qui corrigent ces centaines de thèmes et
de versions, sont-ils insensibles à la beauté classique
et à l'art qui l'exprime ?

« Mais je n'en finirais pas.

« J'ai connu la vieille Sorbonne sans un seul étudiant, et j'y ai vu de l'herbe entre les pavés de la
cour. Je connais une nouvelle Sorbonne, qui a plus
de deux mille étudiants, et qui est une des maisons
intellectuelles du monde où l'on travaille le plus,
peut-être celle où l'on travaille le plus. Et voici que
ce travail est jugé n'être qu'un « abus des procédés
soi-disant scientifiques. » Voici que l'on prend, entre
tant de sujets de devoirs, deux titres qui donnent à
rire au gros public, sans dire un mot de notre principal travail, que sans doute on ignore. Voici qu'on

nous accuse de vouloir « éliminer tout ce qui est personnel, original, en mot tout ce qui dénote du talent chez les jeunes gens soumis à cet entraînement mécanique » Nous donnons « une éducation de tâcheron ». Tout cela est violemment injuste ; mais insinuer que nous voulons détruire « la culture nationale », c'est odieux. »

Dégagée de quelques coups de boutoir qui ne sont pas pour nous surprendre, la lettre de M. Lavisse donne entière satisfaction à ceux qui proclament qu'il y a « une crise du français », et qui la déplorent. Elle témoigne que le souci de la forme, de l'ordre, de la composition est moins vif que par le passé chez nos étudiants et nos futurs professeurs. M. La-visse lui-même s'est plaint maintes fois de cette fâcheuse tendance. On est passé, dit-il « d'un excès à l'autre », c'est-à-dire d'un penchant exagéré pour une vague phraséologie esthétique, à un mépris déraisonnable pour le goût littéraire, la clarté des idées, la propriété et la netteté de la langue, et, en général, toutes ces qualités qui sont le « propre de la science française » et ne se développent qu'à l'aide d'une sérieuse culture. Nous n'avons pas dit autre chose. Et l'éminent historien, le ferme esprit qu'est M. Lavisse nous apporte sur ce point central, essentiel de notre discussion, une confirmation haute et impartiale, mais non point imprévue.

Nous l'avons dit, en effet, tout le monde est d'accord là-dessus en Sorbonne, et, avec M. Lavisse, les jurys d'agrégation répètent les mêmes doléances depuis une dizaine d'années On constate un abaissement progressif et continu du niveau des concours ; seulement, la plupart de ceux qui voient le mal s'abstiennent de remonter à ses origines. Nous contenterons-nous, comme eux, de regretter cet état de fait, sans essayer d'en rechercher les causes? Et comment n'en pas rendre responsable ce propos délibéré, né il y a quelques années en l'esprit autoritaire de quelques maîtres, de substituer à l'idéal ancien de la culture classique, qui a fait ses preuves, un idéal nouveau, qui est en train de faire les siennes — à rebours?

Cet idéal nouveau, c'est la spécialisation, non point cette spécialisation de l'homme mûr, qui est une nécessité de toute organisation sociale, mais une spécialisation hâtive, initiale, qui commence dès l'âge de douze ans et ne cesse de croître tout le long de la vie. Formulé en termes explicites, et défendu avec hauteur dans un ouvrage, *la Division du Travail social*, dû à la plume de M. Durkheim, penseur

quasi-officiel de la Sorbonne, cet idéal a commencé
d'être imposé en pratique par les réformes successives du baccalauréat et de la licence ès-lettres, et par
l'institution du diplôme d'études supérieures. On ne
sait où il *nous* mènera encore. Est-il vrai que, depuis
la division du baccalauréat en quatre cycles, il
n'existe plus, pour ainsi dire, d'enseignement commun pour les élèves des lycées ? Est-il vrai qu'à la
réforme récente de la licence ès-lettres on a tenté de
supprimer toutes épreuves communes? Est-il vrai
que la version latine n'a été sauvée qu'à grand'peine,
et que la composition française, comme telle, a été
impitoyablement rayée du programme? Or, toute la
question est celle-ci : cette spécialisation, à l'âge où
l'on doit se préoccuper avant tout de former le jugement, est-elle un bien? est-elle un mal? Nous croyons
qu'elle est un mal, et un mal grave, et beaucoup d'esprits sensés le pensent avec nous. Nous nous propo-
sons en outre de le prouver.

M. Lavisse semble dire que les réformes à quoi
nous faisons allusion, et notamment celle du diplôme
d'études supérieures, offrent au moins un véritable
intérêt scientifique. Est-ce bien certain? En confis-

quant au profit de ce diplôme, travail étroit, tout de
patience et d'érudition, une année consacrée autrefois au développement général de l'esprit, aura-t-on
rendu service à la science? Nous ne le croyons pas.
Comment douterait-on, en effet, que les sciences aient
besoin avant tout d'esprits cultivés, ayant appris à
penser, à déduire sûrement, et non pas seulement à
collectionner des faits et des dates? C'est une erreur
fréquente des «scientistes», aussi dommageable dans
le domaine des sciences elles-mêmes que dans le
domaine des lettres, de faire peu de cas, en général,
des qualités personnelles de l'imagination, par exemple, et de l'intuition, sans quoi il est probable que
a science n'eût jamais progres sé.

L'érudition historique elle-même, qui est la forme
scientifique prônée en Sorbonne, est bien peu de chose
si elle n'est aidée de cette finesse, de ce tact de l'intelligence, qui permet, par exemple, à un esprit
formé de choisir avec sûreté, parmi la multitude
des textes souvent contradictoires d'un même auteur,
ceux-là seuls qu'il faut tenir pour importants. Qu'est-
ce qui fait de nos jours le succès légitime d'un Bédier,
ou, dans un autre ordre d'idées, d'un Fabre, si ce
n'est qu'à travers leur œuvre on devine une personnalité intéressante, vivante? Et M. Lavisse, moins
que personne, n'ignore cela. L'auteur des incompa-

rables travaux sur Louis XIV, l'inspirateur d'une remarquable *Histoire de France*, n'est pas de ceux qui peuvent se sentir atteints par notre critique. Mais est-il sûr de n'être point débordé par de trop zélés auxiliaires, par des esprits tranchants, moins soucieux d'éduquer la personnalité de leurs élèves que de former un bataillon discipliné de dociles manœuvres...

M. Lavisse nous blâme de plaider pour l'ancien commentaire *esthétique* des auteurs Mais ce n'est pas seulement, ni surtout, le commentaire esthétique, c'est tout commentaire proprement intellectuel, ou philosophique au sens large du mot, dont nous regrettons la disparition : c'est ce « développement d'une pensée ou d'une maxime morale » dont la circulaire ministérielle (sur la réforme de la licence) déclare expressément qu'elle veut empêcher le retour.

S'il y a quelque utilité à « étudier le verbe ou l'adjectif dans telle page de Montaigne » (et il ne s'agit pas là d'un devoir exceptionnel, mais de tout un type courant de devoirs de licence), n'est-il pas excessif de négliger pour cela le sens de cette page, son véritable contenu, ce qu'il y a de vivant et d'agissant en elle ? Pour peu qu'on soit au courant des choses de Sorbonne, on devra reconnaître pourtant que c'est là la tendance avouée, dominante, des études de lettres. Qu'on laisse à la *science historique littéraire* son

rôle propre, c'est-à-dire un rôle secondaire et dérivé ;
qu'on ne lui permette point de régir, je veux dire
d'escamoter à son profit, toute l'étude intellectuelle
des textes.

Allons jusqu'au bout. Si même l'on nous demandait de choisir entre ces deux méthodes d'enseignement, de dire nettement ce qu'il nous paraîtrait le
moins périlleux de sacrifier, pour l'éducation de jeunes esprits, nous répondrions franchement : « Laissez
le commentaire historique, bibliographique et gram-
matical à ces établissements, dont l'érudition est le
principal objet. Car si la Faculté des Lettres ne s'occupe point de former le goût et le jugement, qui donc
s'en chargera en France ? » Non, nous ne croyons
point, comme quelques-uns des maîtres les plus influents en Sorbonne ne cessent de le dire (et nous
nous empressons de déclarer qu'il ne s'agit ici ni des
Lavisse, ni des Croiset, ni des Faguet, ni des Vidal
de la Blache), nous ne croyons point que la Sorbonne
« n'a nullement pour tâche de former des talents
et des esprits supérieurs, mais de fournir du travail
aux esprits ordinaires, qui sont la majorité ». C'est
là une conception faussement utilitaire et faussement
démocratique, qui ne vise à rien de moins qu'à la disparition de toute élite spirituelle et au triomphe
des travailleurs médiocres. Il fallait toute la téna-

cité et la rigueur dogmatique de quelques professeurs pour faire accepter à des esprits français une conception qui leur est si contraire.

—

M. LAVISSE, DEFENSEUR DE LA SORBONNE

Le Temps publia sous ce titre, *la Nouvelle Sorbonne*, un article qui répond excellemment à la lettre de M. Lavisse que nous venons de citer. En voici un extrait ·

... C'est pour la Sorbonne qu'a plaidé M. Lavisse, et c'est pour elle qu'il a « plaidé coupable ». Nous entendons par là, selon la terminologie des tribunaux anglais, qu'il n'a pas purement et simplement nié les faits, mais qu'il les a reconnus exacts dans une certaine mesure et s'est borné à en atténuer la gravité, en promettant des améliorations pour l'avenir. Il convient « que le soin de la composition et de la forme n'est plus aussi attentif qu'autrefois, non pas chez tous, mais chez un très grand nombre..., qu'une fois de plus on est tombé d'un excès dans l'excès contraire... » Il croit qu'« on exagère la crise du français », mais avoue que cette crise existe. Il ajoute qu'il l'avait constatée lui-même et l'avait spontanément signalée, soit dans des rapports

à l'Académie, soit dans des conversations avec des
étudiants. Il nous paraît donc que nous sommes, au
fond, à peu près d'accord avec M. Lavisse comme
avec les jurys d'agrégation des lettres et d'histoire,
qui ont mis à dénoncer le mal une autorité à laquelle
nous ne prétendons pas et une fermeté que nous ne
pouvions dépasser.

Lorsque M. Lavisse déclare ensuite qu'« il n'est
pas juste d'imputer cette crise à la seule Sorbonne »,
nous continuerons à entrer bien volontiers dans ses
vues. Il n'est pas douteux que les nouveaux programmes de l'enseignement secondaire, qui ont réduit à la portion congrue les humanités classiques, ne
contribuent à ce fâcheux état de choses, auquel l'admission des primaires dans les facultés ne sera pas
pour porter remède. La Sorbonne est jusqu'à un
certain point fondée à se plaindre qu'on lui envoie
des étudiants presque dépourvus de culture générale
et n'ayant même pas « le souci de la pureté de la
langue ». Mais il lui reste une responsabilité. Pre-
mièrement, elle patronne par son esprit ce dédain
de la culture générale et de ce qu'elle appelle ironiquement la « rhétorique ». Elle exerce en ce sens une
influence jusque sur les autres ordres d'enseignement, par ses exemples et par la formation des nouvelles générations de professeurs. Secondement, elle

a tort de ne pas tenir compte des circonstances. Elle
pourrait spécialiser tout de suite ses étudiants et les
entraîner d'emblée aux recherches personnelles, s'ils
lui arrivaient complètement préparés. Puisque ce
n'est pas le cas, elle devrait leur fournir cette préparation qui leur manque. Lors de la réforme de la
licence ès-lettres, on a supprimé la composition française, sauvé à grand'peine la version latine et repoussé
un projet qui aurait fait de la première année d'é-
tudes dans les Facultés des lettres une nouvelle rhétorique supérieure. Mais puisque la plupart des
étudiants auraient grand besoin de cette « rhétorique
prolongée », il eût été beaucoup plus sage de la leur
offrir. Car l'enseignement, même celui de la Sorbonne, est fait pour l'élève, et non pas l'élève pour
l'enseignement.

—

M. ERNEST LAVISSE
ET LA CULTURE GÉNÉRALE

Obligé de préciser son sentiment sur la crise de la Sorbonne, M. Lavisse adressa une seconde lettre au *Journal
des Débats* (24 août). Elle contient des promesses remarquables, que nous avons commentées dans notre chapitre II,
mais il importe d'en donner à nos lecteurs les parties
principales.

Je garde intacte mon opinion : l'enseignement supérieur ne peut être une rhétorique prolongée. Il doit, dans chaque spécialité, philosophie, philologie, lettres, histoire, géographie, donner des renseignements généraux, et, en même temps et surtout, préparer l'étudiant par des exercices critiques au travail personnel.

La réforme de la licence ès-lettres a eu pour objet de faire comprendre à l'étudiant, dès son arrivée, l'orientation des études qu'il commence.

A propos de cette réforme, je crains que votre collaborateur n'ait été mal renseigné. Il paraît croire que des barbares avaient présenté un projet destiné à ruiner du coup « la culture générale », mais que l'opinion publique et le Conseil supérieur ont détourné ce mauvais coup. Il est vrai que le Conseil a mis dans les épreuves écrites la version latine, tandis que le projet ne demandait qu'une explication latine orale. Mais le Conseil se trouvait en présence d'un contre-projet, qui, s'il avait été adopté, aurait fait, de la première année d'études dans les Facultés des lettres, une nouvelle rhétorique supérieure. Ce contre-projet, après une discussion approfondie, a été rejeté à une énorme majorité.

Comme je voudrais discuter sur certains mots qu'on rencontre souvent dans nos polémiques, sur le

mot *talent*, par exemple, et le mot *culture générale!* Je voudrais montrer que c'est une illusion de
croire que le *talent* s'enseigne, et demander à ceux
qui ont sans cesse à la bouche le mot de *culture
générale*, s'ils n'entendent point par là leur culture
à eux, qui pourrait bien être une culture très particulière.

Il y a une culture générale qui manque en effet à
nos Universités nouvelles, mais point celle que regrettent les universitaires classiques. Il nous manque un
enseignement qui ne soit plus de telle ou telle Faculté, qui les intéresse toutes ensemble, un enseignement de caractère philosophique, par lequel les étudiants seraient éclairés sur les grandes questions
intellectuelles du temps présent. Cet enseignement
serait une nouveauté considérable. Je sais que mon
très cher ami et recteur M. Liard a l'idée de cette
réforme, et je suis sûr qu'il en trouvera les voies et
moyens.

Si, un jour, l'histoire de la nouvelle Sorbonne est
écrite depuis sa naissance dans le baraquement Ger-
son jusqu'aux jours présents, où elle étouffe dans
l'immense palais qu'on lui a bâti, on y verra qu'un
groupe toujours grandissant de professeurs a voulu
créer cet « esprit de la nouvelle Sorbonne ». Personne ne serait plus capable d'écrire cette histoire

que mon doyen et ami, Alfred Croiset. Nous fûmes des collaborateurs de la première heure, et toujours nous avons marché d'accord.

Avoir travaillé à cette grande transformation, c'est l'honneur de ma vie. Voir cette maison de Sorbonne, que j'ai connue déserte — au temps où prospérait « la culture générale » — remplie d'étudiants qui parlent toutes les langues, c'est ma grande joie.

—

LA CRISE DU FRANÇAIS

Voici, reproduite *in extenso*, la lettre que M. Anatole Leroy-Beaulieu adressa au directeur du *Journal des Débats*, quelques jours après la réponse de M. Lavisse (24 août).

Mon cher Directeur,

La lettre de M. Lavisse sur « l'esprit de la Nouvelle Sorbonne » suggère à mon expérience de vieux professeur quelques réflexions que vous me permettrez de soumettre aux nombreux lecteurs du *Journal des Débats* qui s'intéressent aux choses de l'enseignement.

Je n'ai pas besoin de dire que je ne suis point un ennemi de la Sorbonne ou de l'Université. Parmi ses maîtres, je m'honore de compter plus d'un ami; j'avoue du reste que, ne pouvant suivre leur enseignement, je ne me sens pas en droit de le juger. Mais les questions touchées par M. Lavisse dépassent la Sorbonne et la Faculté des lettres, si bien qu'elles ne peuvent laisser indifférent aucun des hommes qui ont accepté la haute charge de former la jeunesse française.

Cette jeunesse, je la connais, moi aussi ; je me tiens en relation avec elle depuis des années ; je note avec un intérêt passionné ses goûts, ses tendances, ses qualités, ses progrès, et aussi ses défauts et ses défaillances. Je suis à la tête d'une école fréquentée par des jeunes gens d'origine diverse, venus de Paris ou de la province, qui n'ont guère de commun que le but de leurs études. Intelligents et travailleurs pour la plupart, ils peuvent, sans trop de témérité, se flatter d'être une élite, se préparant à des carrières enviées et prêts à affronter des concours que les programmes et le nombre des concurrents mettent au rang des plus malaisés. Or, parmi ces jeunes gens, force nous est de le reconnaître, sévit de plus en plus ce qu'on appelle « la crise du français ». La plupart composent, la plupart écrivent moins bien que ne le faisaient au même âge leurs prédécesseurs sur les mêmes bancs, il y a quinze ans, il y a vingt ou trente ans surtout.

Notre jeunesse française qui, à d'autres égards, nous donne tant d'espérances, semble sous ce rapport en manifeste décadence. Professeurs de finances ou d'économie politique, d'histoire ou de droit constitutionnel, nos maîtres, venus eux-mêmes des milieux les plus divers, sont unanimes à le constater et à le déplorer. Le mal est d'autant plus inquiétant qu'il paraît s'aggraver chaque année. Et naturellement il n'est pas particulier à nos élèves. J'entends mes amis de la Faculté de droit ou de la Faculté des sciences s'en plaindre également. Si la Faculté des lettres en est moins atteinte, comment s'en étonner? Où saura-t-on encore écrire si les étudiants ès-lettres ne le savent plus? Mais le savent-ils ou y tiennent-ils encore? M Lavisse lui-même reconnaît que, chez beaucoup, « le soin de la composition n'est plus le même qu'autrefois ».

C'est là le mal. Le souci de bien composer, le talent de présenter et d'exposer un sujet, de le distribuer et de l'ordonner en ses diverses parties, l'art de rédiger avec netteté, avec méthode, avec clarté, si ce n'est avec goût et élégance, semble partout en baisse chez les jeunes Français.

Or c'étaient là, depuis trois siècles, des qualités qui semblaient éminemment françaises, qui faisaient en grande partie la supériorité de la littérature et de la

science françaises. L'étranger les croyait volontiers innées chez nous. C'était une erreur. au moins une exagération. Peut-être est-ce bien là un don latin, un don
français. mais, comme tous les dons naturels, pour
être mis en valeur, il a besoin d'être cultivé.

C'est ce qu'on me semble trop oublier aujourd'hui.
La faute n'en est peut-être pas à l'enseignement supérieur ; il se peut qu'il en soit la victime plutôt que la
cause. La faute en est au moins à l'enseignement
secondaire, à sa négligence, si ce n'est à ses procédés
et à ses méthodes.

Des lycées et des collèges nous arrivent chaque année des bacheliers — parfois des licenciés, qui ne savent
pas écrire. Je ne suis pas, quant à moi, de ceux auxquels M. Lavisse reproche de sacrifier le fond à la
forme, de ceux qui font fi de l'esprit scientifique et
de l'esprit critique. Loin de là, je m'applique à les
inculquer à mes élèves. Mais il y a une chose moins
nécessaire ou mieux plus nécessaire encore à tous nos
jeunes gens, car tous ne peuvent faire des savants ou
des érudits, c'est de pouvoir exprimer ce qu'ils pensent et exposer ce qu'ils savent. Or, cela, nos futurs
diplomates, administrateurs, financiers, hommes politiques ou sociologues y sont si mal préparés quand
ils nous arrivent du collège que nous nous demandons
s'il ne va pas nous falloir nous mettre à leur enseigner

ce qu'on a oublié de leur apprendre dans leurs classes.

Il n'y a pas là seulement un inconvénient grave pour les carrières publiques comme pour les carrières privées. Il y a un danger manifeste pour l'esprit français, aussi bien que pour la langue et pour l'influence françaises. Nous avions en France une supériorité que nous avions conservée à travers toutes nos révolutions, une primauté que n'osait nous contester aucun de nos rivaux. Cette primauté, nous sommes menacés de la perdre. En faire fi serait faire preuve d'un esprit bien étroit ou d'un horizon bien borné. Ce ne saurait être le cas de la plupart des maîtres de notre enseignement supérieur, M. Lavisse, en particulier, qui doit pour une bonne part sa légitime autorité à ce qu'il possède lui-même au plus haut degré les qualités dont notre France semble en train de se laisser dépouiller.

Nul de nos maîtres n'est plus capable de nous arrêter sur la pente où risque de glisser notre enseignement.

Comme il le dit en termes excellents, « le propre de la science française — je dirais ici de l'esprit français — est de s'exprimer clairement, en bons termes et en bon ordre ». Qu'il veuille bien y prendre garde comme il nous le promet, et il rendra aux études, à la jeunesse, au pays lui-même un service inappréciable.

LA CRISE DE LA CULTURE CLASSIQUE

Quelques jours après la publication des lettres de M. Lavisse, M. Albert-Petit publia dans *les Débats* (31 août), cet article remarquable.

On me demande : croyez-vous que la crise du français soit due uniquement au dédain qu'on témoigne ou qu'on paraît témoigner en Sorbonne pour l'art d'écrire, considéré comme un reste de l'ancienne rhétorique? Ne pensez-vous pas que l'enseignement secondaire est lui-même partiellement responsable de la crise du français?

Je le pense assurément, et les professeurs de l'enseignement secondaire ont été les premiers à se plaindre de cette décadence. Elle n'est pas générale. Il est certain que les élèves de la section latin-grec ont conservé sur ce point une supériorité incontestée, mais, comme tous les baccalauréats sont présentement réputés équivalents et que tous ouvrent l'accès de toutes les écoles et Facultés, le petit noyau de ceux qui savent le français est perdu dans la masse de ceux qui n'en ont pas la moindre idée. Si l'on n'avait pas pris la précaution de supprimer le concours général, qui permettait d'utiles comparaisons, rien ne serait plus facile à constater.

La crise du français ne date pas de loin. Lors de
la grande enquête sur l'enseignement secondaire,
deux professeurs de la Sorbonne, de ceux dont le
témoignage en l'espèce est particulièrement précieux
furent d'accord pour célébrer les mérites littéraires
de la jeune génération. « La culture générale n'est pas
en baisse, proclame M. Seignobos, jamais les compositions de français n'ont été meilleures ni même
aussi bonnes; il y a un progrès général dans les
études, et les agrégés sont supérieurs à ceux de mon
temps. Les étudiants qui nous arrivent comprennent
exactement le sens des mots et ont l'habitude de la
précision dans le langage. » M. Aulard ne fut pas
moins catégorique. « La composition française est
en progrès, le personnel des lycées s'améliore également de jour en jour, les maîtres sont plus écoutés,
plus autorisés, je ne dirai pas plus intelligents, mais,
enfin, il y a dans leur manière d'enseigner plus de
largeur d'esprit. » Il y a loin de cette appréciation
bienveillante à celle que M. Lavisse a exprimée à
cette place sur le compte de ces pauvres professeurs
secondaires, chez lesquels « on sent un mépris des
primaires, une sorte de haine contre la Sorbonne, une
grande admiration de soi-même ». Comment élèves
et professeurs ont-ils pu dégénérer à ce point et si
vite?

La dernière réforme de l'enseignement secondaire, il faut le croire, y est pour quelque chose. Elle a réduit la part des lettres, amoindri le rôle du professeur principal, morcelé l'enseignement par l'obligation draconienne des classes d'une heure. Ce sont là des défauts qui n'étaient pas inhérents à l'idée maîtresse de la réforme. Qui les a imposés ? A coup sûr ce ne sont pas les professeurs de l'enseignement secondaire. Leur influence en cette affaire qui les concernait a eu peu de poids et l'influence prépondérante a été exercée par la Nouvelle Sorbonne. Il ne faudrait donc pas accabler les professeurs de lycées sous une responsabilité dont d'autres ont eu l'honneur et le profit. Les secondaires ont dénoncé le péril, qui est aujourd'hui éclatant, mais on ne les a pas écoutés. Dans la circulaire d'un de leurs représentants au Conseil supérieur, on trouvait, il y a déjà longtemps, une phrase sur « les réformes qui ont rendu notre enseignement plus pénible et moins efficace ». Et ce professeur n'était pas même un de ces classiques nourris de préjugés, incapables de rien comprendre aux nécessités modernes, c'était un agrégé de mathématiques.

Quoi qu'il en soit, si les élèves sortant du lycée sont insuffisamment formés à l'art d'écrire, c'est une raison de plus pour ne pas négliger dans les Facul-

tés tout ce qui pourrait réparer cette insuffisance.
L'école des Sciences politiques se demande si elle ne
va pas être forcée d'organiser chez elle ce qu'on
appelle dédaigneusement « une nouvelle rhétorique
supérieure ». Il n'y a rien de déshonorant à cela. Les
bacheliers de dix-sept ans qui se précipitent sur les
bancs des Facultés ou des grandes écoles n'ont pas
à « refaire » une rhétorique supérieure, vu qu'ils
n'en ont fait aucune, sauf ceux qui ont passé le concours de l'Ecole normale ou des bourses de licence.
Est-il besoin de leur crier si fort qu'ils ont mieux à
faire désormais qu'à continuer leurs études générales
et qu'ils doivent se plonger dans leur spécialité?
Sans rien bouleverser du régime des licences, ne
serait-il pas raisonnable et prudent d'interpréter
autrement qu'on ne le fait l'article concernant la composition française de la licence ès-lettres ? « Ce qu'on
veut éviter, dit la circulaire du 31 octobre 1907, c'est
le type ancien de composition française de caractère
trop général : développement d'une pensée morale,
d'une maxime philosophique, d'un jugement littéraire... » Admettons qu'il faille éviter ce terrible
écueil ; admettons-le sans demander pourquoi, pour
ne pas nous donner un air trop ridicule. Il reste
encore bien des sujets où le talent du candidat pourrait s'exercer.

Mais nous venons d'employer un mot bien démodé.
Le talent n'est pas en odeur de sainteté. Le talent a
un relent de culture générale, et on sait que la culture générale est l'indice d une mauvaise éducation.
« Nous avons passé le temps, dit M Durkheim, où
l'homme parfait nous paraissait être celui qui, sachant s'intéresser à tout sans s'attacher exclusivement à rien, capable de tout goûter et de tout comprendre, trouvait moyen de réunir et de condenser
en lui ce qu'il y avait de plus exquis dans la civilisation. Aujourd'hui, cette culture générale, tant vantée
jadis, ne nous fait plus l'effet que d'une discipline
molle et relâchée... » Nous trouvons ici la définition
de la culture générale en même temps que sa condamnation. On nous affirme qu'il est nécessaire d'y
renoncer pour devenir un spécialiste. On écrase sous
la comparaison des effectifs l ancienne Sorbonne aux
pieds de la nouvelle. On nous montre celle d'aujour-
d'hui trop petite pour les milliers d'étudiants « qui
parlent toutes les langues ». Notre admiration serait
sans bornes si ces étudiants qui parlent toutes les
langues étaient des étudiants français, mais nous
trouvons moins étonnant que des étudiants russes ou
bulgares parlent à la Sorbonne leur langue maternelle. D'ailleurs, personne n'a jamais contesté le brillant pris par nos Universités. Ce n'est pas dans *les*

Débats qu'on a fait le silence autour de l'œuvre de régénération de notre enseignement supérieur. Seulement est-il maintenant défendu, alors qu'on nous parle tant d'esprit critique, de dire que le soleil a des taches ?

Il est plus utile de signaler les points faibles que de balancer l'encensoir. A quoi bon vouloir cacher ce que tout le monde, en somme, est bien forcé d'avouer ? M. Lavisse craint que *les Débats* n'aient été mal renseignés. C'est une crainte que ne seront pas tentés d'éprouver ceux qui ont lu ses retentissants articles. L'Université n'a pas à se congratuler et à s'admirer de bas en haut. Elle a à se perfectionner. Croit-on que ses faiblesses échappent à tous les yeux ? Parmi les lettres très significatives que cette question nous a attirées, en voici une qui émane d'un archiviste, docteur ès lettres, un spécialiste par conséquent. Il a fait parti d'un jury de baccalauréat et a été peiné de l'insuffisance des candidats, non pas même français, mais en histoire et géographie. Et il en trouve que leurs professeurs, ces nouveaux agrégés issus de la Nouvelle Sorbonne, n'en savent pas beaucoup plus que leurs élèves. « Nous avons ici, dit-il, un professeur qui a publié une petite histoire locale. Non seulement son ignorance en histoire locale est extraordinaire, mais il n'en sait guère plus en histoire générale. Il croit que Frœschwiller et Reichshoffen sont deux batailles différentes, dédouble également une des batailles sous Metz, fait naître le maréchal Ney à Sarrebourg, etc. » J'écarte de sa lettre les détails qui pourraient faire reconnaître l'auteur mis en cause, n'aimant pas les arguments *ad hominem*, qui ne prouvent rien que la mauvaise humeur ou l'embarras de ceux qui les emploient. On nous permettra en tout cas de conclure que la culture générale et particulière qu'on recevait à la Sorbonne, il y a quelque vingt-cinq ou trente ans, sous des maîtres qui n'ont pas tous disparu, n'était pas tellement inférieure à celle d'aujourd'hui, ce qui est d'ailleurs l'impression traduite par les rapports impartiaux des jurys d'agrégation.

—

LA CRISE DU FRANÇAIS
ET L'ENSEIGNEMENT LITTÉRAIRE
A LA SORBONNE

Sous ce titre, M. Emile Faguet présenta dans *la Revue des Deux-Mondes* (15 septembre 1910) la défense de cette Sorbonne, où il fait lui-même figure d'isolé.

C'est, depuis quelques années déjà, une levée de boucliers contre la Faculté des lettres de Paris et ses

nouvelles méthodes d'enseignement. On l'accuse, un
peu pêle-mêle, d'être responsable de la « crise du
français », c'est-à-dire de la façon dont écrivent
actuellement la plupart des Français et notamment
les futurs professeurs, laquelle, je ne cherche pas à
le contester, est effrayante ; — d'avoir inauguré et
de pratiquer des méthodes d'enseignement qui sacri-
fient absolument l'éducation du goût à la connaissance des faits d'histoire littéraire ; — d'avoir inauguré et de pratiquer des méthodes d'enseignement
qui substituent une critique scientifique des choses
littéraires.

Ne parlons pas de toutes les choses à la fois,
comme c'est un peu le défaut de ceux qui attaquent
la Sorbonne moderne et même de ceux qui la défen-
dent, et distinguons nettement ces trois chefs d'accusation.

Tout d'abord, il faut mettre tout à fait à part la
crise du français, dont la Sorbonne ne peut mais, et
qu'on mêle tout à fait mal à propos à ses affaires. Il
est très vrai qu'on n'a jamais plus mal écrit le français qu'aujourd'hui ; il est très vrai qu'on ne sait
plus du tout le français. Mais c'est probablement la
faute des établissements où on devrait l'apprendre,
et non pas de celui où l'on ne devrait être admis que
le sachant. Ce n'est pas aux professeurs des facultés

d'apprendre à des jeunes gens de vingt ans la langue française.

Les jeunes gens de vingt ans qui y arrivent devraient la savoir. Ni ils ne la savent, ni même ils ne se doutent — sauf rares exceptions — de ce que c'est. La faute en est : 1º à l'abandon du latin ; 2º aux programmes encyclopédiques des lycées ; 3º aux spécialisations hâtives des « quatre cycles » ; 4º à la lecture des journaux, qui s'est substituée à la lecture des livres.

L'habitude du latin apprend à écrire en français . d'abord parce qu'on ne sait *le sens même* des mots français que quand on sait le sens qu'ils avaient en latin, et elle avait bien raison cette dame à qui j'avais reproché d'écrire « *préférer que* », et qui me répondait : « Que voulez-vous ? je ne sais pas le latin ; » et certainement quiconque sait ce que veut dire *préférer* ne peut pas, y mît-il toute sa mauvaise volonté, *ne peut pas* écrire *préférer que ;* — ensuite et *surtout* parce que l'habitude de mettre du français en latin et du latin en français force à réfléchir sur le sens des mots, à en voir l'exacte portée, la limite exacte, et à ne pas prendre le mot pour quelque chose de vague et de *flou* qui veut dire approximativement quelque chose : jamais un homme qui n'aura pas fait, et avec la volonté qu'ils soient bien faits, force

thèmes latins et force versions latines, n'aura, sauf
certain génie inné qui est très rare, la moindre *précision* dans l'expression ; — enfin parce que l'habitude du latin donne le goût d'une phrase *construite*
et non pas invertébrée, goût que, je le reconnais, le
commerce de Bossuet, de Rousseau, de Chateaubriand
ou de Brunetière peut procurer, mais non pas si
pleinement que celui de Tite-Live ou de Cicéron. Le
déclin du français a été parallèle à celui du latin, et
ici le *post hoc, ergo propter hoc,* me paraît juste.

Si au moins dans les lycées on enseignait le français par le français, conformément à une formule
très en honneur chez les réformistes de 1880 ! Mais
on ne l'enseigne pas même ainsi, parce que trop peu
d'heures sont réservées et consacrées à cette étude.
Les lycéens, quel que soit le cycle qu'ils aient adopté,
ayant un programme énorme de *notions* à absorber,
n'ont presque aucun temps à donner à l'étude du
français, qui est une étude qui demande beaucoup
de loisirs, de lectures lentes, de lectures méditées ;
qui exclut toute hâte, toute précipitation et toute
préoccupation dispersée. La question de la crise du
français est toute dans ce mot de Flaubert à George
Sand : « Ah ! ces bonshommes du XVIIᵉ siècle !
*Comme ils savaient le latin ! Comme ils lisaient
lentement !* » Savoir le latin et lire lentement, voilà

les deux conditions nécessaires pour apprendre le français. L'une des deux, je crois, suffirait à la rigueur. Mais il faut au moins l'une; et l'une et l'autre n'est point tout à fait surabondance. Nos lycéens ont trop à faire, soit pour apprendre le latin, soit même pour lire lentement des auteurs français. La vérité, c'est que dix-neuf sur vingt, non seulement ils ne lisent pas lentement, mais ils ne lisent point du tout. On ne peut pas le leur reprocher très violemment: ils ont trop d'autres choses à faire.

Ajoutez que, de par la quatrifurcation, les quatre cycles, ils se spécialisent à quatorze ans. Or, des quatre cycles, il n'y en a qu'un, « le grec-latin-français », qui puisse former un petit humaniste, qui puisse mener un adolescent à écrire en français d'une façon pertinente, et ce cycle, parce qu'il est tenu pour le plus dur, peut-être avec raison, est le moins fréquenté par la population scolaire.

Vous conclurez sans doute qu'à le prendre dans son ensemble et dans sa quasi totalité, l'enseignement secondaire est excellent, apprend beaucoup de choses est extrêmement utile, prépare très bien à la vie ; mais est essentiellement un enseignement primaire supérieur d'où presque aucun jeune homme sachant écrire en français ou parler en français (encore moins) ne peut sortir.

Notez enfin que ces jeunes gens sont détournés de la lecture des auteurs français par les influences extérieures autant que par les influences intérieures. A l'intérieur, les créateurs de la langue française, à savoir les auteurs du xviie siècle, leur sont interdits, ou tout au moins peu recommandés, ne figurent pas, ou figurent très peu, sur leurs programmes à cause de leurs opinions religieuses, philosophiques et politiques jugées dangereuses dans une démocratie, point sur lequel il y aurait beaucoup à discuter, mais sur lequel je n'ai pas le loisir de m'étendre. — Extérieurement, l'attrait des journaux, que je reconnais qui est grand, les détourne encore plus des livres. Or les journaux sont mal écrits, parce qu'ils sont écrits très vite, pour d'autres causes peut-être encore. La première page en est encore rédigée approximativement en français ; dès la seconde, on tombe dans une collection de barbarismes dans laquelle, pour se divertir, on n'a qu'à choisir. Or c'est là qu'est la littérature de la plupart de nos lycéens. C'est précisément ce style que les professeurs des facultés retrouvent et connaissent dans les dissertations de baccalauréat et de licence.

Voilà les raisons de la crise du français, dans laquelle on reconnaîtra sans doute que la Sorbonne n'a aucune part de responsabilité. Cette crise a des causes

générales, *nationales*, qui dépassent de beaucoup le
cercle dans lequel se meuvent les facultés des lettres.
La crise du français, c'est la crise du livre, qu'on
ne lit presque plus depuis qu'on ne lit guère que des
journaux et des magazines. Ne voyez-vous point que
les auteurs classiques des quatre siècles, publiés
en extraits, pages choisies, résumés, à raison de 75
centimes l'exemplaire, sont le signe même qu'on ne
lit plus les auteurs classiques des quatre siècles ? De
ces publications je ne veux, certes, dire aucun mal,
puisqu'elles sont le remède du mal en même temps
qu'elles en sont le signe. Mais encore je suis bien
forcé d'avouer qu'elles en sont le signe beaucoup plus
qu'elles n'en sont le remède.

Non, on ne lit plus les auteurs qui ont écrit en français ; on ne les lit plus, parce que la curiosité esthétique qui porterait à les lire est combattue par un
trop grand nombre d'autres curiosités : curiosité des
faits divers, curiosité des faits piquants ou mystérieux
de l'histoire, curiosité des merveilleux progrès scientifiques et des merveilleuses inventions et découvertes
de la science. Ces curiosités, autrefois, existaient à
peine ; elles sont excitées de nos jours d'une manière
incroyable par la façon dont dont nous vivons, par la
façon dont le monde va. Qu'y a-t-il à faire à cela ?
Très évidemment rien. Vous n'allez pas interrompre

le cours de la civilisation pour ramener les hommes
à l'étude de la langue française. Vous ne pourriez
pas, et du reste vous auriez tort.

Donc, la crise du français *n'est pas une crise*, c'est
une décadence ; c'est une décadence définitive et
sans retour, compensée par des progrès qui ont lieu
dans un autre ordre de choses. On n'écrira plus le
français, voilà tout. Il ne sera plus écrit que par un
certain nombre d'hommes très restreint, qui en auront
le goût par un phénomène d'atavisme et qui seront
tympanisés par les petits journaux, comme grotesques.
Il y aura deux langues : l'une, le français, écrit par
quelques personnes et compris par ces personnes-ci
et quelques autres, peu nombreuses; l'autre, une
langue pour laquelle on trouvera un nom, très imprécise, très vague, amorphe, confuse, que personne,
à cause de cela, ne comprendra très bien, mais qui
servira pourtant de moyen de communication un peu
rudimentaire, un peu barbare, entre les hommes, et
qui aura avec le français quelques rapports éloignés,
à peu près reconnaissables encore.

Pour enrayer cette décadence, les lycées pourraient
peut-être quelque chose; les facultés ne peuvent rien
du tout, à moins qu'on ne veuille qu'elles recom-
mencent le travail du lycée, ou plutôt qu'elles fassent
ce que les lycées faisaient autrefois dans les classes

de troisième, seconde et rhétorique. Je le veux très bien et je dirai même que je le souhaite ; mais le *cursus studiorum* des facultés étant déjà de trois ans, qu'on sache bien que c'est six ans d'études dans les facultés qu'il nous faudrait pour que les étudiants devinssent des professeurs à la fois humanistes comme ceux d'autrefois et spécialisés comme ceux d'aujourd'hui.

Au moins, répondront quelques-uns, que les facultés ne favorisent pas l'antihumanisme et la négligence à l'égard de la langue française, comme elles le font, par exemple, en supprimant la dissertation française aux épreuves communes de la licence. En a-t-elle soulevé de clameurs, cette suppression de la dissertation française aux épreuves communes de la licence ! (Entendez bien que cela veut dire que les candidats à la licence d'histoire, par exemple, n'ont plus à faire un devoir français donné par un professeur de littérature.)

Je conviens qu'au premier regard cette suppression a mauvais air et excite à la polémique. Je conviendrai même, si l'on veut, qu'elle n'a pas été dictée par un excès de confiance et d'amour à l'égard de la littérature. Les historiens, disons-le pour ne rien cacher, et, du reste, ils ont peut-être raison, se défient de l'esprit littéraire. Ils ont peur que, par complaisance pour cet esprit-là, l'historien ne fausse l'histoire, qu'il n'amplifie un fait pour qu'il fasse symétrie avec un autre, qu'il ne change les proportions vraies des choses pour que l'ordonnance de la leçon en soit plus belle, qu'il ne sollicite les textes pour obtenir un effet oratoire ou un effet pittoresque, etc. Le spectre de Michelet les hante. C'est une *phobie.* « Ce jeune homme a l'esprit littéraire ; il ne sera jamais historien. Pour être historien, il faut avoir l'esprit scientifique, et l'esprit scientifique étant exclusif de l'esprit littéraire, exemples Bichat, Laplace et Claude Bernard, du moment que ce jeune homme a l'esprit littéraire, que les portes de l'histoire lui soient fermées ; ou tout au moins, n'exigeons pas à la porte de l'histoire précisément les qualités qui en histoire sont des défauts. » Tel est l'état d'esprit de beaucoup de professeurs d'histoire, non seulement à la Sorbonne, mais même dans les facultés de province et peut-être beaucoup plus dans les facultés de province que... enfin telle est la mentalité de beaucoup de professeurs d'histoire. Et c'est pour cela que la dissertation française *donnée par un professeur de littérature,* toujours suspect d'être un rhéteur, a été supprimée aux épreuves communes de la licence.

Il y a eu peut-être là un accès de terreur ; mais remarquez bien, ce que personne ne songe à dire, que

le candidat à la licence-histoire, à côté de la dissertation française donnée par un professeur de littérature, avait à faire un devoir. également en français.
sur un sujet d'histoire. Les professeurs d'histoire
pouvaient donc juger de sa manière d'écrire en français, et d'écrire en français sur une matière historique.
Ils n'avaient donc pas besoin du témoignage des professeurs de littérature sur le français de leur candidat ; ils estimaient en pouvoir suffisamment être juges
tout seuls ; et leur dire qu'ils avaient affaire d'un professeur de français pour les aider à juger du français de leur candidat eût été une forte impertinence
dans le sens moderne et dans le sens ancien du mot.
Il ne faut pas faire tant d'état que l'on en fait de la
suppression de la dissertation française aux épreuves
communes de la licence. On peut devenir un professeur d'histoire correct en ses propos après n'avoir été
examiné sur le français dont on use que par des professeurs d'histoire.

Sans pousser plus avant dans le détail, on peut
dire que la crise du français n'est nullement le fait
des facultés des lettres ; que même elles ne la favorisent pas ; qu'elle est un fait qui a des causes très
générales ; qu'elle est un mal pour lequel il ne saurait y avoir que des palliatifs ; que ces palliatifs, ce
n'est que dans une contre-réforme de l'enseignement

secondaire qu'il faudrait les chercher, si l'on tenait à ce que le mal fût atténué.

Les accusations qui consistent à reprocher aux facultés des lettres d'avoir abandonné l'éducation du goût et d'y avoir substitué la science littéraire, la science historique des littératures, au moins ne se trompent pas d'objet et, en s'adressant aux facultés des lettres, vont où elles doivent aller. Oui, les facultés des lettres, et en particulier la Sorbonne, veulent enseigner quelque chose, quelque chose de palpable, de solide et de précis, et non pas, en commentant des textes, faire admirer ce qui est beau, mépriser ce qui est médiocre, détester ce qui est faux et ce qui est laid.

— Pourquoi non? Parce que ce dernier exercice est de l'*impressionnisme*, comme on disait, en usant d'un néologisme excellent, il y a vingt ans, c'est-à-dire de la pure et simple fantaisie, ou, si vous préférez, de la pure et simple personnalité, c'est-à-dire tout le contraire de la science. Le professeur ou le critique, qui, lisant une page de Bossuet ou d'Hugo, met en relief ce qu'il trouve être les beautés, ce qu'il trouve être les défaillances, ce qu'il trouve être les absurdités, en donnant les raisons qu'il a de trouver ceci sublime, ceci faible et cela absurde ; mais songez donc à ce qu'il fait ! Il se laisse *impressionner*, comme une plaque sensible, par une lecture ; puis il analyse ses impressions et se demande pourquoi il les éprouve, et le résultat de ce double travail, — travail passif, travail actif, — il le donne à ses auditeurs.

Qu'a-t-il fait? Il s'est donné *lui-même* et rien de plus. Lui, affecté de telle et telle façon par une lecture; lui, ayant passé par tel chemin ; lui, ayant vu tel paysage ; lui, tel qu'il est pour avoir reçu ses impressions; c'est ce qu'il livre à ses auditeurs ou lecteurs. Cet homme est un homme qui publie ses impressions de voyage. Quelle utilité pouvez-vous bien voir à cela?

— Cela peut être infiniment intéressant et par conséquent très utile.

— Très intéressant, non seulement je crois que ce l'est quelquefois, mais j'estime que ce l'est toujours, d'une façon ou d'une autre. Très utile, c'est beaucoup plus discutable. Remarquez que non seulement ce n'est pas un enseignement, mais que ce n'est même pas une éducation. C'est une *excitation* et une excitation très forte. En sortant d'une leçon d'un de ces professeurs-là, l'élève est entraîné ou heurté et il revient à la page commentée avec un frémissement intérieur, soit pour pousser dans le sens du professeur, soit pour pousser dans le sens contraire. Son

15.

goût, sa logique, son intelligence sont en émoi et prêts à agir, *en train d'agir*. Les professeurs qui procèdent ainsi et qui disent : « Je fais penser » ont raison ; mais quand ils disent : « Je fais l'éducation du goût », il me semble qu'ils s'aventurent. Quelle éducation du goût y a-t-il en ceci qu'un homme pense devant cent personnes, qu'un homme est excité de telle ou telle manière, modifié de telle ou telle manière par un texte, devant cent personnes ? Il y a stimulation du goût, certes, éducation du goût, je ne sais. Le goût du reste s'élève-t-il ? Je ne crois pas. Cet homme vous a montré le sien et éveillé le vôtre ; a-t-il *formé* ce dernier ? En quoi ? Pourquoi ? Il l'a empêché de dormir. Voilà tout. J'accorde que c'est quelque chose ; mais je dis : voilà tout.

Notez les périls. Cet impressionniste, qui ne fait, à propos de ce qu'il lit, que trouver le fond de sa façon de sentir, le fond de sa sensibilité, le reconnaître et vous le révéler ; il en vient forcément, toujours excité lui-même par son procédé, à vous faire toutes les confidences de son âme, et à ne jamais faire autre chose. J'ai connu, dans mon adolescence, un professeur distingué, spirituel, qui même avait un peu de talent, qui, dans sa classe et dans ses livres, ne pouvait qu'exposer ses idées philosophiques, religieuses et politiques.

— Il était borné; au moins il était étroit.

— Mais non, il était impressionniste et il faisait l'éducation du goût. Et si, de l'avis assez général, il y a un modèle à ne pas suivre, n'est-ce pas que c'est celui-ci?

— Mais si l'on a affaire à un homme supérieur. peut-il, après tout, y avoir rien, non seulement de plus intéressant. mais de plus profitable que précisément la rencontre d'un grand esprit des siècles passés avec un grand esprit du temps qui est le nôtre et que la pensée de celui-ci, excitée, piquée, éperonnée par la pensée de celui-là et se manifestant dans l'état même où la met ce commerce ou ce conflit?

— Nous voilà au point. Rien n'est plus fécondant que la critique impressionniste, que l'enseignement impressionniste, à la simple condition qu'ils soient pratiqués par un homme de génie. Oui, Chateaubriand faisant *le Génie du Christianisme* en cours de faculté; oui, Sainte-Beuve (qui du reste était savant. mais abstraction faite de son information et, prenons-le en 1830) faisant ses études sur Ronsard en cours de faculté, ce ne serait pas un *enseignement*, à proprement parler, mais ce serait, comme par la force même des choses, une *culture* profonde et de tout premier ordre et de très grands et très bons effets. Seulement, à ce genre de culture, il y faut

un Chateaubriand ou un Sainte-Beuve et dès que
l'on n'a ni un Sainte-Beuve ni un Chateaubriand,
dès que l'on a un La Harpe ou un Saint-Marc Girar-
din, hommes d'esprit pourtant, ce genre de culture
est très médiocre ; et dès que l'on descend plus bas,
c'est-à-dire au niveau moyen, elle est absolument
nulle, je veux dire : elle n'est qu'une récréation tout
à fait vaine.

A la place de l'enseignement impressionniste. — si
l'on veut parler ainsi, et vous voyez combien la chose
est fausse puisque le mot même qui l'exprime est
comme chargé d'impropriété, — que faut-il donc ? Il
faut l'enseignement scientifique, c'est-à-dire l'enseignement : 1° qui sait quelque chose ; 2° qui est méthodique.

Il faut d'abord que le professeur ait une très vaste
et très solide érudition. Pour la donner ? Non, pas du
tout, ou très peu ; mais pour comprendre au lieu de
sentir et par conséquent pour donner à son auditoire
non une manifestation de sa sensibilité, chose incom-
municable ou très superficiellement communicable,
mais une conclusion de son intelligence, chose qui
peut entrer dans le domaine commun. Il faut savoir
énormément pour comprendre, et même à demi, n'importe quoi. Il faut savoir, par exemple, toute la littérature latine pour comprendre *ce que veut dire* tel

vers de Boileau. Il faut savoir tous les tragiques
grecs pour comprendre ce que Racine a voulu mettre
dans tel vers, et donc, pour savoir, non pas comme
vous le comprenez, ce qui n'est rien, mais comme il
le comprenait, ce qui est tout. Il faut, — il faudrait,
hélas ! — connaître toute la petite, toute la basse,
toute l'absurde littérature du temps de Voltaire et de
Rousseau, pour comprendre telle phrase, ou de leur
correspondance ou même de leurs œuvres didactiques
qui étonne, qui embarrasse, qu'on sent très bien qu'on
n'entend point et qui est une allusion, volontaire ou
inconsciente, et de réprobation ou d'adhésion, à quelque chose qu'ils ont lu et qu'avaient lu leurs contemporains.

Taine plongeait les hommes de génie dans leur
« milieu » pour expliquer l'éclosion du génie. Nul
doute qu'il n'eût tort ; car c'est l'explosion du génie
que rien n'expliquera jamais; mais les pratiques et
les démarches du génie, mais tout son détail, ce n'est
que par le « milieu » qu'on y comprend quelque chose
et, partant, il faut le connaître ; il faudrait le connaître
tout entier y compris les conversations de l'homme de
génie avec son entourage ; tout au moins, il faut le
connaître autant que possible et, jamais, simplement
pour comprendre, on ne le connaîtra assez.

Tenez : Corneille est un génie prodigieux, je ne

songe pas à le contester ; mais aussi il n'est pas inutile, pour comprendre l'évolution en apparence irrégulière de son génie, de savoir que Corneille est un chroniqueur, un actualiste, que chacun de ses poèmes dramatiques (du moins jusqu'à un certain âge) est « l'article à faire », l'ouvrage directement inspiré par ce dont il est question cette année-là dans les conversations. Dirai-je en conséquence que si l'on n'est pas au courant de l'histoire presque anecdotique de 1630 à 1650, on ne comprendra rien à Corneille ? Non, sans doute ; mais que, sans la connaissance assez complète de cette histoire, des choses très importantes nous échapperont ou nous paraîtront étranges dans le théâtre de Corneille ; et de purs et simples contresens, et très graves, seront faits.

L'information historique empêche le critique de se borner à sentir une âme du XVIIe siècle avec une âme du XXe ; et c'est-à-dire qu'elle l'empêche d'aller purement au hasard dans l'interprétation, ou qu'elle l'empêche de donner simplement et exclusivement son émotion, ce qui n'est plus interpréter du tout.

Donc, avant tout, savoir et savoir beaucoup ; non pour enseigner beaucoup de choses, ce qui serait simple cuistrerie ; mais pour comprendre exactement un petit nombre de choses et pour les expliquer exactement ; — et aussi pour enseigner qu'il faut savoir beaucoup pour expliquer quoi que ce soit.

Au savoir il faut ajouter la méthode, les méthodes, parce que c'est encore ce qui est communicable, tandis que la finesse d'esprit ou la force d'esprit ne le sont pas ; parce que c'est, encore, ce dont on peut munir les jeunes esprits et ce qui leur convient *à tous* et peut leur servir *à tous*, tandis que notre façon de sentir, ou n'est pas transmissible ou n'est transmissible qu'à tel qui se trouve nous ressembler, ou ne serait qu'imitée et contrefaite et alors serait seulement ridicule, comme nous l'apprend La Bruyère quand il nous dit : « Je rirais de quelqu'un qui voudrait avoir ma démarche et mon son de voix. »

Les méthodes pour savoir faire la critique des textes, c'est-à-dire pour établir avec le dernier degré de probabilité quel est le texte vrai et quel le texte erroné ; les méthodes pour établir quelle est la langue usuelle d'un auteur et en quoi elle diffère de la langue commune de son temps et pourquoi (probablement) elle en diffère ; les méthodes pour établir à quelles influences a obéi un auteur de telle date à telle date, étant posé avec le plus de certitude possible et non pas au juger, avec qui il a fréquenté, ce qu'il a lu, ce qu'il n'a pu lire, ce qu'il a vu et ce qu'il n'a su que par ouï dire, etc. ; — ces méthodes qui ne mèneront jamais qu'à des probabilités, car nous sommes ici « dans une pauvre science conjecturale », mais qui feront qu'on serrera de plus en plus près la vérité ; ces méthodes sont choses sur lesquelles on peut s'entendre, sur lesquelles on s'entend, tandis que sur les questions de goût on ne s'entend pas ; et ces méthodes sont communicables et transmissibles et certainement sont plus ou moins efficaces selon l'esprit qui les emploie ; mais encore peuvent et doivent servir à tous, ne sont pas différentes, ne peuvent être différentes, employées par celui-ci ou par celui-là ; donc sont ce qui peut être enseigné, sont la seule chose qui puisse être enseignée, et étant la seule chose qui puisse être enseignée sont la seule chose qui doive l'être et, en dernier mot, sont, par conséquent, l'enseignement lui-même. Le reste est culture ; ceci seul est enseignement.

Que cet enseignement ait ses excès, ses travers, ses manies, comme tout enseignement et comme tout travail intellectuel, il est si superflu qu'il est naïf de le dire. Il peut donner cette manie des fiches, je n'ose dire cette fichomanie, dont on fait tant de gorges chaudes depuis quelque temps ; il peut amener quelques apprentis à faire des livres qui ne sont que sacs où l'on a versé des fiches. Il peut amener à ne pas faire de livres du tout. J'ai vu à la Bibliothèque nationale un jeune homme qui me montrait un volume manuscrit de deux cents pages, d'une écriture très fine, admirablement ordonné et disposé : « Je veux écrire un livre sur Petrus Borel, et ceci, c'est la bibliographie de Petrus Borel. J'y travaille depuis trois ans. Mais est-ce assez bien établi, cette bibliographie de Petrus Borel ! — Certes ! » Et je conclus, ce qui n'a pas été démenti par l'événement, que jamais ce jeune homme n'écrirait son livre sur Petrus Borel.

Oui, sans doute, cet enseignement peut conduire à la minutie stérilisante, parce que tout à son excès pour les esprits faibles ; mais cet excès-ci vaut encore mieux que l'opposé ; car enfin laisser une bonne bibliographie, qui peut servir à un autre, est préférable à écrire un livre où il n'y a rien. La minutie d'un esprit minutieux sera une simple manie de collectionneur ; mais la minutie méthodique d'un esprit consciencieux n'empêchera jamais d'avoir du talent et préservera le talent de ses écarts.

Et cette minutie, les gens que la méthodologie épouvante la trouvent bien vite où elle n'est pas, et il ne faudrait point que le public s'y trompât. On s'est indigné sur certains sujets de composition donnés aux étudiants : « Étudier le rôle de l'adjectif ou du verbe dans cette page de Montaigne. » Se peut-il sujet plus ridicule ! — Mais s'il vous plaît, si vous

n'avez pas étudié comment Montaigne emploie l'adjectif ou comment il emploie le verbe, et s'il a
préférence pour l'emploi de l'adjectif ou pour celui
du substantif, et si son adjectif est plutôt moral ou
plutôt pittoresque : vous pourrez savoir si Montaigne
est plutôt sceptique ou plutôt stoïcien, oui, peut-
être ; mais vous ne saurez rien de la langue de Montaigne qui, étant sans doute la marque de son âme
en tant qu'artiste, a cependant quelque importance.

Savoir le plus possible, pour comprendre le plus
possible ; avoir des méthodes sûres pour savoir plus
précisément et pour comprendre plus exactement,
c'est le solide de l'enseignement, c'est l'enseignement
solide tout entier.

— Mais, me dira peut-être quelqu'un, vous plai-
dez depuis une heure contre vous-même. — Il y a
apparence ; car mon information est très courte, et
je n'ai jamais eu la moindre méthode ; mais il ne s'a-
git pas de moi, qui remonte à un temps où l'enseignement littéraire méthodique n'existait pas et où l'on ne
pouvait mieux faire que d'appeler dans une faculté pour
y montrer le français un bon professeur de rhétorique ; il s'agit de l'enseignement tel qu'il est constitué
en 1910 et de savoir ce qu'il vaut et d'indiquer au
public, insuffisamment renseigné, au moins quel en
est l'esprit et le dessein, sur quoi le public pourra juger.

J'ajoute un seul mot que j'ai déjà dit, il y a quelques années, quand commençait la campagne contre la Faculté des lettres, mais qu'il n'est pas absolument impossible qu'on ait oublié. Montesquieu répétait qu'il fallait corriger le climat par les mœurs et corriger les mœurs par les lois. Autrement dit, il ne faut point incliner volontairement du côté où déjà l'on penche, mais plutôt, au contraire. Or le penchant du Français est du côté des idées générales et de la rhétorique brillante. Ce n'est donc pas ces inclinations qu'il faut favoriser, flatter, caresser et entretenir sur le budget de l'État. C'est affaire d'industrie privée. Les conférenciers et les journalistes y suffiront. Ce qu'il faut certainement, c'est développer les facultés contraires : l'amour des faits et l'amour de l'étude méthodique du fait. Je dis : fût-ce avec un léger excès. N'ayez peur, il y aura toujours du déchet. « En morale, a dit Joubert, pour atteindre le milieu, il faut aspirer au faîte. » En tout ce qui coûte de l'effort, il faut faire ainsi. Visez à faire des professeurs français des philologues pour obtenir qu'ils soient des demi-philologues.

On nous crie : « C'est au moment où, en Allemagne, les universités s'efforcent aux idées générales, et à la composition lumineuse et à l'ordonnance artistique et à la belle présentation des idées, que vous aspirez aux délices de la philologie sèche dont elles se dégagent et s'affranchissent ! » Si les Allemands font ainsi, ils ont raison ; ils combattent les défauts qu'ils sentent qu'ils ont et qu'ils sentent qui leur sont naturels. Nous ferons exactement comme eux en faisant l'inverse. Nos défauts sont contraires aux leurs ; donc la réforme dont ils nous donnent l'exemple consistera pour nous à prendre un peu de ce qu'ils abandonnent et à abandonner un peu de ce qu'ils prennent. Eux et nous, nous aurons beau faire, le caractère ethnique est toujours là ; ils seront toujours plus philologues que nous, et nous serons toujours plus rhétoriciens qu'eux.

La philologie et la méthodologie de la Sorbonne ne sont pas un danger national.

L'ÉCOLE DES CHARTES ET LA SORBONNE

Cet article parut, sous la signature mystérieuse de Lucien, dans *la Revue politique et parlementaire* du 10 septembre 1910. Il précise certaines tendances des méthodes historiques de la Sorbonne et nous fournit sur plusieurs points d'utiles renseignements. Nous en reproduisons l'essentiel.

Pour comprendre l'esprit de la Nouvelle Sorbonne,

il faut se rappeler l'esprit de l'ancienne, et particulièrement l'histoire qu'on y enseignait, il y a cinquante ans : des leçons élégamment préparées, et bien dites, des narrations composées pour un public de gens de goût, chapitres successifs de livres historiques dont le fond importait moins que la forme ; essais qui ne valaient que par la personnalité du professeur et de l'écrivain, et fort peu par les résultats acquis, variantes des mêmes thèmes indéfiniment reproduits, sans profit pour l'éducation des étudiants et le progrès des connaissances historiques. L'Université, dont l'élite se recrutait à l'Ecole Normale, laissait, avec un dédain peu justifié et dangereux, ce qu'on appelait l'érudition, c'est-à-dire le soin de rechercher les documents, les faits précis, la nature-même de l'histoire, aux élèves formés dans l'étude du moyen-âge par l'Ecole des Chartes. Très fière de l'éclat et de la supériorité de ses maîtres, elle souriait de l'effort dépensé sans grâce et sans conception générale dans les bibliothèques et les archives par des érudits condamnés, selon elle, à une tâche inférieure. Que de malentendus et de haines tenaces se sont alors glissés ou créés entre les historiens de l'Ecole Normale et les chartistes par le dédain maladroit des uns et la jalousie ou les rancunes des autres !

★

Aux approches de 1870, et avant même d'avoir reçu les leçons de la défaite qui fit mieux connaître l'Allemagne à la France, l'Université commençait de se transformer. Au souci de la forme et de la clientèle des honnêtes gens, elle joignait, à partir de 1862, l'effort nécessaire pour renouveler, enrichir la nature de ses leçons, et pour y attirer les étudiants apprentis-ouvriers des progrès futurs, V. Duruy créait l'Ecole des Hautes-Etudes. Fustel de Coulanges achevait *la Cité Antique*, cette puissante synthèse appuyée sur les recherches de détails les plus précises. Dans cette transformation, deux phénomènes essentiels à noter : d'abord, que l'initiative vint en grande partie de cette maison de la rue d'Ulm, qui avait paru la citadelle irréductible des lettrés choisis au concours dans les rhétoriques des lycées, gens d'esprit superficiel et dédaigneux des fortes études ; puis qu'un rapprochement décisif parut se faire alors entre les hommes nourris des méthodes d'érudition à l'Ecole des Chartes et les historiens de l'Ecole Normale. *La Revue critique* groupait Paul Meyer, Gaston Paris, Gabriel Monod, Morel-Fatio. Bientôt *la Revue historique* allait paraître, par la collabo-

ration de Monod et de Fagniez, avec le concours
d'hommes comme Cheruel, V. Duruy, Fustel de
Coulanges, normaliens qui ne dédaignaient plus les
chartistes, chartistes qui n'avaient rien à envier aux
normaliens, quand ils s'appelaient Gaston Paris et
Morel-Fatio. Ainsi se forma toute une nouvelle école
d'historiens, entre 1870 et 1880, à la rue d'Ulm ;
d'abord par les leçons de Fustel de Coulanges, celles
de Lavisse ensuite et de Monod, sous l'impulsion
d'Albert Dumont, appelé à la direction des Universités françaises où se multipliaient les chaires d'histoire. C'étaient Bayet et Bloch, adjoints, à Lyon, à
l'éminent historien des *Chevaliers romains*, Emile
Belot, Luchaire, Jullian et Radet à Bordeaux. Guiraud à Toulouse, Pfister et Diehl à Nancy, Bourgeois
à Caen, Fabre à Lille. Par leurs travaux inspirés
d'une même méthode, et leurs leçons qui formaient
des étudiants devenus des maîtres à leur tour, tous
les domaines de la science historique, depuis l'anti-
quité jusqu'aux temps contemporains, se trouvè-
rent en quelques années éclairés d'une lumière nouvelle. Ils disaient, ils pratiquaient ; ils enseignaient
une façon meilleure d'apprendre à la nation l'histoire, son histoire particulièrement, la lecture attentive des témoignages et des textes, la critique méthodique des preuves, le doute et les dénombrements

exacts recommandés par le Maître de la pensée moderne, dans *le Discours de la Méthode*.

Il serait inutile de contester l'influence très réelle et très grande que l'Allemagne savante exerça sur ces générations d'historiens, leur désir d'égaler les Universités françaises renaissantes aux foyers de culture germanique riches de chaires et d'élèves. Ces normaliens, professeurs dans l'Ecole qui se transformait par leurs leçons ou dans les écoles provinciales constituées par les boursiers de licence et d'agrégation, n'avouaient pas moins leur commerce avec les historiens d'outre-Rhin que leur estime pour les ressources accumulées par l'érudition française depuis les bénédictins jusqu'à Quicherat, Paul Meyer et Léopold Delisle.

Mais on les jugerait bien mal, ces élèves de Fustel de Coulanges, de Zeller, de G. Monod, de Guiraud, si on ne voyait en eux que des imitateurs serviles des professeurs allemands, des fouilleurs d'archives, des éditeurs passifs d'inscriptions antiques, de dossiers inédits du moyen-âge, des collecteurs de fiches, des érudits uniquement préoccupés de ramener le travail historique, par un prétendu désir de l'assimiler aux sciences physiques, aux médiocres pratiques d'une analyse dépourvue d'horizon, de substance et même d'intentions artistiques.

A défaut de leurs leçons, que nous ne pouvons invoquer comme preuve du contraire, tout en témoignant hautement des ressources qu'en province ou à Paris, il y a vingt ans, nous y avons puisées, leurs œuvres et celles de leurs élèves attestent assez que la méthode historique pratiquée, enseignée par eux n'était point celle des séminaires germaniques, ni l'unique étude des sources, de la chronologie, ni seulement la recherche minutieuse et érudite substituée à la connaissance générale et large du passé. Sans doute, ils avaient justement compris et nous avaient fait utilement comprendre que la forme seule en histoire ne pouvait plus suffire, qu'elle gagnerait même à la solidité du fond, que, pour « quelques heures de synthèse, il faut des années d'analyse ». Ils avaient dépouillé le dédain de leurs devanciers pour l'érudition. Ils l'appelaient à leur aide, ils recouraient à ses méthodes, à ses instruments, à ses recueils, reconnaissants du concours qu'elle leur prêtait. Mais s'ils nous invitaient à lui demander à notre tour les mêmes leçons, les mêmes services, leurs œuvres comme leurs conseils nous avertissaient assez de ne pas confondre l'histoire avec l'érudition, l'édifice avec la charpente, et l'architecture avec les fouilles du terrain et le choix des matériaux.

Je me contenterai d'indiquer ici les belles *Etudes*

économiques de Guiraud sur les sociétés anciennes, l'*Histoire des premiers Capétiens* de Luchaire, et surtout sa magistrale et vivante *Histoire d'Innocent III, la Gaule Romaine* de Jullian; les remarquables *Études byzantines* de Diehl, *l'Europe contemporaine* de Seignobos, enfin la grande chronique provinciale de Nancy et de Lorraine qui a mérité à Pfister l'attention de l'Académie française et le prix Gobert. Livres solides, consciencieusement préparés et documentés, mais synthèses aussi, d'une époque, d'une région, d'une société, œuvres nourries d'idées autant que de faits, achevées de forme autant que de matière, vivantes, agréables et vraies tout ensemble, les seuls exemples à prendre pour juger la méthode historique enseignée dans nos Facultés des lettres jusqu'au jour où d'autres influences y ont prévalu, qui n'était plus, hélas ! celles des Maîtres de la rue d'Ulm.

Tandis que, par souci de la vérité et scrupule de libéralisme, l'École Normale oubliait qu'elle avait pu avoir des ennemis, des rivaux, qu'elle avait pu même s'en faire avec les érudits trop longtemps relégués aux archives ou avec les étudiants appelés en Sorbonne et dans les Universités nouvelles, cette sorte de désarmement invita, aux environs de 1890, ses adversaires à la revanche, voire même à la conquête. La lutte fut si adroitement menée qu'encore aujourd'hui le choix des armes, la qualité des champions déclarés ou déguisés, la souplesse de la stratégie dissimulent l'âpreté, la ténacité des efforts, et même l'étendue du succès.

Le premier moyen fut l'envie excitée parmi les étudiants des Universités, ceux de Paris surtout, contre les privilèges acquis par le concours d'admission aux normaliens, l'enseignement spécial dont ils profitaient à la rue d'Ulm, leur succès assez régulier dans les concours d'agrégation, qui semblait aussi un privilège, leur succès au doctorat qui déterminait leur carrière supérieure, en moyenne, à celle de leurs concurrents. Dans une société démocratique, l'envie est un engin de destruction appréciable ; mais d'un maniement difficile pour des hommes de science. Les chartistes en confièrent plus volontiers l'emploi à des députés qui invoquèrent d'autres motifs naturellement, les économies à réaliser avec le budget de l'Ecole Normale. Un Parlement économe, il y en a, est bien faible devant d'aussi forts arguments.

Le grand et décisif moyen fut trouvé dans les coulisses de la Sorbonne autour de l'année 1900. On alla le découvrir précisément dans tout l'effort que, depuis vingt ans, les normaliens avaient fait pour renouveler les études historiques, chez eux, dans les Universités, en France. De quoi ces professeurs se mêlaient-ils, plutôt que d'apprendre leur devoir de maître! Avec leurs prétentions à la synthèse et au style, ils n'étaient point capables d'atteindre l'idéal de la pure érudition, la seule et vraie science. Et, tandis qu'ils s'y efforçaient, ils négligeaient leur seule tâche, paraît-il. Il n'était pas question, bien entendu, de renvoyer les chartistes à leurs archives, mais les normaliens à leurs classes des lycées.

Alors une singulière entente s'établit à la Sorbonne entre l'historien éminent dont l'Ecole Normale avait formé le talent, les amitiés, la carrière, le tempérament de maître et d'artiste, et qui avait lui-même appelé les normaliens au travail scientifique, et un groupe d'historiens, à qui son influence toute puissante à la Sorbonne et dans l'Université devait bientôt livrer toutes les ressources nécessaires à leurs desseins résolument hostiles à l'esprit et aux méthodes de la rue d'Ulm. Avec un tel chef, la petite troupe conquérante arbora le drapeau de la « lutte de classes ». L'un des plus ardents, qui n'avait d'ailleurs jamais enseigné dans les lycées, quoique agrégé, se fit installer au ministère de l'Instruction publique pour apprendre aux ministres, aux députés, au public, qu'il y avait une pédagogie, ce qu'elle devait être, et que l'Ecole Normale la négligeait.

Il se sentait appuyé par un autre chartiste, à qui l'amitié du grand normalien avait été un bienfait des dieux, qu'elle avait conduit directement, sans la moindre obligation d'enseigner en province, à une chaire de Sorbonne, créée pour lui. L'éminent organisateur des études d'histoire de la Révolution française se joignit à eux. N'étant point jusque-là historien de profession, mais justement soucieux de donner à ses études un caractère d'impartialité et une base solide qui les élevassent au-dessus des disputes de parti, il recherchait avec passion aux archives les textes, pour les éditer et les laisser parler le plus souvent. Il était devenu ainsi le bénédictin, le chartiste des temps contemporains que les érudits de la rue des Francs-Bourgeois appliqués au moyen-âge négligeaient trop, prêt à sacrifier l'Ecole Normale, dont il ne connaissait pas les méthodes historiques, sur l'autel de l'érudition qu'il aimait avec l'ardeur d'un néophyte. Alors les bûchers « pédagogiques » s'allumèrent en Sorbonne, au Parlement où l'œuvre d'inquisition contre l'Ecole Normale dura trois années, dans le public animé par des articles savants ou enflammés, contre ces professeurs qui. soi-disant, négligeaient leur mission d'enseignement.

S'ils donnaient comme excuse que vingt ans plus tôt le principal promoteur de cette campagne les invitait au travail personnel, à la recherche historique nécessaire à l'entretien de leurs facultés de curiosité et de défense contre la routine scolaire, leurs arguments parurent raisons d'hérétiques entêtés dans leur erreur.

L'Ecole Normale fut exécutée, mais à petit feu, moins brutalement que Port-Royal autrefois. L'enseignement en fut surtout supprimé. Le temple fut consacré à la « pédagogie »; la Sorbonne chargée désormais de fournir aux élèves de la rue d'Ulm, qui n'y devaient plus chercher qu'une chambre, la nourriture du corps, et d'une âme dressée à la pédagogie, les vrais principes de la méthode historique.

Si l'on avait dit aux Français, en 1870, que la renaissance de leurs Universités aurait pour conséquence principale la condamnation de l'Ecole Normale, deux fois victorieuse en ce XIXe siècle des tentatives criminelles de la Restauration et de l'Empire contre l'Université libérale, si on leur avait proposé de réduire toutes leurs institutions de haute culture, d'enseignement du goût et des idées générales philosophiques ou historiques, des lettres enfin, aux pratiques de l'érudition que l'on enseignait alors à l'Ecole des Chartes, de tels pronostics, un pareil programme les auraient trouvés défiants, ou souriants

Et pourtant, c'est le spectacle qui nous est aujourd'hui donné par la Sorbonne, par les Universités françaises dont le représentant au Conseil Supérieur est un chartiste aussi, plus animé qu'aucun de ses collègues par la victoire, incomplète à son gré, remportée en 1904 sur l'Ecole Normale.

Il ne faut pas s'y tromper, depuis cette victoire, ce n'est pas la méthode historique, ce ne sont pas trois ou quatre personnalités qui se sont emparées de la Sorbonne ; c'est l'Ecole des Chartes avec ses habitudes et ses disciplines étroites, sa conception de l'histoire bornée au classement des dossiers, au déchiffrement des textes, à leur publication, aux monographies, enfermée dans un cercle étroit où ne pénètrent ni les hypothèses fécondes, ni les idées larges et vivifiantes, l'Ecole des Chartes et les chartistes soutenus dans cette campagne par la force de leurs prétentions collectives ou de leurs rancunes accumulées. Depuis longtemps, ils avaient réussi à interdire aux normaliens, fussent-ils Fustel de Coulanges, Luchaire, Monod et Guiraud, l'accès de l'Académie des Inscriptions, devenue le domaine exclusif des médiévistes

qu'ils désignent. Ils disposent maintenant de la Sorbonne ; demain, par les étudiants qu'ils y formeront,
des Universités, et déjà des programmes d'examens
qu'ils modèlent sur les exercices et les coutumes de
leur maison. La confection d'un index, l'édition d'un
texte, ou sa « datation » sont devenues dans la licence
d'histoire les épreuves recommandées aux jeunes
gens qui viennent demander à nos Facultés les ressources nécessaires au développement de leur culture
et de leur esprit. L'École Normale, je crois, leur
offrait mieux.

On peut s'étonner peut-être que des maîtres comme
Denis, Debidour, Collignon, Bourgeois, se soient
inclinés devant les exigences de cette domination
étroite et tyrannique. Il semble qu'ils se faisaient
une autre idée de la méthode historique. Sans doute,
ils n'ont pas su ou voulu manier l'arme qui tranche
aujourd'hui les débats de programme à la Sorbonne.
Ils ne sont pas du groupe qui excelle à s'en servir.
Les deux représentants de la Faculté au Conseil de
l'Université, choisis parmi les titulaires les plus nouveaux, se sont signalés au contraire à l'attention des
pouvoirs publics par leurs ardeurs pédagogiques.

Beaucoup de « pédagogie », remède souverain
contre le mal que l'École Normale infusait lentement
à l'Université, quelques déclarations de méthode

conformes à l'idée de l'Ecole des Chartes, voilà le
secret de l'influence réservée aux futurs maîtres de
la Sorbonne.

Le dernier mot appartient aux étudiants qui représentent l'avenir, et qui paraissent trouver bien lourd
le joug de cette érudition étroite et pauvre, et terri-
blement encombrante.

LUCIEN

—

M. BOUTROUX ET L'ENSEIGNEMENT
PHILOSOPHIQUE

Voici l'intéressante réponse que fit M. Boutroux à un
de nos confrères, M. de Tessan, qui, à la suite de notre
article sur *la Sorbonne et la Culture philosophique*, lui
demandait son sentiment sur l'état actuel des études philosophiques. (*Liberté,* 26 septembre 1910.)

— Je sais que l'on a une tendance à morceler la
philosophie et à la confondre avec les sciences diverses dont elle devrait rester à la fois la source et le
but harmonieux. Pour ma part, je regrette cette
direction. A quoi tend la philosophie? A nous faire
comprendre quelle est notre place dans le monde, à
nous inspirer ce désintéressement qui nous permet
de juger de la valeur de chaque chose et de notre

propre valeur parmi ces choses ; en un mot, à nous donner ce que les anciens appelaient la Sagesse.

« Or, aucune science particulière ne saurait nous apporter cette sagesse qui ennoblit l'esprit et lui permet de synthétiser avec grâce les vérités qu'il peut recueillir. Je suis de ceux qui croient que la science ne suffit pas à la vie. Des penseurs fameux ont émis cette proposition, et je m'y rallie volontiers.

« L'expérimentation poussée à ses extrêmes limites n'arrive jamais à satisfaire l'intelligence, et la sèche constatation des faits ne calme pas notre besoin de savoir, si nous ne sommes pas guidés par un idéa-supérieur. On a souvent identifié la science et la raison. A mon avis, c'est une erreur ; la science ne suffit pas à la raison, à laquelle un plus vaste épanouis-sement est nécessaire.

« Il importe de rechercher cet épanouissement avec indépendance et libéralisme en dehors des cote ries, de l'attirail encombrant des fiches, du dogma-tisme intransigeant. »

— Comment, mon cher maître, en sommes-nous arrivés à ce morcellement de l'enseignement philoso-phique qui en détruit la grandeur ? Ne serait-ce point par une réaction contre les générations précédentes qui sacrifiaient beaucoup à l'idée générale et à la forme ?

— « Votre objection est juste. L'esprit romantique a longtemps dominé dans les Facultés des lettres et notre philosophie s'en est ressentie. Je me rappelle que, lorsque j'étais tout jeune, nos maîtres avaient quelque mépris pour les sciences, et les bons élèves étaient tous dirigés vers les lettres. On visait à l'harmonie et l'on s'exerçait aux souplesses de la philosophie de Cousin : vous savez, le Vrai, le Beau, le Bien...

« Naturellement, le prodigieux développement des sciences a renversé tout cela, et au lieu de cultiver agréablement l'ensemble des connaissances générales, les professeurs se sont mis à diviser à outrance le travail scientifique.

« Un excès a engendré l'autre. Actuellement, nous possédons une foule de spécialistes adroits, mais dont l'imagination est insuffisante, l'orgueil démesuré et l'intelligence de la vie absolument incomplète. Non, ils n'auront jamais cette sagesse dont je vous parlais tout à l'heure, qui n'est acquise que par une discipline variée, l'habitude de manier des idées, la volonté de s'intéresser à un idéal philosophique. »

— Croyez-vous donc, mon cher maître, que la philosophie est en danger ?

— « Non. J'ai toute confiance, et s'il y a une crise, elle ne sera que passagère. Tant qu'il y aura des hommes et qui penseront, il y aura des philosophes. Il suffira qu'à un moment donné surgisse le génie capable de s'élever au-dessus de la somme des connaissances de son temps et de formuler des principes qui fixeront dans toute sa splendeur la *sagesse* de cette époque. Il ne peut naître chaque jour un Platon, un Descartes, un Leibnitz..., mais il importe que, durant les périodes de transition, l'esprit philosophique soit soigneusement entretenu.

« A l'heure présente, nous assistons plutôt à un renouveau de l'esprit philosophique dans le monde. Les Américains travaillent beaucoup, de même les Anglais ; les Italiens ont produit ces temps-ci des œuvres originales et si les Allemands ne se distinguent plus par des noms marquants, du moins maintiennent-ils une moyenne très satifaisante dans leurs études. Quant à la philosophie française, elle conserve son éclat et nous n'avons aucun motif d'en désespérer. Il s'agit surtout de réorganiser ce qu'on appelle à tort l'enseignement supérieur. »

— Sur quelles bases ?

— « Voici. Les Facultés des lettres et des sciences ne devraient pas être des sortes d'instituts pédagogiques. Un régime de hautes études extrêmement souple, divers, généreux, devrait être substitué aux mœurs actuelles.

« Edmond About s'écriait un jour ironiquement :

« Mais l'Université, pour les universitaires, c'est un cercle vicieux. » En effet. l'Université ne devrait pas avoir pour but de former des professeurs, mais de distribuer la pâture intellectuelle a toute une jeunesse avide de s'instruire et de recevoir une préparation sérieuse pour la lutte des idées. La Sorbonne devrait être un foyer aux flammes multiples, accueillant à tous les talents, à tous les enseignements, à toutes les doctrines.

« Chacun viendrait là orienter sa pensée selon ses besoins et la mûrir en toute confiance avant de s'engager dans les recherches spéciales. Remarquez qu'un pareil système n'empêcherait nullement les travaux de détail et la multiplication des laboratoires nécessaires à l'avancement des sciences. Mais, à côté de toutes les spécialités scientifiques, il serait permis à une jeunesse studieuse de s'intéresser en même temps au mouvement général auquel il est dans sa destinée de participer.

« Et d'abord, je voudrais, avant que les jeunes gens ne pénètrent dans les Facultés, qu'ils aient lu et commenté dans les établissements d'enseignement secondaire les meilleures pages des auteurs philosophiques On ne lit pas assez les philosophes. Il faut parcourir les étapes qu'ils ont marquées dans l'histoire de l'humanité pour arriver à celle que nous devons parcourir. Cet entraînement serait excellent s'il était méthodiquement pratiqué et réveillerait l'enthousiasme des futurs étudiants. Ils auraient déjà un bel élan en abordant les hautes études.

« Quant à ceux qui se destinent spécialement à l'agrégation et au professorat, ils recevraient, *en dehors* de la Sorbonne et des Facultés, les leçons pédagogiques nécessaires à leur profession, alors qu'actuellement il semble que notre enseignement supérieur ne s'adresse qu'à de futurs professeurs.

« Que l'université soit une mère accueillante pour tous, sans préjugés, imbue d'un libéralisme fécond, et vous verrez que la philosophie nous apportera des consolations sans cesse renouvelées. »

Et M. Emile Boutroux conclut avec une énergique douceur :

— « Comment vivrait-on sans philosophie ? »

LES RESPONSABILITÉS DE LA SORBONNE

M. René Doumic, de l'Académie Française, a résumé en un bel article du *Gaulois* (2 octobre) la polémique soulevée à propos de l'enseignement de la Sorbonne. Il rend un hommage qui nous touche à l'utilité de nôtre campagne. Nous en reproduisons le fragment suivant.

L'atmosphère de la Sorbonne est changée, dit textuellement Agathon. « Dans ces cours renommés, véritables conservatoires de la haute culture française, où l'on était accoutumé à trouver des idées générales précises, du goût littéraire, de la finesse, de la mesure, de sobres synthèses, l'on n'entend plus parler aujourd'hui que de méthodes scientifiques et de bibliographies. L'explication personnelle des auteurs, l'analyse des idées sont remplacées par le commentaire philologique, l'étude des sources, la chronologie et la filiation des textes. On est frappé, dès l'abord, par je ne sais quel aspect contraint et discipliné des études, semblable à celui qui caractérise les *séminaires* germaniques. » Et, à l'appui de cette affirmation, il apporte un luxe de preuves.

On étudie encore, à la Sorbonne, les chefs-d'œuvre de notre littérature, mais non plus pour que l'étudiant s'en assimile la substantifique moëlle ; non, c'est pour qu'il en connaisse les références, l'histoire du texte et la liste des éditions. Toutes choses qui ne sont pas négligeables, certes ; mais qui sont l'accessoire et non le principal, l'auxiliaire et non l'essentiel ; et enfin et surtout qui sont pour la satisfaction de quelques érudits, non à l'usage d'une jeunesse chez qui il s'agit de mûrir l'intelligence et d'affiner la sensibilité. On veut calquer l'enseignement des

lettres sur celui des sciences, transporter dans le
domaine des sciences morales l'appareil des sciences
physiques. On tombe dans la superstition et dans la
puérilité. On se paie de mots, et c'est pitoyable. Il
paraît qu'on appelle à la Faculté des lettres *Laboratoire de philologie française* une salle où les étudiants se livrent tout bonnement à l'étude des auteurs
du programme. O science, que de sottises on aura
commises en ton nom ! Emile Zola se croyait un
savant quand il tirait des épaisses fumées de son
imagination la louche épopée des *Rougon-Macquart*
Et voici que des apprentis licenciés, parce qu'ils ont
mis en « fiches » les auteurs du programme, se
décernent eux aussi un brevet de savants ! Le malheur
est que les professeurs chargés de juger leurs compositions aux épreuves de licence ou d'agrégation, y
constatent une désolante médiocrité : plus de personnalité, aucun souci de la forme, le décousu, la platitude, l'incorrection. Mais cette médiocrité même
n'est pas seulement un résultat, elle est un but. Le
talent a cessé de plaire. On adapte le haut enseignement à la taille et à la mesure des médiocres qui sont
le nombre...

Et ces doléances répétées non par les feuilles d'opposition, mais par des journaux peu suspects de
parti-pris en cette matière, tels que *les Débats* et *le*

Temps, semblent bien traduire l'opinion la plus répandue dans l'Université elle-même.

A ces arguments, à ces exemples, à ces témoignages, à ces faits, que répondent les défenseurs de la Sorbonne ? Ils ne répondent rien, car, à quoi bon, lorsqu'on est le plus fort ? Ou s'ils répondent quelque chose, c'est pour dire : « Oui, oui, nous savons bien quelle est votre arrière-pensée : vous êtes les avocats de la vieille et désuète rhétorique. »

Tarte à la crème ! ricanaient les marquis raillés par Molière. Rhétorique ! répètent les pédagogues poussés dans leurs derniers retranchements. Comme si la rhétorique, qui fut longtemps le couronnement des études pour nos lycéens, avait jamais eu pour objet de former des rhéteurs ! Allons donc ! J'ai eu jadis pour professeur de rhétorique Maxime Gaucher. Il n'y avait pas d'enseignement plus libre que le sien, plus dégagé des formules, plus vivant et plus humain. Nous entrions dans sa classe, la tête farcie de grammaire et de rudiment. Nous en sortions passionnés de littérature française. J'estime qu'il n'avait pas fait de mauvaise besogne. Aucun de mes camarades de ce temps-là, Henri Lavedan, Bergson, Maurice

Le Corbeiller ou Théodore Reinach — celui qui avait réalisé à son profit le trust des prix de concours — ne me démentira.

S'il m'est permis de me citer, j'ai moi-même, pendant de longues années, enseigné la rhétorique. Je ne prétends nullement y avoir réussi. Mais j'y ai travaillé de mon mieux et j'y prenais un plaisir extrême. Mes collègues et moi, nous tâchions d'apprendre aux jeunes gens à tirer quelque chose de leur fonds, et à l'exprimer avec propriété et simplicité, ce qui est joliment difficile. La rhétorique est cela même ; apprendre aux jeunes gens à se rendre compte de leurs idées et à les exprimer avec propriété et simplicité. Est-ce que c'est si ridicule ?

Après Agathon, voici Lucien qui, dans *la Revue politique et parlementaire*, déclare que la coupable n'est pas la Sorbonne : c'est l'école des Chartes.

Il incrimine ses habitudes et ses disciplines étroites, sa conception de l'histoire bornée au classement des dossiers, au déchiffrement des textes, à leur publication, aux monographies, enfermée dans un cercle étroit. « La confection d'un index, l'édition d'un texte ou sa « datation » sont devenues, dans la licence d'histoire, les épreuves recommandées aux jeunes gens... » Et il les plaint d'avoir à porter le joug de cette érudition étroite et pauvre.

Ce n'est pas la faute de la Sorbonne, ce n'est pas la faute de l'Ecole des Chartes, déclare à son tour M. Emile Faguet, dans un article de *la Revue des Deux-Mondes*, qui a fait un joli tapage : c'est la faute de l'enseignement secondaire.

C'est la faute de l'enseignement secondaire, parce que, dans les lycées, on n'enseigne plus le latin, ou on l'enseigne si peu que ce n'est pas la peine d'en parler. Or, la meilleure et peut-être la seule manière d'apprendre le français, c'est de l'apprendre par le latin. D'ailleurs, on n'enseigne pas davantage le français par le français. Les jeunes gens ne lisent plus ; ils n'en ont pas le temps ; ils ont trop de choses à faire. Même on les détourne de lire les vrais maîtres, les créateurs de la langue, qui sont les auteurs du dix-septième siècle, suspects en raison de leurs opinions religieuses, philosophiques et politiques.

M. Faguet le dit, et, puisqu'il le dit, il doit avoir raison. Je voudrais seulement qu'il eût apporté à son verdict un léger correctif. Que l'enseignement secondaire soit dans un état déplorable, tous les professeurs de l'enseignement secondaire, et sans exception, en conviennent. Mais qu'y peuvent-ils? Est-ce l'enseignement secondaire qui fait ses programmes? Du tout. Ils lui sont imposés, d'en haut, par autorité supérieure : on les lui apporte tout faits; à lui de s'en tirer, au petit bonheur. Est-ce lui qui juge ses élèves? Du tout! Les jurys pour le baccalauréat sont présidés par des professeurs de Sorbonne et même, il y a quelques années, étaient composés exclusivement de professeurs en Sorbonne. Est-ce lui qui forme ses propres professeurs? Du tout. Il les reçoit tout formés de la Sorbonne, qui les a préparés, instruits, munis de leurs grades. C'est la Sorbonne qui donne le ton. C'est d'elle que tout part, à elle que tout revient. En sorte que toutes les critiques qu'on adresse à l'enseignement secondaire remontent jusqu'à elle, comme à leur source.

Le résultat de tout cela? M. Faguet l'a formulé en deux ou trois phrases d'un singulier relief, que toute la presse commente à l'heure qu'il est. On parle d'une « crise du français »; M. Faguet écrit : « La crise du français *n'est pas une crise*, c'est une décadence; c'est une décadence définitive et sans retour, compensée par des progrès qui ont lieu dans un autre ordre de choses. On n'écrira plus le français, voilà tout. Il ne sera plus écrit que par un certain nombre d'hommes très restreint, qui en auront le goût par un phénomène d'atavisme et qui seront tympanisés par les petits journaux comme grotesques. Il y aura deux langues : l'une, le français écrit par quelques personnes et compris par ces personnes-ci et quelques autres, peu nombreuses; l'autre, une langue pour laquelle on trouvera un nom, très imprécise, très vague, amorphe, confuse, que personne, à cause de cela, ne comprendra très bien, mais qui servira pourtant de moyen de communication un peu rudimentaire, un peu barbare, entre les hommes et qui aura avec le français quelques rapports éloignés, à peu près reconnaissables encore. » C'est la mort du français.

Mais pouvons-nous prendre notre parti de la mort du français?

..... En signalant cette décadence du français, je suis persuadé que [M. Faguet] a volontairement forcé la note pour nous présenter dans une image saisissante ce qui serait à son avis une catastrophe, pour inquiéter nos consciences et solliciter tous les hommes de bonne foi à faire effort pour la conjurer.

———

LE FRANÇAIS EN SORBONNE

Par ailleurs, *le Temps* (26 octobre) répétait les mêmes doléances dans un article intitulé *le Français en Sorbonne* que nous tenons à reproduire.

Il a plu, pendant les dernières vacances, sur le
temple des hautes études littéraires. De l'avis général, c'est l'enseignement littéraire qu'on y rencontre
le moins. Et la langue maternelle y pâtit cruelle-
ment. En Sorbonne, on parle allemand, anglais,
russe, hongrois, valaque, mandchou, — sans compter le jargon propre aux sociologues ; — mais, hors
de rares exceptions, on n'écrit plus le français.

Le moyen qu'il en aille autrement ? L'altière érudition y exerce un pouvoir sans frein. Toute marque
de personnalité lui est suspecte ; tout effort personnel la met en défiance. On n'écrit plus en Sorbonne
que pour recueillir des notes, beaucoup de notes, ou
collectionner des fiches, beaucoup de fiches, patiem-
ment, passivement. Cette décadence du goût, de la
composition et du style, dont l'enseignement secondaire réformé porte la responsabilité pour une lourde
part, l'université de Paris ne fait rien pour y remédier, alléguant que ce n'est pas son affaire ; et même
elle s'ingénie à la précipiter, sous prétexte qu'elle
n'a d'autre mission sur la terre que d'enseigner la
science ou ce qu'elle donne pour la science. M. Ernest
Lavisse, souhaitant la bienvenue à une nouvelle pro-
motion de l'Ecole normale, a pu jadis lui tenir à peu
près ce langage : « Vous sortez d'entre les mains
d'humanistes distingués, dont il vous faut à présent

oublier les leçons pour devenir des savants. » A la
vérité, quelques-uns de ces jeunes gens deviendront
des savants, si la vie le leur permet, et rien de mieux
que de leleur souhaiter ; mais la plupart seront des
professeurs, c'est-à-dire des humanistes initiés à la
probité de méthodes utiles qui, dans l'enseignement
de la jeunesse, ne suppléent pas à tout le reste.

Qu'on n'apprenne plus à écrire en Sorbonne, il
paraît qu'il s'y faut résigner ; mais il est intolérable
qu'on s'y abstienne d'écrire et qu'on s'en dégoûte. Or,
l'étudiant qui a de bonnes études littéraires (*rara
avis*) ne tarde pas à souffrir de l'isolement parmi
cette foule paperassière, et dans l'atmosphère qui
entoure le saint des saints, ce fameux « laboratoire
de philologie française », lequel se décide. aux dernières nouvelles, à troquer son enseigne prétentieuse
contre celle, toute germanique, « de séminaire ». En
revanche, le type plus commun de l'étudiant de première année, bachelier quelconque ou primaire transplanté en Sorbonne, éprouve tout de suite, en ce
milieu où l'entretien n'est que d'études scientifiques,
de méthodes scientifiques, d'attitude scientifique, un
orgueil de pédant qui lui tourne la tête. Angle et
Teuton, il amasse, entasse, classe ; il dépouille l'En-
gelmann ; il sera licencié demain, après-demain érudit d'avenir, Fulgence Tapir...

Il sera licencié demain, encore qu'il ait pu, durant cette première année, se mettre en frais de méditation et de composition tout juste le jour de l'examen. Cet exercice de la composition française paraît à ce point indifférent que, vienne le mois de juillet, quelques étudiants s'y sont résignés deux fois, beaucoup une seule, et d'autres point. A quoi bon d'ailleurs s'égarer en efforts superflus ? Toutes mesures ont été prises pour les épargner aux étudiants et les dispenser de penser — sinon d'après d'autres. Deux types de sujets sévissent à cette heure dans l'Université.

premier conduit à la Sorbonne et aux bourses de licence et se libelle ainsi : « Commenter et discuter telle page de tel auteur. » Il y faut quelque précision, quelque finesse, quelque savoir à l'occasion ; mais assurément nulle invention, nul sentiment et un style *passe-partout*. Le second mène à la licence et se réduit communément à ceci : « Expliquer telle page de tel auteur. » L'horizon se rétrécit ; il ne s'agit plus guère que d'une explication écrite à laquelle pourront suffire, ou peu s'en faut, les notes prises aux conférences d'explications faites par les professeurs. De vrai, ces jeunes gens seraient fort naïfs s'ils conservaient le goût littéraire, et davantage encore en s'efforçant d'écrire. Ils n'ont que faire d'imagination, d'intuition, de sensibilité, ni de rien qui dénonce

« quelqu'un ». Une bonne méthode sténographique est la plus indispensable des méthodes où ils s'initient.

La seconde année, ils préparent un mémoire pour le diplôme d'études, épreuve préférée de la Nouvelle Sorbonne. Le diplômé supérieur est un garçon patient, méthodique (et cela, certes, est excellent), assez avisé pour s'absorber dans une curiosité infinitésimale et recevoir de son directeur un travail très étroit pour lequel il marque une passion véritable, mais sage et lente et soumise, assez malin pour établir une bibliographie sans avoir trop scruté les livres et pour s attacher de préférence à des textes douteux, fussent-ils d'un intérêt plus douteux encore, mais qui lui permettent de collationner sans méningite les leçons des manuscrits. Labeur estimable, utile, nécessaire si l'on veut, cuisine préalable qu'on ne saurait dédaigner, mais qui, à ses yeux, passe pour l'affaire d'importance. Au mois d'avril, il arrive que le sujet de mémoire n'ait pas été encore précisé ; en mai, on se met en devoir d'expédier les lectures substantielles ; en juin, la rédaction se bâcle ; en juillet, l'étudiant est diplômé ; il prendra le temps de réfléchir, de composer et d'écrire une autre fois. Au style près, qui est incorrect, il ne mérite que des éloges, ayant méthodiquement passé l'année dans une laborieuse paresse d'esprit.

Nous n'ignorons pas que certains professeurs de Sorbonne commencent à se lasser de ces exagérations philologiques, méthodologiques et médiocrifiques. Plusieurs réagissent dans leurs cours, conférences, explications de textes, et sans faire fi des méthodes historiques, ne voient pas le fond de la culture dans l'histoire littéraire, s'efforçant d'appliquer une critique littéraire à la littérature. Il sn'édictent pas un catéchisme pseudo-scientifique, et le culte des petits papiers et des classifications n'est pas leur fait. Tout ce trompe-l'œil dogmatique, dont les apôtres autoritaires si l'on en croit de récents articles de revues) commencent à en rabattre, ne les décide pas à creuser un fossé entre la science des lettres et la culture des lettres. Ils s'efforcent à concilier l'une et l'autre dans leur enseignement et se gardent de confondre les canalisations de l'érudition avec la substance des œuvres. L'Ecole normale aussi, du temps qu'elle existait, conciliait libéralement la science et la littérature. M. Ernest Lavisse y faisait des leçons admirables de solidité, de méthode, de composition et de style. Henri Weill, un vrai savant, n'y étalait pas son érudition de l'air d'un commissaire-priseur scientifique. Les Cartault, les Ollé-Laprune, les Gabriel Monod, les Petit de Julleville formaient des disciples qui se reconnaissent encore, professeurs ou savants, humanistes et historiens, au soin de la composition et au respect de la langue. L'art d'écrire était en honneur dans cette maison. Il n'a fallu rien de moins qu'une coalition d'intérêts et de jalousies pour ruiner cet organe pondérateur de la haute culture. On nous affirme que les jeunes promotions commencent à s'en aviser.

—

M. LE DOYEN CROISET DÉFEND LA SORBONNE

Notre campagne suscita, en Sorbonne, une vive émotion et M. le doyen Croiset nous fit l'honneur de répondre à nos critiques, a la séance de réouverture des Conférences de la faculté des Lettres Ce discours dépassa la portée ordinaire des allocutions qui sont prononcées dans cette réunion annuelle. Nous en reproduisons le texte, extrait de la Revue Internationale de l'Enseignement (15 novembre 1910).

Après avoir présenté des faits qui tendent a prouver la prospérité de la Sorbonne, M. Croiset continua en ces termes :

On a beaucoup parlé de la Sorbonne depuis trois mois, et ce n'était pas toujours pour en dire du bien. Il paraît qu'il y a une « crise du français » et que c'est la Sorbonne qui en est responsable. Deux Grecs d'autrefois, Agathon et Lucien, nous ont fait l'honneur de sortir de leurs tombeaux pour nous dire notre fait. A mon avis, ils retardent un peu ; mais ils sont bien excusables. « Crise du français ! » Voilà une formule qui ne pouvait manquer d'émouvoir le public. Le Français, né malin, adore les polémiques, surtout sur des questions grammaticales et littéraires. Après la question de l'orthographe, la crise du français. Admirable sujet d'articles pour les vacances. Sous ce couvert, d'ailleurs, d'autres préoccupations moins académiques pouvaient se donner libre cours. Bref, nous voici obligés de faire notre examen de conscience, sous peine de paraître indifférents aux fautes qu'on nous reproche. Essayons de voir en quoi consiste notre crime.

A vrai dire, on pourrait se demander d'abord s'il est tout à fait certain qu'il existe une crise du français aussi grave qu'on le dit. C'est devenu, je le sais, une sorte de dogme. Même mon ami Faguet, dans le joli article où il nous défend contre l'accusation d'en être les auteurs, reconnaît qu'il y a crise, plus que crise : décadence ; et son pessimisme résigné en énumère spirituellement toutes les raisons. Si je ne craignais de tomber dans une hérésie trop forte, je dirais que j'ai quelques doutes sur la réalité même du fait qu'il s'agit d'expliquer. Je me demande si la crise du français ne date pas du moment précis où

des hommes ont commencé d'écrire en français !
Dans ce cas, la crise, on l'avouera, perdrait de sa
gravité en perdant de son imprévu. Je cherche vai-
nement une époque où le nombre des mauvais écrivains n'ait pas dépassé prodigieusement celui des
bons. Nous jugeons chaque période du passé sur un
petit nombre de bons livres qui ont survécu et nous
ignorons les autres. Qui sait si la postérité, charmée
par une demi-douzaine d'écrivains exquis de notre
temps, et ignorante du fatras qui nous submerge, ne
nous estimera pas fort heureux d'avoir vécu en un
temps où l'on écrivait un français si délicieux ? Même
à un point de vue plus scolaire, que valent les plain-
tes dont retentissent les journaux ? On fait grand
bruit de certains rapports de jurys d'agrégation où la
faiblesse de la composition française est relevée. Mais
je voudrais bien savoir à quelle époque les jurys
d'agrégation n'ont pas constaté la faiblesse de la
composition française ? Tous les professeurs savent
que le discours français a toujours paru plus faible
en général que le discours latin : ce qui tient à ce
qu'on fait un discours latin avec des souvenirs et
des *centons*, choses qui semblent beaucoup moins
louables en français. Aujourd'hui la composition
latine se fait rare, et rien ne dissimule plus la médiocrité inévitable de la composition française. On

s'étonne de n'y pas trouver plus de **talent** : c'est peut-être naïf. D'excellents juges, des professeurs de lycées sont, je le sais, aussi sceptiques que moi sur cette prétendue décadence. Ils estiment que, si certaines élégances sont moins en honneur, la précision et la justesse sont en progrès, et ils ne jugent pas que la compensation soit insuffisante.

A en croire nos censeurs, il semblerait qu'autrefois, c'est-à-dire il y a vingt-cinq ou trente ans, tout élève sortant du lycée fût en état d'écrire quatre ou cinq pages de français correct et élégant. C'est là une de ces illusions auxquelles sont exposés les hommes qui ne sont plus jeunes, et que d'autres, sans avoir cette excuse de l'âge, adoptent volontiers si elles servent leurs partis pris et leurs préjugés. Je n'ai pas connu cet âge d'or. Mes souvenirs d'écolier, de normalien, de professeur de lycée, de juge au baccalauréat, quelque loin qu'ils remontent, me présentent une réalité fort différente. Quelques-uns, alors comme aujourd'hui, avaient un don naturel d'écrire avec élégance; quelques autres, avec plus d'efforts, arrivaient à maîtriser leur instrument, et la plupart se résignaient à ne jamais écrire que faiblement ou mal. C'est ce que prouverait au besoin le grand nombre de nos contemporains adultes qui, sans avoir jamais été gâtés par la nouvelle Sorbonne, ne rappellent en rien par leur style la manière de nos classiques.

Je crois donc que la crise, si elle existe, a été fort exagérée pour les besoins de la cause. Mais admettons, si l'on veut, que les circonstances soient aujourd'hui moins favorables aux élégances de l'ancienne rhétorique. Est-ce une raison d'incriminer la Sorbonne?...

Je lisais dernièrement dans un journal (*le Temps* du 27 septembre) une enquête sur l'enseignement primaire de Paris. Un directeur d'école croyait remarquer quelque affaiblissement dans les compositions françaises de ses élèves. J'eus un moment d'inquiétude. Etait-ce encore la Sorbonne qui empêchait ces enfants de dix ans d'écrire le français correctement ? Je fus vite rassuré. Le directeur de l'école, homme de bon sens, ne songeait pas à nous; il accusait le goût immodéré des sports, l'attrait des inventions mécaniques, une moindre habitude de la lecture. Je me demandai alors si ces raisons n'étaient pas valables aussi quand il s'agissait d'expliquer la faiblesse de certains bacheliers. Or, justement, M. Faguet, dans un spirituel article de la *Revue des Deux-Mondes*, expliquait de son côté que, si certains candidats baccalauréat étaient peu habiles dans l'art d'écrire, ce au n'était pas la faute de la Sorbonne qui ne les avait pas eus pour élèves, et que si le même fait se répétait parfois à la licence, cela tenait peut-être au même défaut de leur éducation antérieure. Il ajoutait qu'il ne trouvait pas là, pour la Faculté, une raison d'entreprendre une tâche qui ne convenait plus à l'âge des étudiants, et de renoncer, sans profit pour personne, à celle qui lui appartient en propre. Il disait encore beaucoup d'autres choses excellentes sur lesquelles je n'ai pas à revenir, car vous les avez lues ou vous les lirez. Un mot seulement sur le remède proposé par quelques-uns de nos critiques. Il leur paraît que, pour remédier au mal, il suffirait de rétablir, dans l'examen de la licence, l'ancienne dissertation. En d'autres termes, au lieu de demander à nos candidats d'exprimer quelques idées personnelles sur un sujet précis, il faudrait exiger d'eux quelques généralités sur un sujet vague. Cinq ou six exercices de ce genre accomplis dans le courant de l'année, pour la préparation de l'examen, sauveraient la fortune du français. J'avoue sans détours que je me faisais une autre idée des difficultés de l'art d'écrire. Quant à l'effet de ces pensums obligatoires, j'imagine qu'il serait surtout de rebuter nos étudiants, las d'être maintenus dans une enfance perpétuelle. En revanche, je crois à l'utilité des fortes lectures, et aussi des exercices virils qui habituent à parler seulement de ce qu'on sait ; et comme la négligence dans l'art d'écrire est un défaut de tous les âges, et de tous les sujets, j'estime que nous ne saurions trop nous appliquer, dans la correction des travaux qui nous sont soumis, à relever les impropriétés, l'imprécision du langage, le manque de liaison des idées, mais que cette tâche n'implique en aucune façon pour nous l'obligation d'imposer à de jeunes hommes des exercices de lycéens.

Du reste, ce ne sont là que les moindres côtés de la querelle qu'on nous fait. Ces escarmouches sont bonnes pour amuser le public, mais la véritable question est plus grave, et j'ai hâte d'y arriver. On nous reproche surtout d'abuser de l'érudition.

Qu'est-ce donc que l'érudition? Nos critiques prétendent que nous ne songeons qu'aux fiches, à la bibliographie, à la critique des textes. Vilains mots, qui ont un air pédantesque et rébarbatif, bien propre à faire sourire les profanes, et aussi ceux que Malebranche appelait « les pédants à la cavalière ». Que signifient, cependant, ces vocables effrayants? Des choses très simples. Les fiches sont de petits bouts de papier sur lesquels on écrit les choses qu'on craint de ne pouvoir garder fidèlement dans sa mémoire. La bibliographie est la connaissance des livres où il est question du sujet qu'on étudie. La critique des textes est l'art de ne pas prendre pour le trait de génie d'un écrivain la bévue d'un imprimeur. En réalité, tous ceux qui travaillent honnêtement font des fiches, de la bibliographie, de la critique des textes. Sur quoi porte alors le reproche de nos adversaires? Serait-ce uniquement une querelle de mots, et notre crime serait-il d'appeler par leur nom, pour plus de commodité, des choses que d'autres pratiquent sans les nommer? Je veux croire que la querelle est plus sérieuse, et qu'il s'agit d'une question de mesure. Dans ce cas, elle est insoluble et par conséquent puérile. Qui décidera de la juste mesure? Comment la déterminer *a priori*? En fait, chacun de nous, à la Sorbonne, résout la question selon son goût personnel ou son tempérament, et il est impossible qu'il n'en soit pas toujours ainsi. Aucune législation minutieuse ne règle, ni ne réglera jamais tous nos gestes et toutes nos paroles.

D'où vient donc qu'on attaque la Sorbonne en bloc, dans ses méthodes et dans son esprit, et cela quand nous offrons en abondance à nos étudiants des cours généraux capables de les intéresser aux questions essentielles et centrales de tout ordre? C'est qu'au fond nous avons tous une conception de la science qui heurte une certaine étroitesse d'esprit littéraire et une certaine méfiance des idées. L'idéal

rêvé par nos adversaires, plus ou moins confusément, serait-il la Sorbonne de 1811, la Faculté des
lettres de Fontanes, mélange de rhétorique supérieure et d'Athénée, où la liberté de la recherche
était prudemment surveillée, où le beau langage
semblait un utile dérivatif à la hardiesse des idées?
Napoléon estimait, paraît-il, que chacun, à quatorze
ans, savait de la littérature tout ce qu'il était possible d'en jamais savoir, il est vrai, si l'on borne la
littérature à l'orthographe et aux premiers éléments
de l'art d'écrire. Mais on croit assez généralement
aujourd'hui que la littérature est autre chose. On
admet que les œuvres littéraires du passé sont à la
fois des documents et des œuvres de beauté : des
documents qui nous font revivre la vie des générations disparues; des œuvres de beauté dont l'art
plonge ses mille racines dans la réalité contemporaine. L'étude en est infinie. La science des choses
littéraires, comme toutes les sciences, se poursuit
sans cesse et ne s'achève jamais. Toute science périt
le jour où elle se cristalise dans des formules immua-
bles. La Sorbonne d'aujourd'hui estime que la meilleure manière dont elle puisse servir la science et
honorer le pays, c'est de former des jeunes gens qui
soient capables d'aller à leur tour plus loin que leurs
maîtres dans la route qui tend vers une connaissance

plus complète du réel; des esprits libres, bien armés, qui n'aient pas reçu passivement la science toute faite, mais qui sachent comment se fait la science et comment on l'enrichit.

Est-ce à dire que la culture littéraire, la vraie, risque de perdre quelque chose à ces méthodes sévères d'enseignement? Je n'en crois rien, et je vous demande encore quelques instants pour m'expliquer sur ce sujet.

L'érudition, dit-on, arrête l'essor de la pensée. L'homme qui fait des fiches ne sera jamais capable d'un autre travail. Il s'enfonce dans une besogne médiocre et ne pourra plus s'en évader. Pourquoi? Si quelques-uns ne tirent jamais rien de leurs matériaux, j'ose dire qu'il n'y a pas lieu de regretter les œuvres qu'ils n'ont pas faites. Sous une discipline différente, ils auraient peut-être grossi le nombre des volumes de considérations banales qui ne reposent pas sur des faits : la perte n'est pas grande, et le travail qu'ils ont accompli pourra du moins servir à d'autres, mieux doués pour les créations synthétiques. Fustel de Coulanges (1), avant d'écrire *la Cité antique*, avait fait des fiches, beaucoup de fiches, et,

---

(1) Cf., p. 76, l'opinion de M. Seignobos sur la valeur scientifique de l'œuvre de Fustel de Coulanges. On n'est point d'accord, en Sorbonne, sur les maîtres qu'on peut suivre.

s'il eut d'abord la coquetterie de ne pas les étaler dans ses premières éditions, il les fit ensuite apparaître sous forme de notes, au grand profit des lecteurs curieux de vérifier ses affirmations. Jamais la méthode n'a défendu de réfléchir et d'être intelligent. Elle ne donne pas l'intelligence, mais elle lui permet de ne pas s'égarer. Choisir et critiquer ses matériaux n'est pas déjà si facile. Lorsqu'un homme a, en outre, le sens de la vie, la compréhension et le goût des idées, le talent de l'expression, ce n'est pas l'érudition qui l'empêchera d'en donner des preuves. On ne muselle pas l'esprit aussi facilement que le croient certaines personnes.

D'autres s'imaginent que l'érudition détruit le sens littéraire. Un de nos critiques stigmatise « cette méthode par quoi les œuvres littéraires sont vidées de ce qui constituait, jusqu'à présent, croyait-on, leur contenu essentiel, au profit de recherches qui ne devraient être que des auxiliaires ». Mais qui donc a jamais dit et enseigné que, dans les études de littérature, la bibliographie et la paléographie fussent à elles-mêmes leur propre fin? Nos programmes et nos affiches les appellent des sciences auxiliaires. J'en dirai autant de l'érudition grammaticale. Mais comment goûter vraiment un texte si l'on comprend les choses en gros, si l'on ne saisit dans le choix des mots, ni la marque individuelle de l'écrivain, ni le reflet du temps, ni la nuance délicate de la pensée et du sentiment? Or, cette finesse de perception n'est pas un don du pur instinct; elle suppose, avec une aptitude nouvelle, beaucoup d'étude et de savoir. L'érudition ne suffit pas à la donner, mais elle y est indispensable. Plus le goût est exigeant et fin, plus il a besoin d'un savoir précis et sûr. Toutes nos disciplines érudites ne tendent, en somme, qu'à faire mieux comprendre et mieux sentir les textes, et j'ose dire que notre enseignement est tout pénétré de cette doctrine. Si quelques-uns ne le savent pas, c'est peut-être qu'ils ne veulent pas le savoir. Nous n'avons pas la prétention de donner du goût aux béotiens, non plus que d'interdire aux dilettantes de prendre leur plaisir où ils le trouvent. Mais nous dirons à ceux qui seront un jour des professeurs ou des savants : vous ne ferez plus tard œuvre utile que si votre talent s'appuie sur la probité de l'érudition.

Faut-il ajouter que l'érudition n'empêche pas d'écrire en français? J'ai quelque honte de proclamer tant de vérités si évidentes. Mais enfin, puisqu'elles sont mises en doute, ne craignons pas de redire une fois de plus que l'érudition ne condamne personne à mal écrire. C'est là un malheur qui peut arriver à

tout le monde, même aux littérateurs de profession,
même à des hommes que nul ne soupçonnera jamais
d'être des érudits. En revanche, nombre de savants
et d'érudits écrivent excellemment. On ne voit pas, en
effet, par quelle loi mystérieuse ce serait une raison
pour mal écrire que de bien savoir les choses dont on
parle. Un des critiques qui nous ont le plus vivement reproché de négliger la culture littéraire veut
bien reconnaître que nos thèses de doctorat et nos
mémoires de diplôme supérieur ont beaucoup gagné
en savoir et en solidité. et que nous avons quelque
raison de nous en faire honneur. Il aurait pu s'aper-
cevoir aussi que le fond n'y faisait pas tort à la forme,
et que beaucoup de nos docteurs ou de nos diplômés
savaient exprimer des idées neuves et personnelles
de la façon la plus vigoureuse ou la plus fine. La
Sorbonne n'est donc pas tout à fait barbare.

Ma conclusion, mes chers amis, sera très nette.
Nous essayons, depuis vingt ou trente ans, de faire
avec suite, avec méthode, ce que les plus illustres de
nos prédécesseurs ont souvent regretté de ne pouvoir réaliser par la faute des circonstances : habituer
nos étudiants à faire œuvre d'hommes, non d'écoliers,
par la recherche laborieuse, patiente, rigoureuse de
la vérité. Notre rôle n'est pas de former uniquement
des hommes de goût, d'aimables dilettantes. La France

a besoin aussi de travailleurs. La production scientifique est une des forces essentielles par où les nations civilisées tiennent leur rang dans le monde moderne. Beaucoup de nos beaux esprits n'ont pas l'air de s'en douter. Pendant qu'ils s'amusent à des plaisanteries faciles sur la diversité des langues qui se parlent à la Sorbonne, ils ne s'aperçoivent pas que le monde change autour d'eux. Laissons-les à leurs plaisanteries et restons fidèles à notre tâche. C'est un métier que de faire un livre, surtout un livre de science, et le métier doit s'apprendre dans la jeunesse. L'étude des bonnes méthodes et la possession des outils indispensables est la préface naturelle de tous les travaux que vous pourrez entreprendre plus tard. Et vous n'en serez pas de moins bons professeurs d'enseignement secondaire, croyez-le bien, ni des lettrés d'un goût moins délicat. Ceux qui disent le contraire oublient que la curiosité de l'esprit est le meilleur préservatif contre la routine et l'ennui, et que le travail personnel est pour la tâche journalière une source de joie et de renouvellement. Ce qui est monotone et stérile, c'est le vague et le superficiel des idées convenues. La libre recherche est vie et mouvement. Encore faut-il avoir appris d'abord à conduire une recherche.

Nous croyons en outre que cette formation scienti-

fique est une culture, dans le sens le plus étendu
du mot : une culture intellectuelle, parce que l'esprit
s'habitue ainsi à ne pas se payer de mots, à vérifier
ses propres affirmations et celles des autres, à dégon-
fler les phrases creuses et les vains sophismes ; une
culture morale aussi, parce que toute érudition suppose un travail consciencieux et probe, et qu'on acquiert par là comme un besoin de sincérité, une juste
défiance à l'égard des jugements précipités, une conviction raisonnée de la difficulté des problèmes en
tout ordre de connaissance, une patience qui se résigne à peiner pour les résoudre, et qui sait se contenter, s'il le faut, d'une solution vraisemblable, sans
trancher ce qui est douteux, ni injurier ceux qui
pensent autrement que nous.

Je crois, Messieurs, que, dans quelque temps, cette
campagne étrange, à laquelle nous venons d'assister,
fera généralement l'effet d'une entreprise assez peu
raisonnable, et que, comme dans l'épigramme de
Racine, « plus ne *voudront* l'avoir fait l'un ni l'autre ». Elle a eu pourtant un avantage : elle a montré
une fois de plus combien en France on aime les lettres, puisqu'on fait campagne pour elles, même
quand personne ne les attaque. J'en conclus, avec
M. Faguet, que le culte n'en est pas près de périr
en ce pays et que nous pouvons sans risque appuyer

quelque peu du côté des qualités où ne nous portent ni nos instincts héréditaires ni une certaine paresse, qui, étant naturelle à l'homme, peut se concilier avec le bel esprit. Efforçons-nous d'être des savants et des érudits, parce que c'est indispensable et que c'est honnête. Mais soyons aussi des lettrés, parce que c'est une jolie chose et bien française. Si vous réunissez ce double mérite, mes chers amis, soyez bien sûrs que ce n'est pas la Sorbonne qui vous en blâmera.

Après ce discours, où nous étions directement mis en cause, nous avons adressé, dans *l'Opinion* du 12 novembre 1910, une lettre ouverte à M. le Doyen de la Faculté des Lettres :

Monsieur,

Dans ce débat sur l'avenir de la culture française, où la Sorbonne désormais est mise en cause, il restait une opinion à exprimer. Les plus sûrs partisans des méthodes nouvelles ne l'avaient pas encore formulée, mais il vous appartenait de lui donner le retentissement et le ton solennel d'un discours de rentrée. Vous avez, monsieur le Doyen, défendu les intérêts dont vous avez la garde, je veux dire les intérêts de ceux qui vous ont élu. Et nul ne contestera que vous les défendez avec une conviction qui peut surprendre, mais avec un charme de style qui séduit les plus rebelles.

Vous vous contentez de dire : *Il n'y a pas de crise du français.* Monsieur le Doyen, vous êtes orfèvre... Mais croyez-vous que, pour sauver le malade, il suffise de nier le mal? Singulière hardiesse! Beaucoup de ceux qui siégeaient à vos côtés, pendant votre harangue. ne vous ont-ils pas secrètement blâmé? Qu'en pense M. Emile Faguet. qui écrivait naguère : « Il est très vrai que l'on n'a jamais si mal écrit le français; il est très vrai qu'on ne sait plus du tout le français »? Et M. Ernest Lavisse qui, dans son apologie pour la Nouvelle Sorbonne, avait pourtant reconnu : « Il est très vrai que le soin de la composition et de la forme n'est plus aussi attentif qu'autrefois... Nous y prendrons garde » ? Et M. Gustave Lanson lui-même qui, pour justifier le caractère pratique introduit dans les études par toutes les réformes dernières, s'appuyait précisément sur la décadence du goût littéraire des jeunes générations, M. Lanson, qu'en pensait-il?

Et si vous récusez ces opinions individuelles, récuserez-vous aussi les témoignages unanimes des jurys d'agrégation et contesterez-vous leurs doléances croissantes sur ce déplorable abandon de la forme, signe non point d'effort scientifique, mais d'une véritable paresse à l'endroit des idées? Dois-je vous rappeler le rapport sur l'agrégation des lettres de 1909 ? « Trop peu de candidats ont le souci de la pureté de la langue, quelques-uns semblent n'en avoir pas le sens. » Mais, à cela, vous vous contentez de répondre : « Je voudrais bien savoir à quelle époque les jurys d'agrégation n'ont pas constaté la faiblesse de la composition française. » Cependant, lors de la grande enquête sur l'enseignement secondaire , MM. Seignobos et Aulard n'ont-ils pas, au contraire, rendu justice aux qualités littéraires des étudiants qui étaient, il y a une dizaine d'années, sur les bancs des Facultés?

Nous à qui manquaient l'autorité suffisante et bien d'autres choses encore, pour tenter un discours brillant, un discours d'apparat comme le vôtre, nous nous en sommes tenus à la documentation. Et je ne sache point qu'on nous ait contesté encore aucun des faits que nous avons rassemblés. Nous nous attacherons donc, maintenant, à nos conclusions, à savoir que les nouvelles réformes de l'enseignement, inspirées ou réalisées par quelques maîtres de votre entourage, ont toutes pour effets l'affaiblissement de la culture, le mépris de la personnalité des étudiants et l'abandon de l'effort spirituel.

Pessimisme, peut-être. Mais comme votre optimisme, par contre, est déconcertant ! Vous opposez l'*élégance littéraire,* dont nous serions, paraît-il, les champions désuets, à la *précision,* véritable qualité scientifique, et vous ajoutez que « si certaines élégances sont moins en honneur, *la justesse et la précision sont en progrès* ». Mais n'est-ce point sur le contraire que s'accordent les jurys d'agrégation ? Votre collègue, M. Langlois, professeur à la Sorbonne, rapporteur du concours d'histoire en 1909, constatant l'incorrection et l'incohérence de la plupart des copies, ajoutait : « Résultats un peu inquiétants, s'il est vrai que, pour des raisons que nous n'avons pas à rechercher ici, *il y a moins de maturité d'esprit et une éducation scientifique moins développée aujourd'hui* que chez les candidats d'il y a quelques années. » Ainsi, c'est la *précision* qui diminue. L'impropriété du langage, l'imprécision, voilà bien les moindres vices qui suivent immédiatement l'abandon de la forme. Mieux que tout autre, vous le savez, l'effort d'écrire n'est pas un vain effort d'ornementation, de parure inutile, c'est un effort de clarté, de réduction, de discernement des nuances. C'est le plus grand labeur, il faut bien le reconnaître, et le plus indispensable de l'esprit. Et que disent les rapports d'agrégation : « La plupart des copies sont longues, molles, superficielles, plates, ternes » Ne pensez-vous pas, Monsieur, que c'est user à notre endroit d'un argument imprévu que de nous accuser de vouloir le retour à je ne sais quels vains exercices de rhétorique, quand notre campagne dénonce la vague et inutile phraséologie scientifique à la mode depuis quelques années en Sorbonne ?

Et lorsque vous opposez encore votre conception de la science à une « certaine étroitesse littéraire, à une certaine méfiance des idées », qui seraient nôtres, est-ce que vous ne nous attaquez point injustement ? Méfiance des idées ! Quand toute notre polémique est inspirée par le désir d'une indépendance, d'une personnalité plus forte chez les étudiants, quand nous nous sommes vivement élevés contre le despotisme de certains maîtres et le dédain qu'ils semblent avoir pour les individualités qui leur sont soumises?

Nous avons comparé la Sorbonne d'aujourd'hui à celle de Cousin; et vous nous répliquez que nous rêvons une Sorbonne humiliée, soumise, celle de Fontanes « où la liberté de la recherche était prudemment surveillée » ! Vous nous attribuez je ne sais quel instinct de caporalisme universitaire dont nous avons l'horreur...

Si vous ne nous pardonnez pas, monsieur le Doyen, cette riposte un peu vive, nous nous adresserons alors à quelqu'un que vous connaissez bien, que nous aimons et nous admirons, à M. Alfred Croiset, l'helléniste, le lettré, l'historien des démocraties grecques. Je crois qu'il ne nous condamnera pas du même ton que vous et qu'avec cette courtoisie délicieuse dont il a le secret, il s'efforcera de comprendre tout le sérieux de notre cause, et la réalité, et l'étendue du malaise que nous avons décrit. Il ne considérera pas nos arguments comme « des plaisanteries faciles de journalistes ». Mais, peut-être, monsieur le Doyen, ne voudrez-vous pas entendre ce collègue si charmant qui vous ressemble comme un frère...

Peut-être n'êtes-vous pas renseigné sur la signification profonde de toute cette campagne? Notre protestation est celle de la jeunesse ardente d'aujourd'hui, à laquelle nous nous sommes mêlés. Ce mouvement de réaction a son centre parmi les étudiants eux-mêmes. Une partie, chaque jour grandissante, des élèves de votre faculté est hostile à l'enseignement qu'elle reçoit. Elle est dégoûtée du labeur médiocre à quoi elle est soumise. On sent chez ces jeunes hommes comme un refus à subir plus longtemps la contrainte de quelques maîtres éblouis par la science germanique. C'est un redressement, un sursaut des esprits français.

Cette campagne, que vous trouvez « étrange », nous sommes fiers de l'avoir entreprise. Bien que

vous en ayez, nous demeurons convaincus que nous
combattons pour le génie de notre race. Et nous n'a-
jouterons qu'un dernier mot. Vous avez pris la défense de l'érudition que personne n'attaquait, mais
dont on se demandait seulement si elle avait le droit
d'absorber toute la substance de l'enseignement
supérieur. Et vous l'avez soutenue avec cet argument
d'occasion que M. Faguet avait, lui-même, réservé
pour argument final de sa défense : « *Il ne faut pas
pousser un peuple dans le sens où il incline déjà;*
nous n'avons que trop de propension aux idées générales; donc la philologie n'est pas dangereuse pour
nous. » Nous ne saurions partager ce sentiment. L'esprit d'une race n'est pas quelque chose qui tombe
tout fait du ciel; c'est quelque chose qui *se fait*
lentement, qui s'acquiert, s'entretient et meurt si
l'on n'y prend garde. Or notre esprit, tout de clarté,
de mesure et de goût, tel qu'il résulte en nous de
plusieurs siècles de profonde culture, c'est précisément ce que les nations nous envient le plus, c'est
ce qu'elles s'efforcent de copier chez elles. Par quel
dilettantisme aventureux, laisserez-vous sacrifier une
culture qui a fait ses preuves au profit d'une culture
d'origine étrangère, qui est en train de faire les
siennes — à rebours ?

Voici, d'autre part, comment *le Temps* (7 novembre commenta le discours de M. Croiset :

La faculté des lettres a fait hier sa rentrée annuelle, et le doyen, M. Alfred Croiset, dont les pouvoirs sont prorogés pour quatre ans, a saisi l'occasion de prendre en main la défense de l'érudition et des études supérieures, telles que les a organisées la Sorbonne. Il s'est attaqué au « bel esprit ». Entendez celui qui n'estime pas que tout soit pour le mieux dans le plus haut des enseignements littéraires. Il semble même avoir découvert un complot de beaux esprits, dont l'idéal serait la Sorbonne de 1811, à cause « d'une certaine méfiance des idées ». Les exagérations de toute sorte nous ont accoutumés aux idées de toute espèce ; et nous les considérons parfois comme jeux de prince, redoutables seulement à la veille d'une grève générale ou — péril moins immédiat — en face de la crise du français.

M. Croiset ne croit pas à cette crise. Sur ce sujet, on peut discuter sans fin. Il n'en est pas moins vrai qu'un grand nombre d'entre les professeurs des lycées et collèges pensent observer une décadence. Et leur témoignage est fortifié par d'autres témoignages considérables. M. Anatole Leroy-Beaulieu déclarait récemment que « professeurs de finances ou d'écono-

mie politique, professeurs d'histoire ou de droit constitutionnel... sont unanimes à constater et à déplorer » ce mal inquiétant. Des directeurs de revues, de
journaux et maintes gens qui, par profession, lisent
des manuscrits, font la même constatation. Et s'il est
vrai que les rapports des agrégations enregistrent
depuis longtemps la faiblesse de la composition française, on ne voit pas qu'ils aient renoncé à l'enregis-
trer en ces dernières années. Quoi qu'il en soit, M. le
doyen n'admet d'aucune façon la responsabilité de la
Sorbonne. Nous n'avons jamais écrit qu'elle fût seule
responsable. Au contraire, nous avons vingt fois ré-
pété que la réforme de l'enseignement secondaire en
1902, même amendée l'an passé par l'addition d'une
heure hebdomadaire dans le second cycle, a pour une
large part amené le présent état des choses. Est-ce à
dire qu'un bachelier quelconque, transplanté d'emblée en Sorbonne, n'aurait pas intérêt à composer, la
première année, autre chose que des commentaires
ou explications de textes ? On ne veut plus désormais
plier de jeunes hommes « à des exercices de lycéens ».
Mais plusieurs d'entre eux referont dans la troisième
année de leurs études supérieures, candidats à l'ag-
grégation de lettres ou de langues, ce devoir ou ce
« pensum ». Et les mêmes corrigeront de ces « pensums », durant toute leur vie, et risquent de les cor-

riger mal s'ils ont eux-mêmes médiocrement réussi à les rédiger. Il y a plus : tel, dont le diplôme d'études fut fort loué, manque la composition plus scolaire de l'agrégation, et à l'oral reste pantois devant quelques strophes de Vigny. Cela se voit. Et l'on a pu voir aussi, l'an passé, un professeur de Sorbonne faire, par deux fois (scrupule qui l'honore), composer ses élèves sur un sujet d'histoire, en quatre heures, et éprouver que plusieurs possédaient à fond la question, mais qu'ils s'étonnaient d'être repris pour leur style incorrect et « illisible ».

A la vérité, la composition et l'érudition sont deux choses; mais si l'une est indispensable aux savants, l'autre ne l'est pas moins. Dans les lettres surtout, la finesse d'esprit et la délicatesse de l'expression jouent le principal rôle. La polémique actuelle ne manque jamais de nous remettre en mémoire la page 152 de *l'Avenir de la science :* « Mais il n'en est pas ainsi dans les sciences morales, où les principes ne sont que des à-peu-près, des expressions imparfaites, posant plus ou moins, mais jamais à plein sur la vérité. Le tour donné à la pensée est ici la seule démonstration possible. *La forme, le style sont les trois quarts de la pensée, et cela n'est pas un abus, comme le prétendent quelques puritains.* » Et deux pages plus haut : « Les lois étant ici d'une nature très délicate, et ne se présentant point de face comme dans les sciences physiques, la faculté essentielle est celle du critique littéraire, la délicatesse du tour. » Quant aux étudiants, qui ne seront ni des savants ni des érudits, il est essentiel de les mettre tout d'abord en état d'exprimer ce qu'ils pensent et d'enseigner ce qu'ils savent.

Mais les spécialisations, dès la première année de Sorbonne et depuis la suppression des épreuves communes, s'imposent également à tous, futurs savants et futurs professeurs, avec les mêmes labeurs d'érudition. Nous n'avons jamais nié l'utilité de ces méthodes; mais il paraît que la jeunesse tend à en rejeter les excès. Parmi ces étudiants, peut-être en est-il déjà qui, s'engageant sans arrière-pensée dans la carrière professorale, ne comptent pas se repaître de phrases vagues et d'opinions toutes faites, parce qu'au lieu de s'absorber dans une question infinitésimale, ils liront les textes des grands écrivains pour élargir leur cerveau et faire à leurs élèves tout le don d'eux-mêmes. Quelle singulière idée de leur présager « l'ennui et la routine » d'une telle existence! Il y aura d'autres travailleurs, et non moins utiles, dans l'Université, que ceux qui consacreront leur vie à la syntaxe de l'accusatif et du datif dans Sidoine Apollinaire. Ou plutôt, les uns et les autres seront utiles, mais non pas de la même façon ; et peut-être y a-t-il quelque abus à les plonger tous dans la même méthodologie et la même érudition.

Nous n'avons pas dit autre chose, et c'est sans doute ce que pensent à l'heure présente une partie des jeunes gens qui hantent la Sorbonne. Au lieu de suivre, en vue de la licence, des explications qui, à la bibliographie, la biographie, l'étude des manuscrits, font une place nécessaire, mais démesurée,

Et laissent sur le verd le noble de l'ouvrage,

au lieu de s'attacher, en vue du diplôme d'études, à des textes dont l'intérêt est singulier aux yeux de l'érudit, et la valeur de pensée et d'art presque nulle (c'est en cela que cette culture n'est ni tant intellectuelle ni si littéraire qu'on le dit), ils préféreraient fréquenter très simplement de beaux et bons auteurs. Mais on craint de former des hommes de goût, désormais taxés de dilettantisme, ou des professeurs amants des lettres et qui, pour avoir d'autres lectures que celles sur lesquelles se penchent les chercheurs patients, sont accusés de paresse et disqualifiés.

M. le doyen estime que la campagne entreprise depuis plusieurs années par d'anciens élèves qui connaissent les détours du sérail paraîtra bientôt déraisonnable. Nous sera-t-il permis de lui dire que

19

ce n'est pas du tout assuré? Déjà lui-même convient que « si les étudiants réunissent le double mérite du savant et du lettré, ils ne seront pas blâmés par la Sorbonne ». Eh bien, c'est déjà un progrès.

—

CE QU'ON FAIT EN SORBONNE

D'un excellent article sur *la Crise du français*, que M. Hippolyte Parigot a publié dans *la Revue hebdomadaire* du 12 novembre 1910, nous extrayons ces détails pleins d'intérêt sur l'enseignement de Sorbonne :

En première année, l'étudiant spécialisé prend beaucoup de notes qui lui évitent de penser; en seconde année, l'étudiant spécialiste en prend davantage et perd entièrement l'habitude ou le goût d'écrire. A présent, le mémoire de diplôme d'études supérieures absorbe tous ses instants. Ceux d'entre ces jeunes gens, qui avaient du penchant pour les lettres, voyaient arriver avec joie l'heure du premier travail personnel. Ils ne tardent pas à déchanter. Cette année, ils n'écriront qu'une fois, et, pour la plupart, dans quelles conditions! Les directeurs d'études préfèrent les sujets très étroits, c'est-à-dire très propres à l'application d'une méthode rigoureuse et à l'exactitude des recherches. On encourage

ainsi la curiosité et la probité chez les débutants;
surtout on réagit contre l'ancienne culture « subjec-
tive » à l'excès. Mais on n'évite pas les excès contraires, et d'abord celui de faire prendre à toute une
jeunesse les moyens pour les fins. Et il suit que la
littérature est mal vue en Sorbonne, mais que l'histoire littéraire y fait l'objet de tous les soins. Les
plus habiles d'entre les étudiants s'intéressent moins
à la substance même des œuvres qu'à la manière d'en
acquérir un mérite d'érudition. Chacun pense apporter sa pierre au monument, si mal taillée soit-elle.
Les mémoires s'enflent à mesure que les sujets se
rétrécissent. On expédie cent pages sur la syntaxe
de Sidoine Apollinaire; on broche un essai sur
« les instruments de labour dans le poème d'Hésiode,
Travaux et Jours ».

A bien dire, le principal effort du candidat porte
sur l'établissement de la bibliographie. Avant d'entreprendre un travail, il est incontestablement utile
de trouver les sources, éditions, ouvrages et articles
qui ont paru sur la question. Mais la Sorbonne
actuelle n'a pas inventé ce soin. Et elle l'entoure d'un
tel prestige que les jeunes gens, dont le goût littéraire n'est pas affiné, attachent à cette besogne le
principal prix de leur travail. Le petit musée bibliographique, qui s'appelle désormais le « Séminaire »,

où l'on collectionne religieusement des paquets de
fiches, des dossiers de notes prises par les élèves, des
photographies de manuscrits très précieuses, quand
elles n'offrent point de bavures, n'est pas pour les
détromper. Et il arrive que le candidat ne se soit pas
encore, en avril, inquiété de déterminer son sujet.
Il dresse des catalogues, il classe des fiches patiem-
ment, passivement, paresseusement. Il pensait étudier
la période alexandrine, et il a consacré les six premiers mois à compléter des listes et accumuler de
petits papiers où sont couchés tous les ouvrages passés, présents et... à venir sur la littérature grecque
du deuxième siècle et du premier. Il lui reste au
juste six semaines pour délimiter son mémoire, faire
les lectures nécessaires (ne parlons pas trop de lectures approfondies puisqu'il suffira souvent de citer
des titres de livres), pour réfléchir et rédiger (glis-
sons sur l'un et l'autre soin, à son exemple, puisqu'il pourra se tirer d'affaire en alignant des notes).
Un autre avait accepté ce sujet : « Les voyages des
Français en Italie au dix-huitième siècle. » Le voilà
établi à demeure dans la bibliothèque, qui y prend
racine, qui manie deux cents volumes, qui parcourt
des relations sans intérêt, fatigué, harassé, dégoûté
d'une besogne où l'emploi de son intelligence s'est
borné à copier des fragments : jeune homme patient,

consciencieux et vraiment admirable, qui, en mai,
n'avait encore aucun plan, et possédait son diplôme
en juin ! La composition ni la forme de son mémoire
n'ont pu l'arrêter un long temps.

Il faut dire toute la vérité. Les maîtres, qui corrigent publiquement ces mémoires ne laissent pas
d'en critiquer avec conscience le méchant style et la
pauvre ordonnance. Mais trop tard. C'est tout cet
impérieux dogme de la méthodologie germanique,
et qu'on impose à tous, qui, étouffant la culture
littéraire, précipite la décadence du français. Les
Allemands même commencent à comprendre le péril
que cette technicité à outrance fait courir au génie
et à la langue de l'Allemagne. *L'Opinion* citait,
voilà quelques semaines, un article du *Berliner
Tageblatt* (22 août), qui ne laisse aucun doute sur ce
point. Nous excédons à cette heure les excès du
Renan de *l'Avenir de la science*, mais qui d'autre
part avait l'esprit trop fin pour ne pas envisager l'art
de la composition, le tour, la forme et la nuance
comme des chances de vérité. On dit au public, pour
le rassurer, que nos mémoires de diplôme d'études
supérieures l'emportent sur les thèses allemandes des
docteurs en philologie. Quiconque en a connu quelques-unes sait que l'éloge n'a pas de quoi nous mon-
ter l'imagination. Les jeunes gens eux-mêmes s'en

avisent enfin, ceux du moins dont le sens littéraire a triomphé de ces épreuves. Il est de notoriété publique qu'un certain nombre d'entre eux se réunissent pour lire et goûter des textes anciens et modernes sans appareil critique et pour la seule joie de les goûter et de les lire. Ce n'est aussi un secret pour personne que plusieurs deviennent antisorbonnistes par une regrettable exagération de jeunesse et, par un excès qu'il faut déplorer, anti-universitaires. Ce mot hybride et dangereux a passé dans leur langage.

LE RAPPORTEUR DU BUDGET PLAIDE EN FAVEUR DE LA NOUVELLE SORBONNE

Sous le titre : *Ancienne et Nouvelle Sorbonne*, M. Steeg, député, rapporteur du budget de l'Instruction publique, a publié dans *la Revue Bleue* une réponse aux articles que nous avons fait paraître dans *l'Opinion*, encore que, nulle part, nous ne soyons cités. Mais chaque paragraphe est une réplique à l'un de nos arguments. Nous détachons et résumons ici les passages principaux de cette défense des méthodes nouvelles.

M. Steeg commence par une critique de l'ancien enseignement supérieur, insuffisant au point de vue de la recherche scientifique.

Une transformation profonde s'est produite. Muni de ressources moins médiocres, doté d'une liberté plus sûre, l'enseignement supérieur a exercé l'activité la plus ingénieuse et la plus féconde. Dans les directions les plus variées, à l'aide des organisations les plus différentes et les plus souples, il a affirmé sa volonté de poursuivre un triple objet : il travaille à la création de la science toujours en marche ; il s'efforce de la communiquer de manière à ce que, par sa diffusion, elle pénètre de plus en plus l'esprit public ; il veille enfin à faciliter les applications dont bénéficie la collectivité.

Cette préoccupation scientifique apparaît dans l'organisation nouvelle des facultés de médecine et de droit. Celles-ci ont fondé ces dernières années de véritables « laboratoires de sciences juridiques » et de « sociologie criminelle » qui orientent nos jeunes juristes vers l'observation des faits concrets, substituée à l'étude des idées abstraites.

Le même courant a entraîné nos Facultés de Lettres. Les professeurs de littérature ne nous communiquent plus leurs impressions personnelles; ils veulent appuyer leur jugement sur des faits précis, observés. Ils font œuvre d'historiens, donc de savants.

La philosophie à son tour obéit à la même évolution. La métaphysique occupe dans nos Facultés une place modeste. Elle n'en est point bannie, puisqu'elle surgit à la limite des grandes hypo-

thèses scientifiques. Les problèmes métaphysiques
sont abordés, mais avec une méthode plus positive que métaphysique. On fait leur histoire, on
montre comment ils se posent. La science met sa
marque sur l'enseignement de la métaphysique. Ici
aussi se précisent et se développent des disciplines
jadis confondues avec la philosophie générale. Psychologie, pédagogie, sociologie, ont leurs chaires et
leurs laboratoires. L'enseignement à la Faculté des
lettres se pénètre du même esprit qu'à la Faculté des
sciences.

Or, cet esprit rencontre, ajoute M. Steeg, des adversaires passionnés et injustes, qui accusent nos Facultés de
lettres de subir l'influence germanique. Il est vrai que « les
Allemands nous ont rendu évidemment, depuis quelques
années, quelques hommages compromettants ». Et d'autre
part il est vrai encore que « le prestige de nos Universités
serait près d'être atteint, si, sous prétexte de science, on se
laissait aller au dédain de la forme, au mépris de l'idée ».
Mais il n'en est pas ainsi.

La « Nouvelle Sorbonne » méconnaît-elle ces vérités élémentaires? A-t-on cessé, dans nos Facultés, de
reprocher aux étudiants les fautes de style et les fautes de composition qu'ils peuvent commettre? Trouve-
t-on, dans les écrits des inspirateurs du mouvement
actuel, les Taine, les Renan, ou dans ceux de ses

promoteurs, M. Lavisse, M. Lanson, M. Durkheim, la preuve d'une indifférence coupable à l'égard de la correction du style et de l'harmonie de la composition? La forme n'est plus appréciée pour elle-même Une nouvelle esthétique s'affirme : la phrase la plus belle est la phrase la plus expressive et la plus dense ; le plan le mieux dessiné est celui qui souligne les articulations réelles des choses. Mais y a-t il bien là une innovation réelle? Le beau n'était-il pas déjà, pour Platon, la splendeur du vrai? Les méthodes actuelles subordonnent sans doute la forme au fond, mais elles ne procèdent, à aucun degré, du mépris de la beauté.

La philosophie serait-elle compromise par une telle méthode? Non.

Il suffit de connaître les noms des professeurs de l'enseignement supérieur, pour savoir qu'il n'existe pas en France une sorte d'orthodoxie philosophico-scientifique. Parmi les philosophes chargés d'enseigner la logique et l'histoire des sciences, les adversaires du Positivisme sont aussi nombreux que ses partisans. Les uns et les autres ont une entière liberté de pensée ; les uns et les autres engagent les étudiants à réfléchir sur les méthodes et les produits des sciences, mais ni les uns, ni les autres ne songent à imposer d'autorité une doctrine quelconque.

La métaphysique elle-même n'est rien, si elle fonctionne à vide, et sans le soutien des faits. Quant à la spécialisation, en différenciant de plus en plus les individus, elle les incite à rechercher et à souligner leurs ressemblances fondamentales. De la variété des tendances, de la divergence des efforts se dégage le besoin de fonder la vie sociale sur le culte de la science, *sur le respect attendri de l'humanité.*

Conclusion : En assignant pour fonction, à toutes les Facultés, la recherche du vrai, la République paraît avoir eu, plus ou moins confusément, l'espoir que cet effort, gravement et sincèrement tenté dans des établissements dispersés par toute la France, pourrait fournir aux Français l'occasion fréquente d'admirer, en commun, un idéal indiscuté. Dans le tumulte des passions, dans le conflit des intérêts, la *Nouvelle Sorbonne* apparaît comme un sanctuaire de paix où les hommes peuvent s'unir dans le souci de la vérité, dans le culte de la science. Elle est une force de progrès humain, un foyer de concorde nationale. Elle rend le présent plus intelligible, grâce à une connaissance plus précise du passé et elle anime le passé en le réchauffant à la flamme de la vie moderne. Elle rapproche les hommes d'une même génération, elle fortifie la solidarité des générations successives.

—

POUR LES ÉTUDES CLASSIQUES

Nous les trouvons défendues avec une grande compétence dans une lettre adressée au ministre de l'Instruction publique par M. Guillain, l'éminent président du Comité des Forges (*le Figaro*, 1er décembre). Ce n'est pas un homme de lettres qui proclame la nécessité des humanités et de la culture, c'est un homme de sciences. Et voilà qui montre l'intérêt et la gravité d'une pareille démarche.

Monsieur le Ministre,

Un certain nombre de nos adhérents nous ayant signalé les inconvénients que présente la suppression des avantages de points accordés jusqu'à présent aux candidats à l'Ecole polytechnique pourvus du certificat de la première partie du baccalauréat, avec l'une des mentions indiquant des études latines (1), la commission de direction du Comité des Forges de France a mis à son ordre du jour l'examen de la formation que reçoivent à l'heure actuelle nos jeunes ingénieurs, tant dans les grandes écoles que lors de leur passage dans l'Université.

C'est pour remplir le mandat qui nous a été donné que nous venons, monsieur le Ministre, vous expri-

(1) Décision ministérielle prise en octobre dernier.

mer les graves préoccupations que nous cause, pour l'avenir de l'industrie, l'affaiblissement sans cesse croissant de la culture générale chez nos jeunes collaborateurs.

Bien que ceux qui ont l'honneur d'être aujourd'hui à la tête de l'industrie française, et qui se trouvent avoir ainsi, pour une part importante, la charge du présent et de l'avenir de notre pays, ne soient pas appelés à participer à l'élaboration des programmes universitaires, et qu'ils doivent recevoir leurs collaborateurs et leurs continuateurs tels que l'Université les a préparés, ils estiment cependant, monsieur le Ministre, remplir leur devoir en vous signalant les inconvénients et les lacunes qu'a révélés, dans la pratique, l'application de ces programmes.

Nous ne saurions trop appeler votre bienveillante attention sur l'extrême importance que présente l'enseignement secondaire au point de vue de la formation de nos futurs collaborateurs. L'enseignement qui est donné dans nos grandes écoles scientifiques ou techniques, à l'Ecole polytechnique, aux écoles des mines et des ponts et chaussées, à l'Ecole centrale des arts et manufactures, n'opère que sur des bases qu'il trouve; s'il est purement technique, il ne saurait donner la culture générale et, dans son objet même, il est contrarié par l'insuffisante préparation de ses sujets ; s'il est de culture scientifique générale, il ne peut initier à cette culture des esprits qui n'ont pas été formés ou qui ont été hâtivement spécialisés.

Or, tous les chefs de nos grandes industries constatent, à l'heure actuelle, que, quelle que soit l'Ecole d'où ils sortent, Ecole polytechnique, Ecole supérieure des mines, Ecoles des ponts et chaussées, Ecole centrale des arts et manufactures, nos jeunes ingénieurs, sont, pour la plupart, incapables d'utiliser avec profit les connaissances techniques qu'ils ont reçues, par l'incapacité où ils sont de présenter leurs idées dans des rapports clairs, bien composés et rédigés de manière à faire saisir nettement les résultats de leurs recherches, ou les conclusions auxquelles les ont conduits leurs observations.

Cette incapacité n'a pas seulement pour effet de diminuer la valeur et le rendement utile de nos collaborateurs, elle a en plus le grand inconvénient de diminuer singulièrement le nombre des hommes que la netteté et l'ampleur de leur intelligence, la rectitude et la profondeur de leur jugement désignent pour diriger les grandes affaires, en créer de nouvelles, et maintenir la France au rang que, malgré la faiblesse de ses ressources naturelles, son clair génie a su lui assurer à la tête du progrès des Arts et des Sciences industriels.

Il nous paraît, monsieur le Ministre, que cet affaiblissement dans la culture générale de notre jeunesse doit trouver sa cause, non seulement dans les
différentes réformes de l'enseignement secondaire
que nous avons vues se produire depuis un certain
nombre d'années, et qui ont trouvé leur pleine expression dans les programmes de 1902, mais encore
dans l'esprit qui entraîne aujourd'hui tout l'enseignement universitaire, et qui, pour accroître le nombre des connaissances mises à la portée de la jeunesse,
la dispense de plus en plus de la pénible, mais fructueuse discipline de l'effort personnel. A l'heure
actuelle, si l'enseignement moderne ne nous donne
pas ce qu'on nous avait promis, ces jeunes gens bien
armés pour la vie, ayant la pleine pratique des
sciences usuelles et les langues étrangères, ce qui
reste de l'enseignement classique n'assure plus aux
grandes écoles, chargées de former les futurs chefs
du travail national, des sujets assez largement et
puissamment cultivés pour recevoir utilement l'enseignement supérieur qu'elles dispensent.

Aussi, monsieur le Ministre, nous permettons-nous
d'appeler toute votre attention sur la nécessité de la
refonte des programmes de l'enseignement secondaire et sur le danger de toutes les mesures, telles que
celle qui a motivé cette lettre, qui tendraient, par

des équivalences que rien ne justifie, à faire perdre à l'enseignement secondaire classique la part prépondérante qu'il doit occuper dans la formation des jeunes gens destinés au recrutement de nos grandes écoles.

Veuillez agréer, monsieur le Ministre, l'assurance de notre haute considération,

Le président du Comité des Forges,

GUILLAIN.

—

M. le Ministre de l'Instruction publique répondit à M. Guillain, président du Comité des Forges, par la lettre suivante, qui fut rendue publique :

Monsieur le président et cher ancien collègue,

J'ai lu avec le plus vif intérêt la lettre que vous avez bien voulu m'écrire à propos de la suppression des avantages de points accordés jusqu'à présent aux candidats à l'Ecole polytechnique pourvus du certificat de la première partie du baccalauréat, avec l'une des mentions indiquant des études latines.

Il convient de remarquer que l'organisation du concours d'entrée à l'Ecole polytechnique rentre dans les attributions de M. le ministre de la Guerre, mais je dois ajouter que cette mesure, qui vous paraît regrettable est en parfaite conformité avec le vœu

exprimé, en plusieurs circonstances, d'une manière
très ferme par le Parlement qui a posé le principe que
le baccalauréat, sous toutes ses formes, devait avoir
des sanctions identiques; mon éminent collègue,
M. Alexandre Ribot, a fait consacrer à nouveau ce
principe par un vote unanime de la commission des
finances du Sénat, à l'occasion du vote du dernier
budget de l'instruction publique.

Aussi bien, si l'on estimait qu'il est utile de ren-
forcer à l'Ecole polytechnique la culture générale
des élèves, on pourrait sans doute arriver à ce résultat par des moyens qui respecteraient les volontés
du Parlement. Mon administration, qui est représen-
tée par deux de ses membres dans le Conseil de perfectionnement, donnerait très volontiers son concours
pour l'étude de cette intéressante question.

Je pense, en effet, qu'il est de la plus haute importance pour le pays que l'enseignement secondaire
forme des hommes d'une intelligence nette et droite,
d'esprit largement ouvert, et je m'associerai de tout
cœur aux efforts qui tendront vers ce noble but...

Permettez-moi cependant de vous faire observer
que si, comme vous le croyez, il était prouvé qu'à
l'heure présente « les jeunes ingénieurs sont pour la
plupart incapables d'utiliser les connaissances techniques qu'ils ont reçues par l'incapacité où ils sont

de présenter leurs idées dans des rapports clairs et bien rédigés », il serait peu logique et en vérité fort injuste d'attribuer cet état de choses à la réforme de 1902. Un calcul bien simple prouve, en effet, que les générations dont vous parlez n'ont pu recevoir une instruction conforme au nouveau plan d'études, puisque celui-ci n'est entré que progressivement en application. L'argument pourrait se retourner en quelque sorte contre votre opinion et l'insuffisance constatée prouverait plutôt combien était désirable la réforme aujourd'hui accomplie.

Vous avez bien voulu me signaler aussi « l'esprit qui entraîne aujourd'hui tout l'enseignement universitaire et qui, pour accroître le nombre des connaissances mises à la portée de la jeunesse, la dispense de plus en plus de la pénible mais fructueuse discipline de l'effort personnel ».

Je puis, à cet égard, vous rassurer pleinement et affirmer que les maîtres de l'enseignement secondaire, qui peuvent parfois différer d'avis sur la méthode, ont le sentiment très élevé de leurs devoirs et estiment que leur mission essentielle est d'habituer leurs élèves à l'effort personnel. Professeurs de sciences et de lettres s'ingénient tous à apprendre aux élèves à raisonner et à faire œuvre de découverte. C'est par là que l'enseignement d'aujourd'hui se

distingue peut-être le plus de celui d'hier, et je ne
sache pas que l'activité des esprits s'en trouve dimi-
nuée.

Je ne me dissimule pas, d'ailleurs, que, dans un
monde où tout évolue, en un temps où tant d'idées
nouvelles surgissent constamment, rien ne peut être
considéré, à ce point de vue, comme définitif et
immuable. Les programmes de 1902 qui, tout en res-
pectant les plus saines traditions du passé, ont voulu
répondre aux besoins du présent et à ceux de l'avenir, devront peut-être subir un jour quelques retou-
ches. Mais ils sont à peine aujourd'hui complètement entrés en application et, avant de les modifier,
encore conviendrait-il d'étudier sans parti pris les
résultats qu'ils pourront donner.

Je me plais à espérer que, lorsque l'étude de la
question pourra se faire sur des documents précis
et certains, on constatera que la réforme n'a porté
aucun dommage à la culture classique à laquelle je
suis profondément attaché et dont la vertu propre
reste toujours à mes yeux très efficace.

L'ardeur avec laquelle on discute aujourd'hui nos
méthodes, l'importance que le grand public lui-même
attache aux problèmes pédagogiques sont pour moi
la preuve évidente que notre enseignement secondaire est plus vivant que jamais et je me félicite de

voir des groupements tels que celui que vous présidez s'intéresser si vivement à l'œuvre universitaire. Il me sera toujours précieux de recueillir vos avis, et je vous remercie d'avoir bien voulu appeler mon attention sur des questions dont se préoccupent à bon droit tous ceux qui ont à cœur de maintenir et de développer la haute culture française.

Veuillez agréer, etc.

En outre, et dans le même sens, *la Société des Amis de l'Ecole Polytechnique* communiquait aux journaux la note suivante :

Le Conseil d'administration de la Société des Amis de l'Ecole polytechnique, fondée en 1908, et comprenant un très grand nombre des anciens élèves de cette Ecole, vient de faire une démarche auprès du ministre de la Guerre pour obtenir le retrait de la récente décision par laquelle ont été supprimés les avantages de points accordés jusqu'ici, dans le concours d'entrée, aux candidats pourvus d'un diplôme de bachelier comportant des études latines.

Le Conseil d'administration a exposé au ministre que son premier soin, après la fondation de la Société, a été de s'enquérir des améliorations qui pourraient être poursuivies dans la préparation des polytechniciens aux diverses carrières où ils entrent. Son attention a été particulièrement appelée sur l'utilité de développer autant que possible la culture générale et l'aptitude à écrire, généralement trop négligée de nos jours, de l'avis de tous les hommes arrivés à la tête des administrations publiques ou des entreprises privées, des services civils et militaires.

Pour assurer la bonne marche de ces services et l'avenir des polytechniciens qui y entrent, il importe de procurer à ces derniers la formation intellectuelle la plus large et de les habituer à exposer leurs idées sous une forme claire et bien ordonnée. Le développement de la culture littéraire, qui jusqu'ici n'a été pris pour but principal que dans les études latines, a été presque unanimement signalé comme le moyen le plus efficace d'obtenir ces résultats.

Depuis plusieurs années, par suite du grand nombre des candidats à l'Ecole, beaucoup d'entre eux n'arrivent qu'après avoir passé trois ou quatre années en mathématiques spéciales. Pour éviter cette répétition exagérée des mêmes cours et hâter les débuts des jeunes gens dans la vie active, une loi récente a permis l'abaissement de la limite d'âge à l'entrée, réalisée ensuite par le décret du 26 septembre 1910. La Société des Amis de l'Ecole, en appuyant cette heureuse mesure, avait fait remarquer qu'elle pouvait entraîner autant d'inconvénients que d'avantages, si elle avait pour conséquences de pousser les jeunes gens à écourter leurs études littéraires et à entrer en spéciales avant d'avoir acquis la maturité nécessaire. Elle insistait pour que des précautions fussent prises en vue d'éviter ce danger.

Les précautions recommandées par elle sont de deux sortes. La première consiste à intéresser les candidats à rester le plus longtemps possible dans les classes de lettres, en attachant des avantages de points à la culture qu'ils y auront acquise. La seconde consiste à lever les obstacles qui les détournent de cette voie, en rendant plus facile le passage des classes de lettres dans les classes de sciences. Déjà, dans ce but, les représentants des professeurs de lettres au Conseil supérieur de l'instruction publique ont demandé qu'une place plus large soit faite aux sciences dans les classes de première et de seconde des sections latin-grec et latin-langues et dans celle de philosophie.

Une première, mais insuffisante satisfaction a été donnée à ce vœu en 1909. Les hommes de science et les industriels sortis de l'Ecole polytechnique s'associent au désir émis par les agrégés des lettres, pour obtenir une atténuation des différences de programmes qui imposent aux jeunes gens une spécialisation hâtive, nuisible à la culture générale.

20.

La Société des Amis de l'Ecole polytechnique, en soumettant ces vœux au ministre de la Guerre, a fait observer qu'ils sont conformes à ceux que la commission de l'armée à la Chambre formulait dans son rapport sur la loi relative à l'abaissement de la limite d'âge. *Le Conseil d'instruction* de l'Ecole polytechnique, composé des savants éminents qui y donnent surtout un enseignement scientifique, et après lui le Conseil de perfectionnement, où siègent les représentants des services publics qui se recrutent à l'Ecole et ceux de l'Académie des Sciences, se sont prononcés à l'unanimité *pour le maintien des avantages attachés à la culture littéraire.*

La Société émet le vœu que, pour les conditions d'entrée à l'Ecole comme pour les programmes, M. le ministre de la Guerre s'inspire de l'avis de ces deux assemblées très compétentes et que les modifications reconnues utiles soient annoncées assez longtemps à l'avance pour ne pas léser les jeunes gens qui ont dirigé leurs études en tenant compte des règles établies au moment où ils commençaient leur préparation à l'Ecole.

LES INGÉNIEURS ET LA LANGUE FRANÇAISE

Dans *la Revue Bleue* (24 décembre), M. Gustave Lanson prit avec vivacité la défense des réformes de 1902 contre le Comité des Forges et son président, M Guillain, ancien ministre. Il contestait à M. Guillain et aux industriels de son Comité le droit de juger, dès aujourd'hui, l'effet des nouveaux programmes, ceux-ci n'etant entrés en application que progressivement :

Le calcul est aisé à faire.

Un élève entrant en 6e en octobre 1902 a obtenu, s'il n'a pas subi d'échec, la première partie du baccalauréat en juillet 1908, la seconde en 1909. Il lui faut ensuite deux ans au minimum pour entrer à Polytechnique ou à Centrale ; ce qui nous mène à l'été de 1911. Deux années de service militaire : deux années de Polytechnique ou trois de Centrale, cela nous mènera aux vacances de 1915 et de 1916. Encore, le polytechnicien ne sera-t-il pas prêt à entrer dans l'industrie : il lui faudra, s'il sort dans les premiers rangs, passer par les Ponts, ou les Mines, ou les Télégraphes ; s'il sort dans les militaires, aller à Fontainebleau ; de toute façon il se passera quelques années après sa sortie de Polytechnique avant qu'il soit, par congé ou démission, à la disposition de l'industrie civile.

Si bien que ce n'est pas avant 1916 qu'on verra arriver en nombre appréciable dans les usines les ingénieurs formés par le régime de 1902. Il faudra bien les regarder agir un an ou deux avant de se prononcer sur leur valeur. M. Guillain est parti sept ou huit ans trop tôt : il devra repasser en 1917 ou 1918.

A cette argumentation de M. Lanson, M. Colson, membre de l'Institut, conseiller d'Etat, qui s'était associé à la démarche faite par *l'Association des Amis de l'Ecole polytechnique*, répondit en ces termes (*Revue Bleue*, 14 janvier 1910) :

Où M. Lanson a-t-il lu que le Comité des forges s'imagine avoir déjà des ingénieurs ayant fait leurs études suivant les programmes de 1902? Ce Comité parle des réformes successives faites dans l'enseignement secondaire, et l'on ne contestera pas qu'il puisse avoir une idée des résultats produits par celles de 1880-81 et de 1890-91. Mais, tout forgerons qu'ils sont, ses membres n'ignorent pas qu'une transformation nouvelle a été réalisée en 1902. De quel ton M. Lanson n'eût-il pas relevé leur ignorance, s'ils eussent demandé le changement des programmes anciens, abolis depuis huit années? D'autre part, devaient-ils attendre encore sept ou huit ans pour signaler un mal qu'ils constataient chaque jour? Avant de prendre la plume, ils ont cherché à savoir si les mesures adoptées en 1902 étaient un retour sur celles dont ils constataient les fâcheux effets, ou si elles en étaient, au contraire, le développement et la consécration. Il leur a paru que les dernières ne faisaient qu'aggraver les précédentes, et c'est ce que dit. en bon français, la phrase citée plus haut. Pour y faire une réponse pertinente, M. Lanson aurait dû montrer que la prétendue réforme de 1902 a été faite en sens inverse des précédentes ; c'est ce dont il se garde bien, et pour cause.

La vérité, c'est que toutes ces réformes ont eu un même but, pousser la jeunesse vers ce que l'on a appelé successivement l'enseignement spécial, l'enseignement moderne, la section D (sciences-langues vivantes), et restreindre dans les autres branches la part des études classiques. Celles-ci ne gardent aujourd'hui quelque importance que dans la section A (latin-grec), section dont on a eu soin de rendre le choix impossible aux futurs candidats aux Écoles d'Ingénieurs en excluant presque complètement les sciences de ses programmes, — ce qui, soit dit en passant, est aussi une gêne singulière pour les études philosophiques. Or, les chefs de nombreuses industries, comme ceux des services publics, constatent que cette tendance déjà ancienne a amené une diminution de la culture générale ; ils ont donc raison de ne pas attendre 1917 ou 1918, pour dire que les programmes de 1902, qui en sont tout pénétrés, ne peuvent qu'aggraver le mal.

M. Lanson reproche aux « respectables personnages » qui représentent la Société des Amis de l'Ecole Polytechnique d'avoir avancé que « le latin était la seule matière où le développement de la culture littéraire fût le but exclusif de l'enseignement » et d'oublier l'existence de la classe de français. Nous aimons à croire que M. Lanson fait semblant de ne pas comprendre, lorsqu'il imagine qu'en parlant de l'étude du latin c'est à celle du français qu'on entend l'opposer. Il sait bien que ce que l'on oppose aux langues mortes, dans la division de l'enseignement en diverses sections, ce sont les langues vivantes ou les sciences.

En ce qui concerne les langues vivantes, la question de savoir si leur étude approfondie, organisée en vue de la culture générale, est aussi propre que celle du latin à former l'esprit de la jeunesse et à lui apprendre à bien manier la langue française, est une question controversée. Mais les respectables personnages dont parle M. Lanson n'ont pas prétendu aborder un sujet aussi épineux. Ils se sont bornés à constater un fait : c'est que, quand on enseigne le latin aux enfants, on n'a pour but de les dresser à le

parler ou à l'écrire couramment. Tout l'effort du professeur tend à les habituer à bien traduire, c'est-à-
dire à chercher le sens exact et précis d'un texte et
à découvrir, dans une autre langue, des termes rendant avec autant d'exactitude et de précision que
possible les idées qu'il exprime; c'est par là que le
maître amène l'élève à saisir cette liaison étroite du
fond et de la forme. sur laquelle M. Lanson insiste
avec raison. Peut-être pourrait-on faire le même travail avec une langue vivante, mais c'est encore un
fait incontestable qu'on ne s'y livre qu'exception-
nellement. Les programmes des examens eux-mêmes
en détournent, puisqu'ils excluent l'usage des dic-
tionnaires dans lesquels on peut trouver les diverses
traductions d'un mot d'une langue dans une autre.
On habitue les élèves à employer un mot dont ils se
souviennent, au lieu de chercher le mot propre. On
leur donne souvent en classe des explications dans
la langue étrangere, et ils ne les comprennent qu'à
moitié. On les habitue ainsi à l'*a peu près*, qui est
l'art de mal écrire et même de mal penser. Quoi qu'on
fasse, il est très difficile, pour ne pas dire impossible,
d'éviter que l'etude des langues vivantes s'oriente vers
la pratique plutôt que vers la culture de l'esprit, et
les programmes favorisent cette tendance au lieu de
la combattre. L'instruction ministérielle annexée à la

circulaire du 15 novembre 1901 dit que « si l'étude
des langues mortes a pour objet une certaine culture
de l'esprit, les langues vivantes sont enseignées surtout en vue de l'usage ». Les ingénieurs qui considèrent l'étude du latin comme constituant, dans l'organisation actuelle, le moyen indiqué pour développer
la culture littéraire interprètent donc la réforme de
1902 comme ses auteurs eux-mêmes. Ce ne sont pas
seulement les bornes de la courtoisie que M. Lanson
dépasse, quand, à propos d'une phrase reproduisant
à peu près les expressions employées à cette époque
par les chefs de l'Université, il déclare qu'en voyant
comment raisonnent M. Guillain, son Comité et la
Société des Amis de l'Ecole Polytechnique il « se
demande si l'éducation d'autrefois donnait une vraie,
une suffisante culture générale ».

Mais on n'oppose pas seulement aux humanités
classiques l'apprentissage des langues vivantes; on
leur oppose aussi l'étude des sciences. Et ici, nous
sommes heureux d'être d'accord avec M. Lanson,
pour penser que la culture littéraire et la culture
scientifique doivent marcher de front le plus longtemps possible, si l'on veut former des esprits distingués. Mais alors qu'il ne défende point les programmes de 1902, dont la caractéristique essentielle est
la spécialisation prématurée et plus accentuée que

jamais. Qu'il s'unisse aux Amis de l'Ecole Polytechnique pour demander qu'il soit fait une place un peu plus large aux sciences dans les classes littéraires, ce qui, à la fois, élargirait la culture des élèves de ces classes et permettrait aux futurs polytechniciens de les suivre sans trop se retarder. Qu'il déplore avec nous que, quand un petit pas a été fait dans ce sens, en 1909, la circulaire ministérielle qui expliquait les mesures prises se soit efforcée d'en restreindre le plus possible les bons résultats ; en effet, loin de conseiller d'user des dispositions nouvelles pour éviter l'abandon trop hâtif des études classiques, elle rappelait avec soin que « le passage par les sections C et D est le chemin le plus naturel que les élèves ont à suivre pour faire des études scientifiques complètes.

Et M. Colson fait remarquer à M. Lanson que « le Comité des Forges de France n'a pas plus prétendu s'immiscer dans le détail des programmes de l'enseignement que les industriels qui le composent ne prétendent régler le mode de construction de chaudières ou des moteurs qu'ils emploient. Mais quand ces industriels constatent qu'à la suite de prétendus perfectionnements les chaudières ou les moteurs fonctionnent moins bien qu'auparavant, ils le font savoir aux constructeurs, et ceux-ci, loin de railler l'incompétence des hommes qui ont jugé leurs produits à l'usage, « s'ingénient à trouver un remède aux inconvénients signalés ».

Et l'éminent économiste conclut :

Peut-être l'accord se ferait-il plus aisément sur les moyens, si quelques-uns des maîtres de l'enseignement supérieur ne semblaient pas considérer comme des attaques personnelles des observations visant uniquement l'enseignement secondaire, qu'ils ne donnent pas personnellement, — tandis que la plupart des maîtres qui le donnent, mais qui n'en ont pas arrêté les programmes, s'associeraient sans doute aux vœux formulés par les ingénieurs, quand ceux-ci ont l'audace de s'intéresser à la langue française.

UNE DÉFENSE OFFICIELLE DE LA RÉFORME DE 1902

La Sorbonne, émue des critiques adressées à cette réforme de l'enseignement secondaire qu'elle prépara, fit présenter sa défense par l'honorable, M. Couyba, sénateur, rapporteur du budget de l'Instruction publique. Ce document inspiré par le vice-recteur lui-même, a une importance considérable. On verra que, quel que soit son optimisme, M. Couyba parvient mal à dissimuler ce que la situation a d'inquiétant.

Cette lettre fut adressée, le 27 décembre dernier, au directeur du *Temps*.

Mon cher directeur,

Puisqu'à propos d'une prétendue crise du fran-

çais on tente de discréditer la réforme de l'enseignement secondaire de 1902, voulez-vous permettre à
l'ancien rapporteur des plans d'études et programmes,
rapporteur actuel du budget de l'instruction publique au Sénat, de prendre parti dans ce débat auquel
l'Université et le pays sont directement intéressés?
La crise du français est indéniable, dit-on. Examinons la valeur et la portée des preuves sur lesquelles
s'appuie cette affirmation

La première enquête sur ce sujet a été faite par
les soins d'une revue qui apporte une grande ardeur
à défendre la cause de la tradition classique : *l'Enseignement secondaire*. Sans vouloir faire un procès de tendance aux collaborateurs de cette estimable
publication, il convient de rappeler leur opposition
loyale et leur prévention naturelle à l'endroit de la
réforme de 1902. Mais en admettant même l'impartialité de pareils témoignages, leur autorité ne saurait être qu'en proportion de leur nombre. Or, cette
enquête n'a obtenu qu'une soixantaine de réponses
d'un personnel qui compte plusieurs milliers de professeurs, et encore, parmi ceux qui ont répondu, il en est
quelques-uns qui ne croient pas à la crise du français.
D'autre part, si nous considérons les articles parus
dans la presse, combien n'apportent, au lieu de faits
précis, que des souvenirs personnels! Tel qui fut dans

sa jeunesse un brillant élève, lauréat du concours général, aime à se rappeler cette jeune gloire qui rayonna sur toute la classe et dont le reflet donna du lustre, même aux plus médiocres de ses camarades. Avec le temps, l'amour-propre, accentuant les souvenirs qui nous flattent, rejette les autres dans la pénombre. Et le passé l'emporte sur le présent.

Voici qui est plus grave. Tout récemment, des hommes d'affaires, des représentants de la grande industrie, ont cru devoir, eux aussi, témoigner, j'allais dire requérir dans ce procès. Le président du Comité des Forges de France, l'honorable M. Guillain, dans une lettre adressée à M. le ministre de l'Instruction publique, se plaint de l'insuffisance de la culture française chez les jeunes ingénieurs sortis des grandes écoles. M. Maurice Faure vient de répondre avec raison que la crise, si crise il y a, ne saurait être reprochée à la réforme de 1902. Nous ajouterons seulement qu'on aurait pu s'attendre, de la part d'hommes de science et de pratique, à une documentation plus précise. On voudrait savoir notamment quelle méthode a présidé à cette enquête dont on ne donne que les conclusions. Doléances d'un nombre assez restreint de professeurs qui sont mécontents de leur classe, articles de publicistes qui acceptent trop facilement des impressions défavorables, réquisitoire d'hommes positifs qui négligent de documenter leur argumentation, y a-t-il autre chose, dans tout cela, que des opinions particulières, des inductions hâtives, pour ne pas dire partiales? En une question aussi complexe, il eût fallu ne se prononcer qu'après une enquête objective générale, et ne conclure que sur un ensemble de faits rigoureusement observés et contrôlés.

Or, une enquête de ce genre, sinon complète, du moins assez étendue pour être probante, vient d'être faite sous l'impulsion de l'éminent et très sagace vice-recteur, M. Liard, dans certains lycées et collèges de l'Académie de Paris. Pour les langues mortes, pour le latin, pour le grec, on a donné aux élèves la même version, le même thème qu'à leurs aînés de 1902. Le résultat a été nettement en faveur des lycéens de 1909. Il suffirait, pour qu'elle fût concluante, de généraliser l'expérience. Il y a une difficulté, pour ne pas dire une impossibilité, à procéder de même pour le français. Non seulement les sujets donnés ne sont plus les mêmes, mais l'esprit et la méthode de la composition française ont changé. Sans remonter à plus d'un siècle (1808-1809), à une époque où furent donnés des sujets comme ceux-ci : « Discours de David mourant à Salomon », — « Judas Macchabée exhortant les Juifs à reconstruire le temple », on peut affirmer, avec deux professeurs distingués, MM. Des-

terne et Rudler, que les sujets en honneur au concours général exigeaient des élèves « la docilité à
l'égard du plan imposé, l'invention verbale, l'élégance
artificielle, le goût du réel lieu commun, du con-
ventionnel, du vraisemblable, tandis qu'aujourd'hui
les compositions françaises tendent à provoquer
« l'initiative, la curiosité, l'observation et la réflexion
personnelles, le goût du particulier, du vrai,
le sens de la vie. La première méthode consistait
dans l'apprentissage de la rhétorique ; la seconde
consiste dans l'apprentissage de la science ».

On n'a donc pas songé à imposer les mêmes
épreuves à des élèves formés dans un esprit si différent. On s'est efforcé d'établir une appréciation générale de la valeur des compositions et des devoirs
de français dans toutes les classes du second cycle
(3e, 2e et 1re). Voici ce qui résulte de cette statistique
comparée, d'après un document officiel fortement
motivé et dont nous ne pouvons, faute de place,
donner que les conclusions.

« En résumé, l'art de composer et d'écrire n'a jamais été le privilège que des élèves les mieux doués.
Si donc, en comparant les classes d'autrefois à celles
d'aujourd'hui, l'on ne compare en effet que des élèves de même catégorie, si l'on tient compte aussi de
la nature différente des devoirs, qui exigent main-

tenant de la part de l'écolier plus d'initiative et supposent chez lui des connaissances plus exactes, on ne pensera pas que les maîtres et les élèves de nos lycées et de nos collèges aient aujourd'hui moins qu'autrefois le souci de la composition et du style. Mais les élèves de second rang eux-mêmes écrivaient en général sans incorrection et sans faute d'orthographe. Il n'en est plus ainsi aujourd'hui. Le souci de la correction et de l'orthographe semble s'être affaibli chez un trop grand nombre de nos enfants et de nos jeunes gens. Mais à ce mal il ne paraît pas impossible de remédier. »

Voilà, mise au point en toute impartialité, la situation actuelle. Y a-t-il vraiment une crise? Ne se trouve-t-on pas plutôt en présence d'imperfections qu'il est possible de corriger, sans mettre en cause le principe même et les dispositions essentielles du plan d'études de 1902? Aujourd'hui, comme hier, nous restons convaincu que ce plan d'étude correspond aux nécessités de l'éducation contemporaine, qu'il faut faire leur part aux sciences, aux langues vivantes, indispensables éléments de toute culture moderne, mais qu'il faut aussi garder la leur aux langues grecque et latine et au français pour le maintien de notre tradition nationale, de notre goût, de notre esprit, de nos qualités de race. Donc, il ne s'agit pas de détruire, il s'agit de perfectionner. C'est ainsi que nous avons été heureux de contribuer, par notre intervention au Sénat (séance du 20 décembre 1908) à augmenter d'une heure par semaine l'étude du français dans toutes les classes du 2ᵉ cycle. Nous applaudissons d'autre part à l'excellent esprit qui a inspiré les nouvelles instructions sur l'enseignement du français et sur la simplification de la nomenclature grammaticale et de l'analyse:

L'enseignement ne peut que gagner, surtout dans le 1ᵉʳ cycle, à se faire simple, concret, à se débarrasser de tout appareil pédantesque. Mais, à vrai dire, nous comptons moins sur ces instructions venues de la direction de l'enseignement secondaire, si bien inspirées qu'elles puissent être, que sur l'initiative des maîtres et sur leur bonne volonté passionnée. Le public ne sait pas assez avec quelle ardeur de conviction les professeurs de l'enseignement secondaire luttent pour le perfectionnement des méthodes. Il faut avoir lu le compte rendu des conférences faites en 1904-1905 au musée pédagogique et les discussions qu'elles provoquèrent, pour savoir à quel point l'enseignement du français préoccupe les professeurs partisans de l'ancienne rhétorique ou prosélytes des nouvelles méthodes, tous rivalisent de ferveur dans leur zèle à bien enseigner notre langue. Nous ne pouvons croire que tant d'efforts restent inefficaces. Nous sommes convaincus, au contraire, que cet enseignement ne périclitera pas entre de telles mains.

Toutefois, pour obtenir de la réforme de 1902 son plein rendement, deux autres conditions nous paraissent nécessaires · 1° la solidarité des enseignements ; 2° l'allègement des programmes. Un des reproches qu'on a faits au plan d'études de 1902, c'est d'avoir multiplié les sections, spécialisé les enseignements, morcelé les classes avec les cours d'une heure. Nous ne nions pas qu'il ne puisse y avoir là quelques inconvénients, mais il dépend des professeurs d'y parer par la coordination de leurs efforts et la solidarité de leur enseignement. Nous avons été frappé, en lisant les discussions du musée pédagogique, par un mot d'un professeur de français : « Je me considère comme un auxiliaire des sciences. » On ne saurait en effet mieux servir la cause des sciences qu'en donnant aux élèves « l'instrument nécessaire à toutes bonnes études scientifiques : une langue précise et correcte ». En revanche, le professeur de français a le droit d'attendre de la part de ses collègues des sciences, la réciprocité. Il ne faut pas que le professeur de mathématiques. de physique ou de sciences naturelles se désintéresse de la correction grammaticale dans les devoirs qui lui sont remis. A plus forte raison, cette collaboration doit-elle être intime entre les disciplines qui sont de même ordre, comme le français et les langues vivantes.

« Il faut bien avouer que, dans le feu de la première période qui suivit l'établissement de la réforme, les langues vivantes s'isolèrent dans une intransigeance farouche. Le français fut proscrit des classes qui leur étaient consacrées. Plus de thème, plus de version, rien qui pût rappeler la langue maternelle. Il fallait penser et parler en allemand, en anglais. La méthode directe régnait en souveraine jalouse et despotique. Nous n'avons pas à examiner jusqu'à quel point cette pratique exclusive suffisait à l'enseignement des langues vivantes. A coup sûr, elle ne pouvait ni d'ailleurs ne voulait être utile à la culture française. Les choses sont heureusement changées depuis un an. Le rétablissement de la version va faire du professeur de langues vivantes un auxiliaire précieux du professeur de français : « Il est nécessaire que nos élèves puissent dire en *français* et en *bon français* ce qu'ils apprennent, sentent et comprennent dans la langue étrangère. Votre effort doit tendre à donner à votre enseignement une portée générale. Vous devez *collaborer* avec vos collègues à la formation d'esprits français. » (Conférence de l'inspecteur général Hovelaque, 15 octobre 1909.)

Malheureusement, cette mesure excellente, et qui aurait dû figurer dans les instructions de 1902, ne s'applique obligatoirement qu'à une des sections *latin-sciences*. La version n'est que facultative dans la section *sciences-langues vivantes*, qui est précisément celle où cet exercice serait le plus nécessaire. Si l'on considère que, dans la section D, qui constitue les humanités scientifiques, le français n'a pas à compter sur l'appui des langues mortes, on jugera la de quel prix lui serait le concours des langues vivantes. Combien un exercice de précision comme version serait plus profitable que la narration en langue étrangère, qui n'est trop souvent qu'un exercice de mots, à parler franc, un verbiage à la façon de l'ancien discours latin !

Il reste, après avoir perfectionné l'enseignement du français et fait appel à la solidarité des autres disciplines, à prendre garde que la surcharge des programmes n'impose aux élèves un effort au-dessus de leurs forces. Or, dans deux sections au moins, les plus peuplées, puisqu'à elles seules elles comprennent les 3/5 de l'effectif scolaire, cette surcharge est évidente. au moins dans les classes terminales. En 2e C 27 heures, en 2e D 28 heures, en 1re C 26 heures en 1re D 28 heures de classes par semaine, soit cinq et six heures par jour. Que reste-il pour le travail personnel, pour la réflexion, pour la lecture, pour la rédaction, pour le loisir même, ce superflu si nécessaire à toute bonne éducation intellectuelle ? Et si l'on se rappelle que toutes les classes sont d'une heure et que chacune d'elles exige un nouvel effort d'adaptation et d'attention, on peut calculer quelle somme d'énergie ce total et ce morcellement des classes exigent de jeunes gens de 16 à 17 ans. C'est la *vie intense* au lycée ! *Trop de classes, pas assez d'études*, voilà, croyons-nous, le grand mal. Les programmes sont surchargés et le surmenage qui en résulte est la véritable cause de ce fléchissement de l'attention constaté sinon dans l'élite, du moins dans la moyenne des élèves.

Pour conclure, nous ne croyons pas être optimiste à la façon de Pangloss en ne nous alarmant point des critiques adressées à l'enseignement du français. Après enquête impartiale et étude attentive des faits, nous estimons que le mal n'a pas la gravité qu'on lui attribue et qu'il est possible d'y remédier et qu'on y remédie déjà, sans qu'il soit nécessaire de recourir à des mesures de réaction. Nous sommes aussi jaloux que quiconque de la pureté de notre langue, mais non pas à la manière de ces esprits chagrins qui l'aiment, contre les sciences et contre les langues vivantes. La pédagogie moderne sait la complexité et les difficultés de sa tâche. Il lui faut à la fois maintenir la tradition et s'adapter aux exigences de la vie contemporaine. Elle ne croit pas être infaillible. Elle reconnaît qu'elle a pu commettre des erreurs, pécher par exagération ou par insuffisance, qu'il en est résulté des mécomptes. Mais, confiante en l'efficacité de ses méthodes, docile aux leçons de l'expérience, forte du dessein de réaliser une œuvre utile et féconde, elle ne doute pas du succès. N'en déplaise à ses détracteurs, elle n'a pas fait, elle ne fera pas faillite!

Veuillez agréer, mon cher Directeur, l'expression de mes sentiments les meilleurs et les plus dévoués.

CH.-M. COUYBA,
Sénateur,
Rapporteur du budget de l'instruction publique.

Cette lettre était accompagnée de ce commentaire du rédacteur universitaire du *Temps*. — Encore une fois, il y soutient notre point de vue et joint au nôtre son effort. Nous ne saurions mieux faire que de reproduire cette critique excellente :

La lettre de M. Couyba, concernant la réforme de l'enseignement secondaire en 1902, est un document un peu contradictoire, à la fois une apologie et un aveu.

L'honorable sénateur prétend ne se prononcer que sur des faits, et il invoque des opinions particulières. Les témoignages qui contrarient son sentiment lui paraissent suspects et entachés de vieille rhétorique ; mais il trouve de tout autres garanties d'indépendance et d'impartialité dans les enquêtes administratives. Il se réclame des leçons de l'expérience ; mais il n'entend pas les avertissements de l'expérience faite dans tous les milieux et qui grondent de tous côtés. Il traite de haut le Comité des Forges de France ; mais il oublie que la réponse du ministre de l'instruction publique n'est rien moins que triomphante, et qu'elle méconnaît une partie de la pensée de M. Guillain et de ses collègues, qui réclament le rétablissement des humanités classiques toujours davantage mutilées. Il marque d'abord une grande confiance dans cette « œuvre féconde » — surtout en mécomptes qu'il reconnaît dans la dernière partie de sa lettre. Il nie la crise du français, non sans distinguer plusieurs d'entre les raisons qui l'aggravent. Enfin, il tient cette crise pour une fable, tandis qu'il s'appuie sur un rapport optimiste, qui se termine ainsi : «... Mais les élèves de second rang eux-mêmes écrivaient, en général, sans incorrection et sans faute d'orthographe. *Il n'en est plus ainsi aujourd'hui. Le souci de la correction et de l'orthographe semble s'être affaibli chez un trop grand nombre de nos enfants et de nos jeunes gens.* »

QUELQUES LETTRES

UN TÉMOIGNAGE DE M. MAURICE BARRÈS

Nous publions ici ce temoignage de sympathie que M. Maurice Barrès, de l'Académie française, député de Paris, nous fit l honneur de nous adresser au sujet de notre campagne :

Mon cher X...

Qui est Agathon ? me disais-je, à mesure que je lisais les articles de *l'Opinion*. Et le vieux vers des racines grecques, du fond de Port-Royal ou plutôt du fond de ma jeunesse. me chantait :

Agathos, bon, brave à la guerre.

Cette bataille, dont vous venez de fournir un si brillant épisode et qui éclate sur tous les points, se développera, sans doute, jusqu'à la tribune du Parlement, car M Briand nous conviait, il y a quelques semaines, à « un vaste débat sur l'enseignement à tous les degrés » ; c'est ce moment que je prendrai. si l'occasion me paraît bonne, pour exprimer deux, trois réflexions.

Je ne puis vous les communiquer ici, en quelques

lignes et pris à l'improviste. On ne parle pas d'hommes tels que les maîtres de la Sorbonne pour dénigrer en bloc leurs méthodes. J'y vois du bon et de l'excellent; j'apprécie vivement leur souci de l'exactitude, leur précision à laquelle nous avaient peu habitués certains maîtres de l'Ancienne Sorbonne, trop oratoire. Vous voyez les défauts de vos maîtres. Ah ! si vous aviez vu les défauts des nôtres! Je n'ai pas un regret pour le tour d'esprit des Prévost-Paradol et des Edmont About.

Ceci dit, je ne puis pas ne pas entendre la plainte de tant de jeunes gens qui, dans la Sorbonne d'aujourd'hui, sont rebutés par la sécheresse, par le défaut d'enthousiasme, par un enseignement qui ne fait jamais appel ni à l'imagination, ni à l'émotion intérieure.

La liasse de documents que vous nous apportez ici est un témoignage direct sur ces méthodes universitaires qui négligent de cultiver la part la plus profonde de la nature humaine. Je vous remercie de me les avoir fait lire et vous prie de croire à mes sympathies cordiales.

MAURICE BARRÈS.

21 octobre 1910 : Charmes-sur-Moselle.

LE DESPOTISME DE SORBONNE

Nos observations sur le caractère purement administratif et nullement intellectuel ou professoral des « philosophes » de la Sorbonne ont eu un écho immédiat. Elles nous ont valu, entre autres réponses, cette lettre d'un professeur de faculté de province. Elle apporte dans le débat actuel une note de première importance, puisqu'elle attire l'attention sur une solution pratique et sur une réforme de l'esprit collectif dont la nécessité, on le voit de toutes parts, s'impose.

Monsieur,

J'ai lu avec un vif intérêt les débats qui se sont engagés au sujet de l'esprit et des tendances actuelles de la Sorbonne. Je commence sérieusement à craindre que celle-ci — et M. Lavisse avec elle — ne s'illusionne totalement sur la nature de son influence. La Sorbonne est peut-être de ces institutions, nées pour rester médiocres (au sens latin) et qui ne sauraient supporter le poids d'une fortune excessive. Vous remarquerez que l'ère des difficultés a commencé pour elle avec ce redoublement de prospérité. Décidément, l'importance sociale et la richesse ne réussissent pas plus aux groupes qu'aux particuliers; elles gâtent les meilleurs.

M. Lavisse n'en continue pas moins à s'étonner et à se féliciter de si heureuses circonstances : « Voir cette maison de Sorbonne que j'ai connue déserte, s'écrie-t-il, au temps où prospérait la « culture générale », remplie d'étudiants qui parlent toutes les langues, c'est ma grande joie. » Cette Tour de Babel n'est peut-être point faite pour motiver pareil enthousiasme. Et M. Lavisse oublie-t-il qu'au moment où la Sorbonne était ainsi « déserte » l'Ecole Normale battait son plein, assurant, sans *tant de fracas*, le recrutement d'un corps enseignant de premier ordre ? La « circonstance heureuse » dont il se félicite est plus simple qu'il ne le pense, et de celle dont on ne saurait tirer vanité. M. Lavisse, qui a étudié la formation du royaume de Prusse, était pourtant qualifié pour écrire cette page d'histoire universitaire. Comme la Prusse, la Sorbonne a suivi une *politique d'annexion*. En s'annexant brutalement l'Ecole Normale, elle a redoré son blason et s'est refait une façade. C'est la vitalité normalienne qui s'est greffée sur ce vieux tronc, et qui l'a pour quelques instants rajeuni. Mais ne crions pas au triomphe : la Sorbonne y est pour si peu !

Par de là cette question de point d'honneur corporatif, par de là même le problème du français et de la culture littéraire que vous défendez, à bon droit, avec tant d'énergie, votre polémique est amenée à dénoncer un malaise universitaire. Or, comme cause du mal, elle n'aurait sans doute qu'à signaler cette infatuation de la Sorbonne qui — pareille à un certain état-major dans une affaire retentissante — *est en train de rompre à son profit l'équilibre des forces pensantes*, désireuse avant tout de diriger, de dogmatiser et de primer. Où trouver le remède? Il y aurait quelque ingénuité à attendre une réforme de l'esprit collectif, dans une maison aussi férue de son importance. Comptons plutôt sur la pression de l'opinion qui se trouve maintenant saisie, ainsi que sur l'intervention mesurée et progressive des pouvoirs publics. Or, un point à régler *avant toute chose,* c'est la question même du mode de recrutement des membres de la Sorbonne. Comment se recrutent-ils? En désignant eux-mêmes, par voie de présentation au Ministre, leurs futurs collègues. Mon Dieu! Monsieur, ceci n'a l'air de rien, et pourtant ceci est très grave, ou l'est devenu. *Le Journal des Débats* rappelait, naguère, dans une de ses notes — et la Sorbonne, ajoutait-t-il, s'en est également plainte — « que certaines nominations ont été faites sans présentation par la Faculté, grâce à des artifices légaux ». Croit-on que cette méthode de présentation soit digne d'une admiration sans mélange? C'est elle plutôt qui cons-

titue l'écueil en substituant à l'arbitraire ministériel,
un arbitraire anonyme et collectif : entre deux maux,
vous allez bientôt convenir qu'elle est le pire. Qu'ar-
rive-t-il, en effet, dans les nominations — non plus
des titulaires sur qui l'Assemblée des professeurs peut
à bon droit donner son avis, — mais des maîtres de
conférences et des chargés de cours, qui composent
les premiers degrés de la hiérarchie? Tout comme
dans la faculté de Médecine, des coteries se forment,
des meneurs s'agitent ; des influences doctrinales
s'exercent. Seuls, les tenants de certaines méthodes,
les dépositaires de certaines disciplines sont appelés.
Je ne mets pas en doute la probité de ces choix ; je
dis qu'ils doivent fatalement s'orienter et qu'ils
s'orientent dans un seul sens, le sens des plus dogmatiques et des plus exclusifs, le sens des principaux
dirigeants : nous sommes voués, de la sorte, à des
Durkheim et à des Lanson à perpétuité. Pourtant, il
vient un moment où les disciplines vieillissent, où
les méthodes tombent, frappées de caducité. Voyez-
vous, dès lors, le danger spéculatif que nous courons?
Un corps fermé, infatué de ces méthodes devenues à
leur tour surannées (et c'est déjà le cas pour plus
d'une) peut braver l'opinion, résister au courant des
idées qui se renouvellent, vexer les intelligences par
des directions tyranniques. Cette infatuation, dou-

blée de l'esprit de corps. est un danger pour l'éducation nationale : il faut l'éviter à tout prix. Eh quoi! On se pique de faire entrer dans le rang, d'adapter aux exigences changeantes de la vie moderne, dont les évolutions sont si rapides, si imprévues, officiers, magistrats, politiciens! Seul un corps de professeurs jouirait de cette immunité! En veillant jalousement à son recrutement, il pourrait perpétuer, sans contrôle efficace, la suite de ses manies et de ses erreurs (car il en est de collectives, et elles sont difficilement guérissables). De quel droit cet exorbitant privilège? Faut-il constituer une sorte de Chambre des Lords, garantie de l'arbitraire collectif et de l'orgueil d'une caste fermée?

Entre cet arbitraire corporatif, couvert par l'irresponsabilité, et l'arbitraire du ministre, il n'y a plus à hésiter. Et par « ministre », vous m'entendez bien, il s'agit de l'intervention ministérielle, avec des garanties de compétence, et les formalités nécessaires de consultation ou d'information. Qu'on ne brandisse pas l'épouvantail de la politique : il n'est ni plus ni moins redoutable *que certaines influences occultes, que certains engouements corporatifs qui sévissent dans les présentations.* Le système que j'indique — dont on pourrait d'ailleurs renouveler les voies et moyens, — a fait ses preuves. Le personnel des facultés de provinces, celui des lycées de Paris se recrutent ainsi ; et l'on n'a jamais élevé d'objections sérieuses contre ces sortes de choix. *L'ancienne École normale ne connaissait pas d'autre mode de nomination :* on a vu s'y succéder les maîtres les plus éminents, les personnalités les plus marquantes de la littérature et de la philosophie. Pourquoi le choix ministériel, si longtemps valable, serait-il devenu tout d'un coup insuffisant et suspect? Et puis, en cas d'erreur toujours possible, après tout on a plus vite recours contre un ministre qui passe qu'on n'a recours contre une corporation qui reste, prête à imposer la continuité de ses vues, même quand elles ne correspondent plus, en dehors d'elle, à des besoins réels.

Je termine. Vous voilà saisi du problème et d'un commencement de solution. C'est une difficulté qu'il faudra un jour aborder: on ne saurait résoudre une crise si l'on s'en tient à ses effets extérieurs et si l'on néglige de remonter à la cause initiale. A ce sujet, je viens de vous dire tout haut ce que la grande majorité des membres de l'Enseignement pense et dit tout bas. Je viens de vous éclairer sur l'existence d'un danger permanent.

LES TENDANCES DE LA NOUVELLE SORBONNE

LETTRE D'UN ÉTUDIANT

M. Aulard, ayant publié dans *l'Action* une réponse à la campagne contre la Sorbonne, un étudiant, M. Jacques Jary adressa au directeur de ce journal une lettre dont nous publions quelques passages :

Monsieur le Directeur,

Dans votre numéro du 2 novembre, M. Aulard a répondu à la campagne qui se poursuit dans toute la presse contre la Sorbonne. Je suis moi-même inscrit à la Faculté des lettres, et bien qu'on n'ait pas beaucoup parlé des étudiants au cours de la discussion, ils l'ont en général accueillie *très sympathiquement;* car il suffisait de poser la question d'une manière purement doctrinale, pour que soient défendus leurs intérêts intellectuels. Renseignez-vous auprès des élèves de l'Ecole Normale, par exemple, et vous verrez combien les jeunes gens se désaffectionnent d'un enseignement présomptueux et vide d'humanité. Beaucoup de professeurs aussi, — et M. Lavisse l'a reconnu dans une lettre au *Journal des Débats* — sont très mécontents de l'esprit « sociologique », et très inquiets de ses conséquences probables pour la culture française. Il ne faut pas se dissimuler le

sérieux de la question, et si l'on met « sur la sellette »
les professeurs de Sorbonne, il ne s'agit pas du tout,
comme le voudrait M. Aulard, d' « un petit jeu de
société pour l'oisiveté des villégiatures finissantes ».
Il est navrant que l'on réponde avec ce dédain à des
explications loyales.

.   .   .   .

Assurément, les professeurs de Sorbonne ne tiennent plus compte de la vie intime des chefs-d'œuvre.
Ils ont voulu réduire l'histoire, la littérature, la philosophie à je ne sais quel ordre de connaissances
sèches et mortes. Munis d'une scolastique infatuée,
et parce qu'ils ont eu l'habileté de conserver une
forme parfois éloquente à des théories dont le fond
n'était en réalité qu'une rhétorique puérile, calquée
sur le modèle des sciences, ils ont fait passer toutes
leurs prétentions à la faveur de l'oubli qui se faisait
sur leurs noms. Ils ont pu créer une orthodoxie universitaire, comme s'ils avaient reçu la vérité par
révélation, ils ont enseigné *ex cathedra*, assénant les
formules, brisant les résistances. C'est bien l'objection la plus grave qu'on puisse leur adresser, et c'est
contre elle qu'ils ont à se défendre : Pourquoi ont-ils
fait à leur profit un monopole de la certitude ? Pourquoi se sont-ils érigés en théologiens ?

Des théologiens, ils ont l'arrogance professorale et

l'intolérance. L'étudiant qui pensait trouver en eux cette exquise réserve qui est le signe distinctif et l'urbanité de certains hommes supérieurs, est bien surpris de constater son incorporation dans une faculté qui promulgue des arrêts, une fois pour toutes et pour tous. Son étonnement s'accroît quand il remarque qu'on n'essaie plus de faire réfléchir d'une manière autonome, comme le voudrait tout enseignement vraiment supérieur, ni d'accoucher les esprits de leurs possibles : il s'aperçoit bientôt que, sous le prétexte d'un effort scientifique, c'est à une résurrection du principe autoritaire qu'il assiste. Et puis il s'attriste à considérer les progrès de ce fanatisme. Les professeurs de Sorbonne, qui dictent la bonne parole philosophique, sociale, politique, n'ont que faire des insoumis qui discutent leurs propositions. Ils en arrivent à repousser durement les réfractaires, à exorciser les schismatiques, à excommunier les dissidents. Ils sont devenus les administrateurs du Vrai.

On s'en rend bien compte à l'animosité qu'ils ont conçue pour M. Bergson. C'est un plaisir de noter, pendant telle conférence, ou telle soutenance de thèse, les allusions défavorables aux « influences du dehors », en général, et à celle de ce grand penseur, en particulier. La vérité étant un phénomène intérieur à la Sorbonne, ils ont pris, dans leurs habitudes de pontifier, un magnifique mépris pour les autres idées et une incompréhension absolue. Ainsi la doctrine officielle se développe, bousculant, étouffant les intelligences.

Cette transformation de la Sorbonne sera irrévocable si l'on s'en remet à eux pour la modérer ou l'enrayer, — d'abord parce qu'ils l'ont faite inconsciemment, poussés par un mysticisme assez curieux, bien que retardataire, ensuite parce que, soucieux de se perpétuer, ils ont bien soin de ne pas se renouveler. Ils éloignent de parti pris tous les éléments qui pourraient porter atteinte à l'intégralité de leur congrégation. Dépourvus d'autocritique, ils s'irritent des moindres objections, et briment ceux qui ne sont pas conformes. Cette étroitesse dans les méthodes et dans les vues annihile les bonnes volontés, rebute les étudiants. Le traditionalisme n'est pour rien dans le mécontentement de ceux-ci. Seulement, ils espéraient qu'on leur proposerait les bénéfices de la haute culture : et on leur offre des places de manœuvre dans les ateliers intellectuels où l'on « manipule » avec une meurtrière brutalité Molière, Racine, Hugo, la France elle-même.

Veuillez agréer, etc...

JACQUES JARY,
Étudiant en philosophie à la Sorbonne

LETTRE D'UN JEUNE AGRÉGE

... Ah! que je voudrais que la faculté des Lettres de l'Université de Paris, — puisqu'elle est si entichée de méthodes scientifiques — imitât un peu la réserve et le tact de sa voisine, la faculté des Sciences! Il y a là une science de bon ton ; on n'en fait pas un instrument de règne, propre à servir le despotisme intellectuel d'un Durkheim, la ténacité pédantesque d'un Lanson. Leurs procédés de tortionnaires n'y seraient pas de mise. On paraît oublier, dans le débat actuel, qu'*elle aussi* est la Sorbonne, qu'il y a là des Appell, des Curie, des Poincaré, qui font plus de besogne et moins de bruit Ce sont eux qui auraient autorité de parler au nom des sciences et de fonder cette « pédagogie technologique » dont votre correspondant nous entretenait (1). Or, piquante opposition, ils se préoccupent uniquement de limiter le dogmatisme scientifique et d'en réduire l'intempérance. Quelle belle leçon de modestie ils donnent à leurs fanatiques collègues. Ce rapprochement, les étudiants ne manquent pas de le faire. Le public le fera aussi. Il doit savoir que la faculté des Sciences laisse dédaigneusement à la faculté des Lettres le monopole du

(1) Cf. chap. II. p. 113.

fanatisme scientifique, et qu'elle revendique plutôt les qualités littéraires de finesse, de mesure et de goût de l'esprit français. Qu'il sache, de plus, que cette poignée d'historiens médiocres et ce comité de sociologues terroristes ne représentent qu'une partie de la Sorbonne, celle qui parle, s'agite, dogmatise et ne fait rien. Si elle a lassé l'opinion, trompé l'espérance de l'Université tout entière (et personne ne se levera pour la défendre), si elle a déterminé chez ses anciens élèves et ses étudiants actuels un *mouvement général* de désaffection, dont elle s'apercevra de plus en plus, on sait à qui s'en prendre Mais qu'on se le dise aussi : les étudiants sont de libres français, de libres esprits, formés par de libérales études. Ils donneront fort à faire à « la Nouvelle Sorbonne » (n'est-ce pas très vieille et très dogmatique et toujours théologique qu'il faudrait dire?). Ils ne sont pas disposés à lui laisser croire que son avènement marque l'apogée du bonheur pour eux.

—

LA DÉFENSE DES PRIMAIRES

En réponse à notre article sur *la Domination primaire* paru dans *l'Opinion* et qui forme maintenant le troisième chapitre de notre livre, le directeur de ce journal reçut des lettres de diverses personnalités de l'enseignement primaire. En voici une de M. Drouard, inspecteur de l'enseignement primaire :

Que veut-on dire lorsque l'on parle de « domination primaire » ? Ces mots signifient-ils que l'enseignement donné aux futurs instituteurs (à des adolescents, à des adultes) se rapproche de l'ancien enseignement secondaire spécial créé par Duruy, ou de l'enseignement classique moderne qui suivit, ou de celui des sections de l'enseignement classique actuel dont les programmes comportent si peu de latin ? Il y a beaucoup de vrai, surtout dans ce dernier rapprochement.

Mais ce n'est pas l'enseignement primaire qui pénètre l'enseignement secondaire ; ce sont les autres enseignements qui copient l'enseignement primaire, et d'ailleurs *tous les lycéens qui n'étudient ni grec ni latin sont de véritables primaires.*

Je me suis toujours demandé pourquoi l'on *opposait* les trois ordres d'enseignement au lieu de les *superposer.* Pourtant, ils s'adressent bien à des clientèles d'âges différents : l'enseignement primaire aux enfants, l'enseignement secondaire aux adolescents et l'enseignement supérieur aux adultes. Théoriquement, chaque ordre s'applique à une partie de la vie humaine. Pratiquement, chaque ordre commence et finit au delà des limites assignées. Le lycée prend les enfants et l'école primaire se prolonge assez avant dans l'adolescence. Mais les trois enseignements sont bien distincts.

Il faut bien le dire, l'école primaire, l'école nationale, a, depuis un demi-siècle, évolué considérablement. Elle a eu des chefs, des directeurs très écoutés, des serviteurs dévoués et disciplinés. Elle a réhabilité la pédagogie, cette indispensable pédagogie, si dédaignée, si méprisée ailleurs qu'en pleine Sorbonne, à une soutenance de thèse de doctorat, j'ai entendu le doyen Himly dire qu'elle n'avait pas d'objet, et que « l'on naît professeur comme on naît rôtisseur : on ne le devient pas ».

L'enseignement primaire est devenu un modèle. Etait-ce un modèle que les autres enseignements devaient suivre ? C'est ce que je ne puis affirmer... Mais ce qui est incontestable, c'est que l'enseignement secondaire n'a pas eu de direction et qu'il n'a pas de doctrine. Gréard a essayé de l'organiser comme il avait organisé, avec Buisson, l'enseignement primaire : il a échoué devant la mauvaise volonté des professeurs et le manque d'autorité des proviseurs.

S'il y a réellement « invasion des barbares », ce n'est pas la faute des barbares.

Mais cette invasion n'existe pas. C'est le contraire

qui existe, car l'enseignement primaire a pour chef, dans chaque département, un secondaire, un agrégé, l'inspecteur d'académie. Et des inspecteurs primaires pourvus de la licence classique, du doctorat, mais d'origine primaire, qui, également, pourraient être recteurs, n'ont pu sortir de leur condition. De sorte que nul primaire ne peut aller au delà de l'inspection primaire : c'est la seule administration où l'accession aux emplois élevés soit interdite à toute bonne volonté, à toute intelligence.

Et l'on parle de « domination », parce qu'en vertu des décrets du 28 avril dernier le certificat d'aptitude au professorat des écoles normales est considéré comme l'équivalent d'un baccalauréat pour l'inscription dans les facultés pour les licences ! Il n'y a pas de quoi se voiler la face. Bien au contraire, cette équivalence, pour qui sait la valeur du professorat, est un grand honneur fait au modeste baccalauréat. Les deux cultures sont bien différentes en intensité et en maturité.

—

Voici une seconde réponse faite par M. N. Magnin, le directeur d'une école Normale d'instituteurs :

Belfort, le 29 otocbre 1910.

... L'opposition entre la culture désintéressée des

secondaires et l'esprit strictement utilitaire des primaires ne repose sur aucune observation des faits. Qu'on
veuille bien parcourir les programmes des écoles
normales, et l'on verra la place faite à la culture
générale et aux classiques.

La « pénétrante doctrine » qui consiste à dire que
l'esprit est un instrument à façonner, non un magasin à remplir, est un lieu commun de la pédagogie
primaire que personne ne discute parce que tout le
monde l'admet.

Qu'on veuille bien considérer que les équivalences,
autour desquelles on fait tant de bruit, sont admises
depuis longtemps (celle de la licence et du professorat, par exemple), mais à notre détriment et sans
réciprocité. Nous comptons si peu, en haut lieu !
C'est ainsi que les meilleures écoles primaires supérieures regorgent de licenciés, qui n'ont pu se caser
dans les collèges ou qui les ont délaissés. Quant au
professorat (lettres ou sciences) des écoles normales,
c'est une valeur qui n'a pas cours dans les collèges.

Les primaires allemands prétendent qu'ils sont
les coolies de l'Université. Vous ne voudriez pas na-
turaliser cette expression en France. Vous admettrez
qu'un primaire puisse avoir du mérite. Voyez le classement d'un grand nombre des nôtres aux diverses
agrégations.

Croyez que nous sommes nombreux. chez nous, qui passons notre vie à réfléchir et à travailler de notre mieux au grand œuvre de l'éducation nationale — et à notre culture personnelle,

N MAGNIN,
Directeur d'Ecole Normale, Belfort.

TABLE DES MATIÈRES

—

QUELQUES LETTRES

ACHEVE D'IMPRIMER

le vingt janvier mil neuf cent onze

PAR

BLAIS ET ROY

A POITIERS

pour le

MERCVRE

DE

FRANCE

,

23

MERCVRE DE FRANCE

XXVI, RVE DE CONDÉ — PARIS-VI

Paraît le 1er et le 16 de chaque mois, et forme dans l'année six volumes

**Littérature, Poésie, Théâtre, Musique, Peinture, Sculpture
Philosophie, Histoire, Sociologie, Sciences, Voyages
Bibliophilie, Sciences occultes
Critique, Littératures étrangères, Revue de la Quinzaine**

La Revue de la Quinzaine s'alimente à l'étranger autant qu'en France elle offre un nombre considérable de documents, et constitue une sorte d' « encyclopédie au jour le jour » du mouvement universel des idées. Elle se compose des rubriques suivantes :

Epilogues (actualité): Remy de Gourmont.

Les Poèmes : Pierre Quillard.

Les Romans : Rachilde.

Littérature : Jean de Gourmont.

Histoire : Edmond Barthélemy.

Philosophie : Georges Palante.

Psychologie : Gaston Danville.

Le Mouvement scientifique: Georges Bohn.

Psychiatrie et Sciences médicales : Docteur Albert Prieur.

Science sociale : Henri Mazel.

Ethnographie, Folklore : A. van Gennep.

Archéologie, Voyages : Charles Merki.

Questions juridiques : José Théry.

Questions militaires et maritimes : Jean Norel.

Questions coloniales : Carl Siger.

Esotérisme et Sciences psychiques : Jacques Brieu.

Les Revues : Charles-Henry Hirsch.

Les Journaux : R. de Bury.

Les Théâtres : André Fontainas.

Musique : Jean Marnold.

Art moderne : Charles Morice.

Art ancien : Tristan Leclère.

Musées et Collections : Auguste Marguillier.

Chronique du Midi : Paul Souchon.

Chronique de Bruxelles : G. Eekhoud.

Lettres allemandes : Henri Albert.

Lettres anglaises : Henry-D. Davray.

Lettres italiennes : Ricciotto Canudo.

Lettres espagnoles : Marcel Robin.

Lettres portugaises : Philéas Lebesgue.

Lettres américaines : Théodore Stanton.

Lettres hispano-américaines : Francisco Contreras.

Lettres néo-grecques : Demetrius Asteriotis.

Lettres roumaines : Marcel Montandon.

Lettres russes : E. Séménof.

Lettres polonaises : Michel Mutermilch.

Lettres néerlandaises : H. Messet.

Lettres scandinaves : P.-G. La Chesnais ; Fritiof Palmér.

Lettres hongroises : Félix de Gerando.

Lettres tchèques : William Ritter.

La France jugée à l'Etranger : Lucile Dubois.

Variétés : X...

La Curiosité : Jacques Daurelle.

Publications récentes : Mercure.

Echos : Mercure.

Les abonnements partent du premier des mois de janvier, avril, juillet et octobre

France		Etranger	
Un numéro.........	1.25	Un numéro.........	1.50
Un an..............	25 fr.	Un an..............	30 fr.
Six mois	14 »	Six mois	17 »
Trois mois.........	8 »	Trois mois.........	10 »

Poitiers. — Imprimerie du Mercure de France BLAIS et ROY, 7, rue Victor-Hugo

Lightning Source UK Ltd.
Milton Keynes UK
UKOW06f2308240914

239150UK00009B/354/P